用于国家职业技能鉴定

国家职业资格培训教程

YONGYU GUOJIA ZHIYE JINENG JIANDING

GUOJIA ZHIYE ZIGE PEIXUN JIAOCHENG

# 家用电器产品维修工

## （基础知识）




**编审人员**

主　编　张晓峰

副主编　杨波云

编　者　袁喜国　李　雪　王光玉　柳春玉　段伟伟

姜华宾

主　审　赵有信　刘占杰



中国劳动社会保障出版社

**图书在版编目（CIP）数据**

家用电器产品维修工．基础知识/中国就业培训技术指导中心组织编写．—北京：中国劳动社会保障出版社，2012
国家职业资格培训教程
ISBN 978-7-5045-9755-7

Ⅰ．①家…　Ⅱ．①中…　Ⅲ．①日用电气器具-维修-技术培训-教材　Ⅳ．①TM925.07

中国版本图书馆 CIP 数据核字（2012）第 163202 号

**中国劳动社会保障出版社出版发行**
（北京市惠新东街1号　邮政编码：100029）
出版人：张梦欣

*

北京世知印务有限公司印刷装订　　新华书店经销
787 毫米×1092 毫米　16 开本　16.5 印张　288 千字
2012 年 7 月第 1 版　　2012 年 7 月第 1 次印刷
**定价：36.00 元**

**读者服务部电话：010-64929211/64921644/84643933**
**发行部电话：010-64961894**
**出版社网址：http://www.class.com.cn**

# 前　言

为推动家用电器产品维修工职业培训和职业技能鉴定工作的开展，在家用电器产品维修工从业人员中推行国家职业资格证书制度，中国就业培训技术指导中心在完成《国家职业技能标准·家用电器产品维修工》(2009年修订)(以下简称《标准》)制定工作的基础上，组织参加《标准》编写和审定的专家及其他有关专家，编写了家用电器产品维修工国家职业资格培训系列教程。

家用电器产品维修工国家职业资格培训系列教程紧贴《标准》要求，内容上体现“以职业活动为导向、以职业能力为核心”的指导思想，突出职业资格培训特色；结构上针对家用电器产品维修工职业活动领域，按照职业功能模块分级别编写。

家用电器产品维修工国家职业资格培训系列教程共包括《家用电器产品维修工(基础知识)》《家用电器产品维修工(初级)》《家用电器产品维修工(中级)》《家用电器产品维修工(高级)》《家用电器产品维修工(技师　高级技师)》5本。《家用电器产品维修工(基础知识)》内容涵盖《标准》的“基本要求”，是各级别家用电器产品维修工均需掌握的基础知识；其他各级别教程的章对应于《标准》的“职业功能”，节对应于《标准》的“工作内容”，节中阐述的内容对应于《标准》的“技能要求”和“相关知识”。

本书是家用电器产品维修工国家职业资格培训系列教程中的一本，适用于对各级别家用电器产品维修工的职业资格培训，是国家职业技能鉴定推荐辅导用书，也是各级别家用电器产品维修工职业技能鉴定国家题库命题的直接依据。

本书在编写过程中得到青岛市职业技能鉴定中心、青岛海尔集团、青岛海信集团、青岛三维制冷空调有限公司、青岛大学、青岛理工大学、青岛澳柯玛电器股份有限公司等单位的大力支持与协助，在此一并表示衷心的感谢。

中国就业培训技术指导中心

# 目　录

CONTENTS　国家职业资格培训教程

# 第1章 职业道德

## 第1节 职业道德基础知识

### 一、道德与职业道德

#### 1. 道德

道，本意是客观真理，即自然界的构造、运动、变化等规律以及社会的客观发展和变化规律。德，本意为顺应自然、社会和人类客观需要去做事。道和德统一在一起就构成了“道德”。

道德，就是依靠社会舆论、传统习惯、教育和人的信念的力量去调整人与人、个人与社会之间关系的一种特殊的行为规范，是规定行为是非的惯例和原则。道德是社会基本价值观一个约定俗成的表现，人们一般都会根据自己对社会现象的理解、社会认同的形态，形成与社会大多数人认同的道德观；大多数人能够知道该做什么不该做什么，哪些是道德的哪些是不道德的。

道德一般可分为社会公德、家庭美德、职业道德等。其中，职业道德是同人们的职业活动紧密联系的符合职业特点所要求的道德准则、道德情操与道德品质的总和，是从事一定职业的人在职业劳动和工作过程中应遵守的与其职业活动相适应的行为规范。职业道德是从业人员在职业活动中应遵守或履行的行为标准和要求，同时又是从业人员应承担的道德责任和义务。

### 2. 职业道德的特点及作用

（1）职业道德的特点

1）职业道德具有适用范围的有限性。每种职业都担负着一种特定的职业责任和职业义务。由于各种职业的职业责任和义务不同，从而形成各自特定的职业道德的具体规范。

2）职业道德具有发展的历史继承性。由于职业具有不断发展和世代延续的特征，不仅技术世代延续，其从业人员的管理方法、与服务对象打交道的方法，也有一定的历史继承性。

3）职业道德表达形式多种多样。由于各种职业道德的要求都较为具体、细致，因此其表达形式多种多样。

4）职业道德兼有严明的纪律性。纪律也是一种行为规范，但它是介于法律和道德之间的一种特殊的规范。它既要求人们自觉遵守，又带有一定的强制性。就前者而言，它具有道德色彩；就后者而言，又带有一定的法律的色彩。一方面遵守纪律是一种美德，另一方面遵守纪律又带有强制性，具有法令的要求。因此，职业道德有时又以制度、章程、条例的形式表达，以使从业人员认识到职业道德具有的纪律的规范性。

（2）职业道德的作用

职业道德是社会道德体系的重要组成部分，它一方面具有社会道德的一般作用，另一方面又具有自身的特殊作用，具体表现为以下几点：

1）调节职业交往中从业人员内部以及从业人员与服务对象之间的关系。职业道德的基本职能是调节职能，一方面，可以调节从业人员内部的关系，即运用职业道德规范约束职业内部人员的行为，促进职业内部人员的团结与合作。如职业道德规范要求各行各业的从业人员，都要团结、互助、爱岗、敬业、齐心协力地为发展本行业、本职业服务；另一方面，职业道德又可以调节从业人员和服务对象之间的关系。如从业人员如何对待顾客保修、投诉等问题。

2）有助于维护和提高本行业的信誉。一个行业、一个企业的信誉，也就是它们的形象、信用和声誉，是指企业及其产品与服务在社会公众中的信任程度，提高企业的信誉主要靠产品的质量和服务质量，而从业人员高水平的职业道德是产品质量和服务质量的有效保证。

3）促进本行业的发展。行业、企业的发展有赖于高的经济效益，而高的经济效益源于员工素质的提高。员工素质主要包括知识、能力、责任心三个方面，其中责任心是最重要的。而职业道德水平高的从业人员其责任心是极强的，因此，职业道德能促进本行业的发展。

4）有助于提高全社会的道德水平。职业道德是整个社会道德的重要内容。职业道德一方面涉及到每个从业者如何对待职业，如何对待工作，同时也是一个从业人员的生活态度、价值观念的表现，是一个人的道德意识、道德行为发展的成熟阶段，具有较强的稳定性和连续性。另一方面，职业道德也是一个职业集体，甚至一个行业全体人员的行为表现。如果每个行业、每个职业集体都具备优良的职业道德，那么整个社会道德水平也肯定较高。

## 二、职业道德的核心及原则

### 1. 为人民服务是社会主义职业道德的核心

（1）为人民服务是社会主义道德的集中体现

为人民服务体现了社会主义道德的实质。社会主义道德克服了以往社会道德中目的和手段、权利和义务的分离，达到了四者的统一。

在私有制下，为少数剥削阶级成员谋利益是目的，而广大被剥削阶级成员为其效命是手段；权利表现为剥削阶级的特权，义务表现为被剥削阶级受奴役。而在社会主义社会，为人民既是目的，又是手段；人民既是权利和义务的主体，也是权利和义务的客体，人民既是服务对象，但也为他人服务。反映到道德上，就是倡导为人民服务。即全社会成员的“自我服务”“我为人人，人人为我”。就是一切从人民利益出发，彼此互相关心、互相爱护、互相帮助，并同一切危害人民利益的现象作斗争。

（2）为人民服务是社会主义经济基础的客观要求

道德属于上层建筑，它由经济基础决定，同时又为经济基础服务。社会主义社会是以公有制为主体，多种所有制经济共同发展的经济制度，社会主义社会的本质是解放生产力和发展生产力，改善人民群众的生活，消除两极分化，以实现人民共同富裕。因此，社会主义道德建设不能忽视广大人民群众的最大利益。所以为人民服务也是社会主义道德建设的出发点和根本目的。

（3）为人民服务是建立和发展社会主义市场经济的需要

社会主义市场经济既是法制经济，也是道德经济。一方面，发展社会主义市场经济的目的是推动生产力的发展，创造更多物质财富，满足人民的需要，使人民生活上富裕，精神上充实，因此市场经济本质上是为人民服务的经济；另一方面，为人民服务又为社会主义市场的健康发展和整个社会的全面发展，提供强有力的思想道德保证和巨大精神动力。市场经济本身有其无法克服的弱点，发展社会主义市场经济要靠法制，也需要有社会伦理基础。在市场经济中，只有坚持为人民服务的价值导向，才能在市场竞争的强制作用下，培养起人们为人民服务的观念，消除市场经济带来的消极影响。

（4）为人民服务是履行职业职责的精神动力和衡量职业行为是非善恶的最高标准

所谓职业职责，是指从事某种职业的个人对社会、集体和服务对象所承担的社会责任和义务。人们在完成本职工作的时候，会遇到各种困难和曲折，必须付出许多努力与辛劳，才能达到要求。这时，只有在为人民服务的精神鼓舞下，才能克服困难，取得最佳成绩。具体的职业道德准则可以规范人们的行为，而为人民服务的精神才能给人以激励与力量。

为人民服务就是一切向人民负责，一切从人民利益出发的思想观点和行为准则，因此它必然成为衡量每个行业制定具体职业道德规范的最高标准。

为人民服务的基本内容包括了把集体利益放在首位，它是正确处理社会主义社会各种利益关系的依据。在社会主义社会，既存在着个人与社会的利益关系，也存在着集体与国家及整个社会之间的利益关系，正确处理好这些关系，是为人民服务思想得到认真贯彻的重要表现。

（5）为人民服务体现了社会主义职业道德建设的先进性要求和广泛性要求的统一

为人民服务是共产党人的根本宗旨，同时也是对各行各业从业人员的共同要求，它包含了先进性要求与广泛性要求的统一。在社会主义社会，我们既提倡道德先进性，即共产党员和先进分子为人民的利益和幸福公而忘私，勇于献身的崇高共产主义道德品质；同时也重视广泛性，即普通劳动者只要诚实劳动，忠于职守，公平交易，按劳取酬，履行公民义务，热心社会公益事业，也属于为人民服务的范畴。因为我国正处于社会主义初级阶段，社会主义职业道德建设必须从广大人民群众的实际出发，把社会主义道德的先进性要求和广泛性要求结合起来，不断教育和提高，逐步引导人们不断追求更高道德目标，才能调动广大人民群众履行为人民服务道德规范的积极性。

**2. 集体主义是社会主义职业道德的原则**

所谓职业道德的基本原则，是指最根本的职业道德规范。它不是具体的行为规范，而是从业人员进行职业活动时，应该遵守的具体职业道德行为规范中所体现的价值方针的高度概括，在职业道德体系中，处于统帅的地位，起着职业道德活的灵魂的作用。职业道德原则的贯彻，可以赋予每个具体的道德行为以不同的社会属性，赋予外观相似的行为以不同的灵魂。职业道德原则不仅是从业人员进行职业活动的根本指导思想，而且也是对每个从业人员的职业行为进行职业道德评价的最高标准。

集体主义之所以是社会主义职业道德的基本原则，是因为集体主义贯穿于社会主义职业道德规范的始终，是正确处理国家、集体、个人关系的最根本的准则，也是衡量个人职业行为和职业品质的基本准则，是社会主义社会的客观要求，是社会主义职业活动获得成功的保证。

（1）集体主义是社会主义社会的客观要求

集体主义是从社会主义的经济关系中引申出来的，它充分体现了无产阶级和广大人民的根本利益。在以生产资料公有制经济为主体的社会主义社会，集体主义的原则贯穿于社会生活的三大领域，即社会公共场所、职业岗位与家庭，被社会主义公有制经济关系所决定。社会主义道德所包括的社会主义的社会公德、职业道德与家庭美德都是在社会主义道德原则——集体主义原则的指导下形成和发展起来的。人们无论在经济活动、政治活动、思想活动中，都应当按照社会主义集体主义道德原则指导自己的行为。

（2）集体主义原则是社会主义职业活动获得成功的保证

在一个人的整个社会生活中，职业生活占的比重很大，同时，职业生活比家庭生活、社会公共生活所涉及的对象和范围要复杂得多。职业活动的对象和范围不仅有经济方面的、政治方面的，还包括思想与意识形态方面的，其中涉及经济领域的特别多，涉及国家、集体、个人多方面的利益。因此只有按照集体主义原则办事，才能处理好这些关系和利益问题。

## 三、职业道德的基本规范

职业道德规范是从事职业活动的人们应当遵守的职业行为准则。

### 1. 爱岗敬业

爱岗就是热爱自己的工作岗位，热爱自己所从事的职业；敬业就是以恭敬、严肃、负责的态度对待工作，一丝不苟，兢兢业业。爱岗敬业要求做到乐业、勤业、精业，干一行爱一行。

### 2. 诚实守信

诚实守信是指忠诚老实，信守诺言，是为人处世的原则。诚实守信要求人们做到诚信无欺、讲究质量、信守合同。诚信无欺，即待人接物要诚恳可信，不能采用欺骗手段；讲究质量，即要树立质量第一的观念，严把质量关；信守合同，即要说到做到，言而有信，认真履行承诺或合同。

3. 办事公道

办事公道是指从业人员要站在公正的立场上，按照同一标准和同一原则办事的职业道德规范办事情、处理问题。

办事公道要求人们做到客观公正、照章办事。客观公正，即遇事从客观事实出发，并能做出客观、公正的判断和处理；照章办事，就是按照规章制度来对待所有的当事人，不徇情枉法、不徇私枉法。办事公道的核心就是要克服私心，要做到正直无私。要做到办事公道，还必须加强学习，不断提高认识能力。能明确是非标准，分辨善恶美丑，并有敏锐的洞察力，才能公道办事。

4. 服务群众

服务群众就是为人民群众服务。服务群众要求做到热情周到、满足需要。热情周到，即从业人员对服务对象抱以主动、热情、耐心的态度，把群众当做亲人，服务细致周到，勤勤恳恳；满足需要，即从业人员要努力为群众提供方便，想群众之所想，急群众之所急，关心他人疾苦，主动为他人排忧解难，做每件事都要方便群众。

5. 奉献社会

奉献社会就是全心全意为社会做贡献，是为人民服务精神的最高表现。奉献社会要求人们做到把公众利益、社会效益摆在第一位。奉献社会是职业道德中的最高境界，是一种人生境界，是一种融于一个人一生事业中的高尚人格。

## 四、制造及维修行业职业道德的规范

**1. 热爱本职工作，钻研技术**

对待所从事的工作，满怀热情，工作积极；对于工作中的难点问题以及行业中的新技术、新工艺等勤于钻研学习，不断提高。

**2. 精工细作，优质高效**

对待工作一丝不苟，精益求精，熟练运用各种职业技能优质快速地解决问题。

**3. 遵守纪律，操作规范**

工作中严格遵守劳动纪律和规定，严格按照相关的操作规范和技术要求、安全规定等进行操作。

**4. 爱护设备，降低损耗**

工作中应爱护使用的设备和工具，勤维护勤保养；材料使用应精打细算，避免浪费。

5. 团结协作，奉献社会

注重相互沟通和交流，具备团队意识、互助协作；顾全大局，勇挑重担，个人利益服从集体利益和国家利益，暂时利益服从长远利益，局部利益服从整体利益。

6. 持续学习，敬业奉献

通过坚持不断地学习各种文化知识、专业知识，逐步提高自身的职业技能；工作中不怕吃苦，勇于克服困难，讲究奉献精神。

# 第 2 节　职 业 守 则

## 一、积极热情，文明待客

1. 整洁的仪表仪容

仪容：仪容是指人的容貌、形体和体态协调美；是指内在美的外表体现，内在美是本质。“表”即人的外表，是一个人精神面貌和内在素质的外在表现。维修人员应保持面部整洁、自然，男士不准留长发、蓄胡须、剃光头，女士不准浓妆、染指甲。

2. 得体的服饰穿戴

服饰是一种文化，是一种无声的语言，可以表现出一个人的修养、性格、气质。整洁端庄的服饰可以表现出对他人的尊敬，同时也是自身素质的体现。维修操作人员应穿着工作制服，服装应保持整洁、得体，衣扣齐全并应系好，不得袒胸露怀，穿戴应简洁大方，不应佩戴首饰、饰品等。穿着布鞋或皮鞋，要保持清洁，无破损。

3. 优雅的体态语言

体态是指维修服务人员工作中的举止所表现出来的姿态和风度，具体要求如下：站立要端正，挺胸收腹，眼睛平视，嘴微闭，面带笑容，双臂自然下垂或在身前交叉，右手放在左手上，以保持随时为顾客提供服务的状态，双手不要叉腰，不插袋，不抱胸。微笑热情地接待客人，使用敬语，使用普通话。

4. 良好的语言习惯

与客户交流时，要注意场合，语句完整，语言要准确、恰当、简练。讲普通话，吐字清楚，发音清晰，咬字准确，避免使用方言、口头禅等。语调得体、声音自然，令客户感觉到亲切自然。音量适中，音量以保持听者能听清为宜。语速适宜，根据对方情况，调节语速和节奏。

**5. 常用的礼貌用语**

礼貌、礼仪是人们在交往中彼此表示尊重与友好的行为规范。而礼貌用语则是尊重他人的具体表现，是建立友好关系的桥梁。服务人员在与客户的交流过程中，使用礼貌用语十分重要。多说礼貌用语不仅表示对客户的尊重，而且也表明自己有修养，有利于双方沟通、气氛融洽，也有益于解决问题，提高服务质量。

维修操作人员在接待客户或与客户谈话时应使用礼貌用语，如接待顾客时说："您好！""欢迎光临！""请问""谢谢""对不起，请稍等"；在征求顾客意见或需要顾客协助时说："请问""麻烦您""请您帮忙""谢谢"；在与顾客道别时说："让您久等了""欢迎再来""请慢走""请留步""再见"等。

## 二、全心全意为顾客服务，一切为顾客着想

**1. 真心实意**

服务人员在接待顾客的过程中，要真诚地对待顾客，开诚布公地与顾客交谈，避免令对方产生猜疑或有所顾虑。应认真倾听和详细记录顾客的情况描述，如实地表明自己的判断分析、解决方法以及涉及的服务费用等，绝不能夸大其词和欺骗。以真诚的态度对待每一位客户，要站在顾客角度，设身处地为顾客着想，既要尽快解决问题，又要最大限度地为顾客节省费用。

**2. 热情周到**

服务人员应以热情和愉快的表情迎接顾客，行动上积极主动，使用礼貌用语，细心与顾客沟通，热情回答，耐心解释，帮助顾客排忧解难。真正从顾客的角度出发，想顾客之所想，工作细致入微，各方面考虑周全，才能把握顾客心理，排解顾客担忧，消除隔阂，使顾客感受到亲切之情和备受尊重，从而达到满意的服务效果。

**3. 礼貌待人**

服务人员应具备相应的礼节、礼仪、礼貌常识。在接待顾客时，注意相应礼节，相互之间问候、致意、祝愿、称谓以至于给予必要的协助与照料的惯用形式，礼节是礼貌的具体表现。礼貌、礼仪的应用，最重要的就是要从自我要求、自我约束入手，从我做起，以礼貌语言、礼貌行动、礼宾规程为行为准则，去接待顾客。比如工作时应注意穿工作装，着装整齐，与顾客见面时使用礼貌用语热情打招呼；

说话要用尊称，态度平和，注意把握分寸，适度得体；说话要文雅、简练、明确；要讲究语言艺术，力求语言优美，婉转悦耳；与顾客讲话要注意举止表情，举止温文尔雅，表情落落大方。服务人员通过以礼待人的言行举止，尊重顾客，同时满足顾客的心理要求，以达到优化服务质量的目的。

#### 4. 满足需要

在现代市场经济条件下，顾客及其需要是企业经营和发展的基础。如何更好地满足顾客的需求，是企业成功的关键。如今，“使顾客满意”已成为现代企业的经营哲学，以客户为中心的经营方式得到广泛的认同。首先，服务人员通过把握恰当的沟通方式和正确的引导，让顾客把自己内心的实际需要表达出来，可以真正了解顾客的实际需求。其次，服务人员应努力从各方面不断提高业务素质和服务水平，以提升顾客满意度为目标。服务水平和业务素质的提高、服务质量的提高，是满足顾客需要的基础。服务人员日常应不断积累经验，认真分析研究顾客的各种实际需要，有针对性地制定最佳的解决方案，以达到提供优质、快捷的服务的目的。

### 三、自觉遵守劳动纪律

#### 1. 强化纪律，提高岗位责任感

服务人员应严于律己，认真学习和严格遵守各项规章制度，遵守劳动纪律，不违章作业。在工作过程中，热爱本职工作，以正确的态度对待自己所从事的工作，做到爱岗敬业。要树立起职业荣誉感和对本职工作的责任感，要尽职尽责做好本职工作，从忠于职守的行为规范做起。

#### 2. 严格遵守岗位技术标准和工艺规范

岗位技术标准和工艺规范是国家或企业在长期生产活动中总结和制定的一种最佳的解决技术问题的方法和途径，这些标准和规范既保证了产品质量，又包括相应的安全措施，是从业人员很好的操作指导规范。从业人员应认真学习和掌握各项岗位技术标准、工艺规范，操作中严格遵守相关规定，严谨求实，一丝不苟，避免因违规操作造成质量事故甚至危及安全生产。

### 四、努力学习，不断提高理论水平和操作能力

#### 1. 热爱本职，钻研技术

从业人员应热爱本职工作，努力培养对本职工作的感情，做到干一行爱一行。在工作中，要紧跟时代步伐，不断努力学习“四新”技术，认真刻苦地钻研业务知识，拓宽自身的知识领域，提高自身的技能水平。只有这样才能更好地履行岗位职

责，更好地完成本职工作。

**2. 精工细作，优质高效**

从业人员要不断磨炼，形成扎实的技术基础和精湛的技术水平，在工作中，要端正工作态度，工作要细致入微，兢兢业业，精工细作，保证服务质量；通过积累丰富工作经验和总结先进经验和技巧，提高工作效率，缩短服务时间，形成良好的信誉和口碑。

**3. 爱护设备，降低损耗**

专业设备和工具是保证质量、提高工作效率的保障，从业人员应注意爱护设备和工具，合理使用，定期保养和维护，使设备处于良好工作状态，保证设备稳定安全运行。要认真学习设备工具的正确使用方法，遵循操作规范，避免设备非正常损坏，对于易损件应定期检查，及时更换。

**4. 团结协作，奉献社会**

任何一项工作都是一个系统工程，需要各成员在其业务活动中，要具备团队意识和协作精神，要互相支持、互相协作、互相配合，顾全大局，明确工作任务和共同目标，在工作中尊重他人，虚心诚恳，积极主动，协同努力去完成工作任务。从业人员应把奉献社会、服务社会作为企业发展的重要目标和个人理想的价值体现，工作中应顾全大局，不怕吃苦，忠于职守，无私奉献，通过自己的努力赢得社会的尊重。

# 第2章 电工学与电子学基础

## 第1节 电的基本知识

### 一、电的概念

电是一种自然现象，是能量的一种表现形式，有正负之分。通常以静电单位（静电库仑）或电磁单位（库仑）度量。从摩擦生电物体的吸引和排斥现象就能观察到电的存在。在一些自然现象中（如闪电和北极光等），电一般以电流的形式得到应用。

**1. 摩擦起电**

两个物体相互摩擦时，电子由一个物体转移到另一个物体，使得摩擦过的物体产生吸引轻小物体的本领，称为摩擦起电。实验证明，任何两个物体摩擦，都可以起电，且不带电的两个物体摩擦起电时，所带的电量在数值上相等。

自然界中存在两种电荷，即正电荷和负电荷。规定：跟丝绸摩擦过的玻璃棒上所带的电荷叫做正电荷；跟毛皮摩擦过的橡胶棒上所带的电荷叫做负电荷。且同种电荷相互排斥，异种电荷相互吸引。

（1）不同种材料摩擦起电

不同物质原子核束缚电子的本领不同。当两个物体相互摩擦时，原子核束缚电子的本领弱的物体的一些电子会转移到另一个物体上，失去电子的物体因缺少电子而带正电，得到电子的物体则会带等量的负电，但转移过程中电荷总量保持不变，符合电荷守恒定律。

由此可见：摩擦起电现象在转移过程中只是带负电荷的电子的转移，并不是电荷的创造。

（2）同种材料摩擦起电

同种材料的物体进行相互摩擦，能够出现带电现象，如图 2—1 所示。有的材料摩擦带同性正电荷，有的带同性负电荷。在排除外界的影响后（如通过其他导体导走电荷等），实验仍能得到相同的结果。

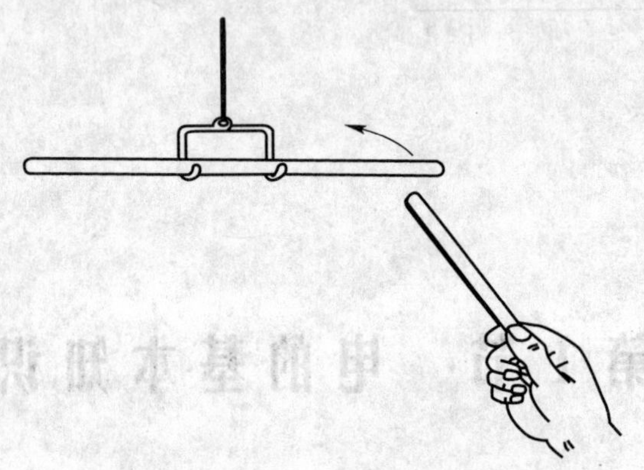

图 2—1　摩擦起电实验

**2. 电量**

电荷的多少称为电量。用 $Q$ 表示，单位是库仑（简称库），符号用 C 表示。电量越大，物体的电性就越强。

（1）电量单位

一个基本电荷是自然界中能单独存在的最小电量，所带的电量为 $1.6\times10^{-19}$ C。一般自然界能独立存在的电量都是 $1.6\times10^{-19}$ 的整数倍，即 $6.25\times10^{18}$ 个电子所带电量是 1 库仑。

电量也指用电设备所需用电能的数量，又称电能或电功。电能的单位是千瓦时（kW·h）。

（2）电量公式

电量分为有功电量和无功电量。有功电量和无功电量的单位分别用库（C）和千瓦时（kW·h）表示。

$$由\ I=\frac{Q}{t}\ 得\quad Q=It$$

式中　$Q$——电量，C（库仑）；

$I$——电流，A（安培）；

$t$——时间，s（秒）。

3. 电源

电源是能够将其他形式的能量转换成电能的装置。

发电机能将机械能转换成电能，干电池能将化学能转换成电能。发电机、电池本身并不带电，两极分别有正、负电荷。当两极接上导体时便产生电流使正、负电荷释放出来，当电荷散尽时，也就荷尽流（压）消了。通常干电池也称电源。

电源的种类很多，例如，通过变压器和整流器，把交流电变成直流电的装置叫做整流电源。能提供信号的电子设备叫做信号源。晶体三极管能把前面送来的信号加以放大，又把放大了的信号传送到后面的电路中去，晶体三极管对后面的电路来说，也可以看做是信号源。整流电源、信号源有时也叫做电源。

## 二、物质的导电性

导电性是指物体导电的能力。一般金属、半导体、电解质和一些非金属都可以导电。

非电解质物体导电的能力是由其原子外层自由电子数以及晶体结构决定的，如金属含有大量的自由电子，就容易导电，而大多数非金属由于自由电子数很少，故不容易导电。例如，石墨导电，金刚石不导电，这就是由晶体结构决定的。电解质导电是因为离子化合物溶解或熔融时产生阴、阳离子，从而具有导电性。

1. 导体

（1）导体导电的原理

导体是能够让电流通过的物体。当电流在导体内流过时，由于导体内自由电荷（在金属中的自由电荷为电子，在溶液中的自由电荷则为阴、阳离子）的移动而产生导电作用。导体材料的不同，自由电荷的漂移方式也不相同。金属导体里面有自由运动的电子，导电的原因是自由电子。半导体随温度升高其电阻率逐渐变小，导电性能大大提高，导电的原因是半导体内的空穴和电子对。

（2）导体分类

1）金属。金属是最常见的导体。金属原子最外层的价电子很容易挣脱原子核的束缚成为自由电子，留下的正离子形成规则的点阵。金属导体的电导率通常比其他导体材料大，且一般随温度降低而增大。在极低温度下，某些金属与合金的电阻率将会消失而转化为“超导体”。

2）电解质的水溶液及熔融电解质。电解质的水溶液及熔融电解质也是一种导体。导电的载流子是正、负离子。电解液中离子浓度比金属中自由电子浓度小，且其离子与周围物质的作用力较大，使其在外电场中的迁移率小得多，所以电解液的电阻率比金属大得多。

电解液在通电过程中伴随有化学变化，常应用于电化学工业（如电解提纯、电镀等），又称“第二类导体”。把导电过程中不引起化学变化，也没有显著物质转移的导体，如金属等，称为“第一类导体”。

3）电离的气体。导电的载流子是电子和正、负离子。在通常情况下，气体是良好的绝缘体。由于外界原因（如加热，用X射线、γ射线或紫外线照射等），可使气体分子离解，电离的气体便成为导体。电离气体的导电性与外加电压有很大的关系，且常伴有发声、发光等物理过程。电离气体常应用于电光源制造工业。

2. 绝缘体

绝缘体又称电介质，是一种阻碍电荷流动的材料。其分类如下：

（1）固体绝缘材料

常用的固体绝缘材料有塑料、橡胶、玻璃、陶瓷、云母、绝缘漆、绝缘纸等，主要应用于导线和电工设备的绝缘，作为电容器极板间的填充材料，以增加电容值。

（2）气体绝缘材料

常用的气体绝缘材料有空气、氮、二氧化碳、六氟化硫等。潮湿气体会大大减小绝缘体的电阻率，大部分绝缘体具有防潮能力。

（3）液体绝缘材料

常用的液体绝缘材料有各种天然矿物油、硅油、三氯联苯等。主要应用于大功率断路器、变压器及某些电缆等电工设备中。不仅利用其电绝缘作用，而且还利用液体对流所起的散热作用。

绝缘体在某些外界条件（如加热、加高压等）影响下会被“击穿”，而转化为导体。在未被击穿之前，绝缘体也不是绝对不导电的物体。如果在绝缘材料两端施加电压，材料中将会出现微弱的电流。

# 第2节　电路基础知识

## 一、电路的基本组成

电路是电流通过的路径，是由各种电气设备或元件按一定方式连接起来的。可分为以下三大部分：

### 1. 电源

提供电能或信号的装置称为电源，它能维持电路中有持续的电流和信号，如蓄电池、发电机和信号源等。

### 2. 负载

吸收或转化电能和信号的部分称为负载，如电灯、电视机、电动机等。

### 3. 中间环节

连接、控制电源和负载的装置被称为中间环节，主要由开关和导线组成。开关用来控制电路的通与断，起控制电流的作用；导线主要起连接各个元器件的作用。

当开关闭合时，电路中有电流，用电器工作；当开关断开时，电路中没有电流，用电器停止工作。注意：开关不是用电器，不消耗电能；导线用于将电源、用电器、开关连接起来，形成电流的路径，用来输送电能。

对于电路，最简单的中间环节可以仅由两根连接导线组成，而复杂的中间环节可以是一个庞大的控制系统。

从电源看，电源本身的电流通路称为内电路。电源以外的电流通路称为外电路。当电路中的电流是不随时间变化的直流电流时，称该电路为直流电路；当电路中的电流是随时间变化的交流电流时，称该电路为交流电路。

## 二、电路基本物理量

电路中的物理量主要有电流、电压、电阻、电容和功率。在电路中进行分析和计算时，需要考虑电压和电流的方向。

### 1. 电流

电流是由带电粒子有规则地定向运动形成的。它是一个矢量。电流的方向与正电荷移动方向相同。通常把电流分成两大类，即直流电流和交流电流。方向不随时间变化的电流称为直流电流，大小和方向都随时间变化的电流称为交流电流或交变电流。

电流的大小取决于一定时间内通过导体横截面电荷量的多少。在相等的时间内，流过横截面的电荷量越多，则表示流过该导体的电流越大；反之，电流越小。通常规定：1 s 内通过导体横截面的电荷量称为电流，用字母 $I$ 表示。其定义式为：

$$I=\frac{Q}{t}$$

其中，$Q$ 表示通过导体横截面的电荷量，$t$ 表示通电时间。

在 1 s 内通过导体横截面的电荷量是 1 库，则导体中的电流为 1 安（安培，简称安，A），常用的电流单位还有毫安（mA）和微安（μA），其换算关系为：

$$1\ \text{A}=10^3\ \text{mA}=10^6\ \mu\text{A}$$

一般规定：正电荷定向移动的方向为电流的实际方向，即正方向。直流电路电流用 $I$ 表示，交流电路电流用 $i$ 表示。

2. **电压**

电压是衡量电场力做功能力大小的物理量。如果电场力将电量为 $Q$ 的电荷从 $a$ 处移到 $b$ 处所做的功为 $W_{ab}$，则功 $W_{ab}$ 与电量 $Q$ 的比值就称为这两点间的电压，其定义式为：

$$U_{ab}=\frac{W_{ab}}{Q}$$

电压的国际单位为伏特（V），常用的单位还有毫伏（mV）、微伏（μV）、千伏（kV）等。电压不但有大小而且有方向，规定电压的方向由正指向负，即电位降低的方向。如图 2—2 所示，假如 $U_{ab}$ 为正，则 $U_{ba}$ 为负，即 $U_{ab}=-U_{ba}$。

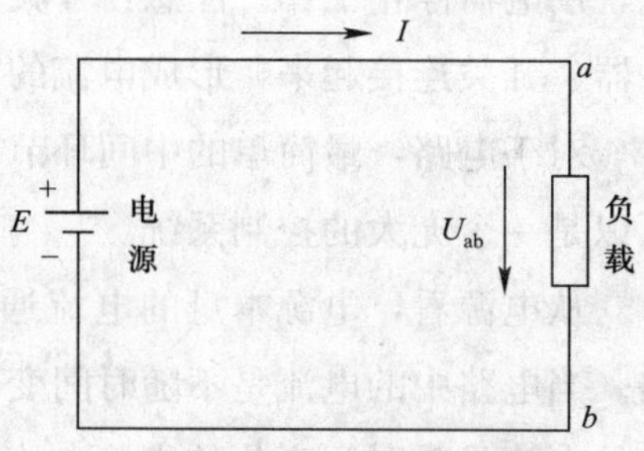


图 2—2　电路中电压的方向

在电路中，常以带箭头的细实线表示电压方向，当电路中两点间的电压方向不能确定时，可假定电压的参考方向，再根据计算所得数值的正负确定其实际方向。

3. **电阻**

当电流通过导体时，由于自由电子在运动中不断与导体内的原子、分子发生碰撞，对电荷的定向运动形成阻碍作用。导体对电流的这种阻力叫做电阻，用字母 $R$ 表示。导体电阻与导体长度成正比，与导体截面积成反比，还与导体的材料有关。电阻的单位是欧姆，符号为 Ω 。其常用单位还有千欧（kΩ）和兆欧（MΩ）。它们的换算关系是：

$$1\ \text{M}\Omega=10^3\ \text{k}\Omega=10^6\ \Omega$$

在电路中常会出现几个电阻首尾相连串接在一起的情况，如图 2—3 所示。电阻的这种连接方式称为电阻的串联。在闭合串联电阻电路中，串联电路的电流处处相等，电路的总电阻等于各个串联电阻之和。

在电路中也常会出现几个电阻的一端连接在一起，所有电阻的另一端也连接在一起的情况，如图 2—4 所示。电阻的这种连接方式称为电阻的并联。并联电阻两端电压均相等，并联电阻电路的总电阻的倒数等于各个并联电阻倒数之和。

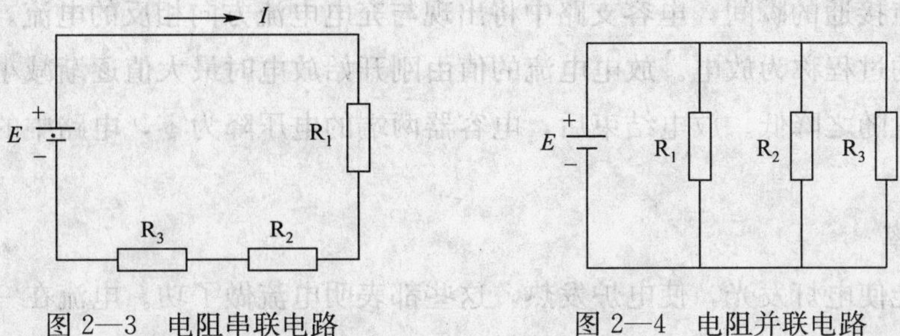


图 2—3　电阻串联电路　　　　图 2—4　电阻并联电路

4. 电容

电容器是由两个金属电极和电极间的绝缘介质组成的，电容是电容器的简称。电容器的基本性能是储存电荷，电容器储存电荷的能力称为电容量，用字母 $C$ 表示。电容量的单位是法拉，符号为 F，由于 F 这个单位太大，一般用 μF（微法）或 pF（皮法）作为电容量的单位。其换算关系为：

$$1\ \mathrm{F}=10^{6}\ \mu\mathrm{F}=10^{12}\ \mathrm{pF}$$

电容在电路中的连接方式与电阻在电路中的连接方式一样，也有串联、并联之分。如果将几个电容首尾按顺序串联起来，串联后总电容的倒数等于各个电容倒数之和。如果将几个电容并联起来，则并联后总电容等于各个电容之和。

在直流电路中接入电容，当闭合或断开电路的瞬间，电路中的电流随时间而变化，会出现电容的充、放电过程。电容充、放电电路如图 2—5 所示，当开关 S 与 1 点接通时，电容器通过电阻 R 与电源的正、负极相接。电源电极上的正、负电荷就逐渐转移到电容的两电极并储存起来，这个过程称为充电。充电过程中形成了充电电流，随着充电时间的增加，电容储存的电荷越来越多，电容两极间的电压随之升高，当电容与电源端电压数值相等时，充电过程结束，充电电流变为零。充电过程中，电路电流及电容两极间的电压随时间变化的规律，如图 2—6 所示。

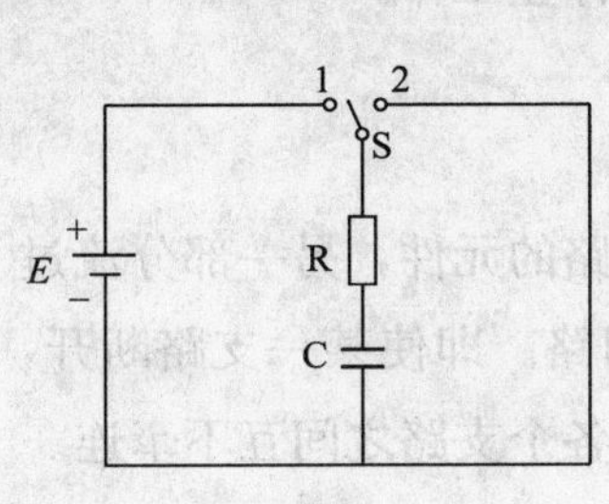


图 2—5　电容充、放电电路

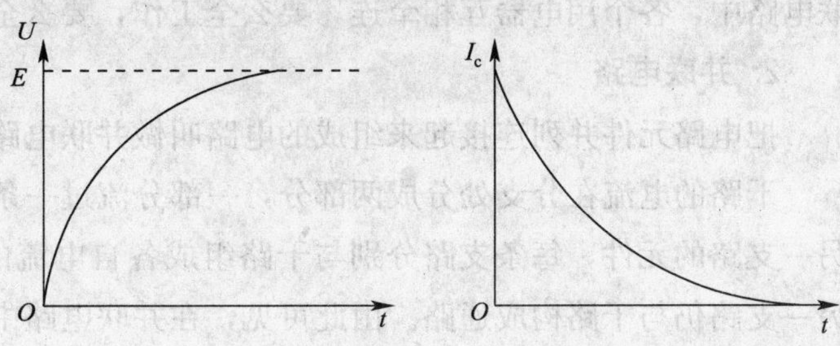


图 2—6　电容充电过程中电压、电流随时间变化的规律

当电容充电停止后，把开关 S 与 2 点接通时，电路的右侧处于闭合状态。在开关 S 与 2 点接通的瞬间，电容支路中将出现与充电电流方向相反的电流。电容向外释放电荷的过程称为放电。放电电流的值由刚开始放电时最大值逐渐减小，电容器两端电压也随之降低。放电结束后，电容器两端的电压降为零，电路中的放电电流也为零。

5. 功率

电流能使电灯发光，使电炉发热，这些都表明电流做了功。电流在一段时间内所做的功称为电能或电功。电能用符号 $W$ 表示，其大小与电路中的电压 $U$ 和电流 $I$ 及通电时间 $t$ 有关，即：

$$W=UIt$$

电能的单位是焦耳，符号为 J。电流在单位时间内所做的功称为电功率，用符号 $P$ 或 $N$ 表示，即：

$$P=\frac{W}{t}=UI$$

电功率的国际单位是瓦特，符号为 W，在实际应用时，数值较大的电功率用千瓦（kW）或兆瓦（MW）表示。其换算关系为：

$$1\ \text{MW}=10^3\ \text{kW}=10^6\ \text{W}$$

## 三、电路的基本连接方式

电路的基本连接方式主要有串联和并联两种。

1. 串联电路

把电路元件顺次连接起来的电路称为串联电路。

在串联电路中，电流的路径只有一条，即从电源正极流出依次逐个流过各用电器，最后回到电源负极的过程。在串联电路中，若有一个用电器损坏或某一处断开，整个电路将变成断路，电路就会无电流，所有用电器都将停止工作，所以在串联电路中，各个用电器互相牵连，要么全工作，要么全部停止工作。

2. 并联电路

把电路元件并列连接起来组成的电路叫做并联电路。

干路的电流在分支处分成两部分，一部分流过一条支路的元件，另一部分流过另一支路的元件，每条支路分别与干路组成各自电流的回路。即使某一支路断开，另一支路仍与干路构成通路。由此可见，在并联电路中，各个支路之间互不牵连。

3. 串联电路和并联电路的区别

（1）连接方式不同

串联电路是把元件逐个顺次连接起来组成的电路，而并联电路是把元件并列连接起来组成的电路。

（2）电流特点不同

串联电路中，电流只有一条路径，通过一个元件的电流同时也通过另一个元件，而并联电路中，干路的电流在分支处分成两个或多个支路。

（3）电路现象不同

串联电路各用电器之间互相影响，并联电路各支路中各用电器是独立、互不影响的。

（4）开关控制的范围不同

串联电路中开关的位置对电路无影响，不管在何处连接开关均可控制整个电路；并联电路中干路开关控制整个电路，各支路的开关只能控制本支路。

## 四、电路的工作状态

以直流电路为例，电路有三种工作状态：通路、开路和短路。

### 1. 通路

当电源与负载接通时，电路中有电流流动，电源产生功率，负载消耗功率。此时的电路称为通路，如图 2—7 所示。

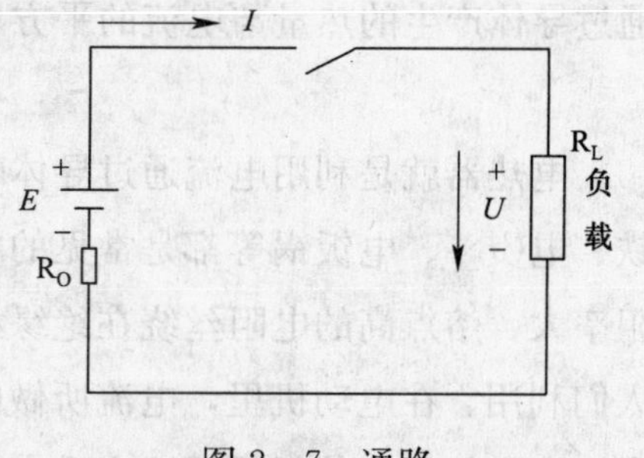


图 2—7　通路

开关闭合后，接通电源和负载，负载两端的电压 $U=E-IR_O$。其中：$E$ 为电源电动势，$R_O$ 为电源内阻，$R_L$ 为负载电阻。

电源内阻的存在，内电阻上的压降增加，当负载电流增大时，电源端电压下降。这就是在用电高峰期，会出现电压不足的原因。通常电源内阻很小，在正常工作时，电流变动引起的电压降很小，可忽略不计。

### 2. 开路

在如图 2—7 所示的电路中，若开关断开，则电源处于开路状态。开路时电流为零，电阻无穷大，此时电压为电源的空载电压，即电源电动势。

### 3. 短路

某一部分的电路两端用电阻可忽略不计的导线或开关连接，电流被导线或者开关旁路，此时电路称为短路。

短路时电源所产生的能量全部被内电阻消耗。超过额定电流若干倍的短路电流，会导致电源和导线因发热过多而烧坏，进而使供电系统中的设备烧毁或者引起火灾，通常在电路中应接入熔断器等短路保护装置。部分电路的短路有时也可以用来控制某一段电路中电流的有无。

### 五、电路的基本定律

#### 1. 部分电路的欧姆定律

流过电阻 R 的电流与电阻两端的电压成正比，与电阻成反比，欧姆定律可表示为：

$$I=\frac{U}{R}$$

当导体的电阻不变时，导体中的电流与导体两端的电压成正比。导体两端电压改变时，流过导体的电流随着改变；在电压不变时，导体中的电流与电阻成反比，即在同一电压下，接不同的电阻时，电流也不相同，所接电阻越大，则通过的电流越小。

#### 2. 焦耳定律

焦耳定律反映了电路中电流产生的热量与电流、电阻、通电时间的关系：电流通过导体产生的热量与电流的平方成正比，与通电时间成正比。其公式为：

$$Q=I^2Rt$$

电热器就是利用电流通过导体时电阻产生的热量来加热的设备，电热壶、电烙铁、电熨斗、电饭锅等都是常见的电热器，主要组成部分是发热体。发热体是由电阻率大、熔点高的电阻丝绕在绝缘材料上而成的。电流通过电阻丝产生热量，供给人们利用。在电动机里，电流所做的功主要用于做机械功，由于电动机里导线有电阻，产生热量，使得导线温度升高。当温度超过绝缘材料的耐热温度时，绝缘材料会迅速老化，甚至可能烧焦，因此必须要考虑散热问题。

## 第 3 节　电磁感应与交直流电知识

### 一、磁路与变压器

在电动机、变压器及各种铁磁元件中常用磁性材料做成一定形状的铁心。铁心的磁导率比周围空气或其他物质的磁导率高得多，磁通的绝大部分经过铁心形成闭合通路，磁通的闭合路径称为磁路，如图 2—8 所示。

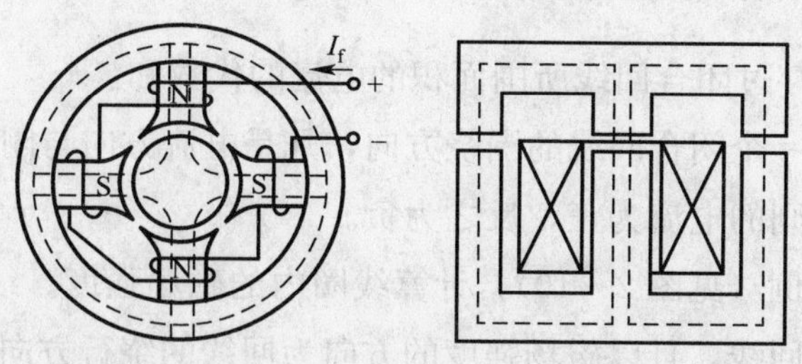


图 2—8　直流电机的磁路和交流接触器的磁路

**1. 磁场的基本物理量**

（1）磁感应强度

磁场中表示某点磁场强弱和方向的物理量称为磁感应强度，用 $B$ 表示，单位为特斯拉。$F$ 为导线在磁场中受到的作用力，$l$ 为导线长度。

公式为：$B=\frac{F}{Il}$来衡量，它与电流之间的方向关系可用右手螺旋定则来判定。

（2）磁通

磁感应强度 $B$ 与垂直于磁场方向的面积 $S$ 的乘积，称为通过该面积的磁通，用 $\Phi$ 表示。

$$\Phi=BS \text{ 或 } B=\frac{\Phi}{S}$$

磁感应强度 $B$ 在数值上可看做与磁场方向垂直的单位面积所通过的磁通，又称磁通密度。

若用磁感应线描述磁场，磁感应线的密度反映了磁场的大小。通过某一面积的磁力线总数应表示通过该面积的磁通的大小。由于磁通的连续性，磁感应线是闭合的空间曲线。

磁通的单位是韦伯（Wb），在工程中常用电磁制单位麦克斯韦（Mx），两者关系为：

$$1\ \text{Wb}=10^8\ \text{Mx}$$

根据电磁感应公式：$e=-N\frac{\mathrm{d}\Phi}{\mathrm{d}t}$，磁通的单位为伏秒（V・s），磁感应强度的单位也可用韦伯每平方米（$\text{Wb/m}^2$）表示。

（3）磁场强度

磁场强度 $H$ 是线圈匝数的一个表征量，反映磁场源的强弱，单位是安/米。

磁场与电流的关系，一般通过安培环路定理来确定，如图 2—9 所示。

$$\oint_{\tau}\vec{H}\cdot \mathrm{d}\vec{\tau}=\sum I$$

式中 $\oint_l H\mathrm{d}\tau$——磁场强度矢量沿任意闭合线的线积分；

$\sum I$——穿过闭合回线所围面积的电流的代数和。

对于任意选定一个闭合回线的围绕方向，凡是电流方向与闭合回线围绕方向之间符合右手螺旋定则的电流为正，反之为负。

以环形线圈为例（见图 2—10），计算线圈内的磁场强度。线圈内为均匀媒质，取磁力线作为闭合回线，且以磁场强度的方向为回线的绕行方向。

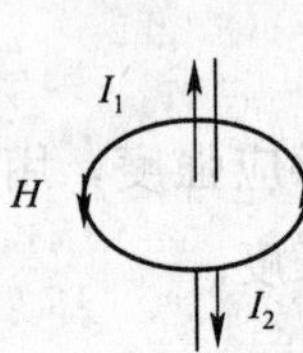

图 2—9　安培环路定律

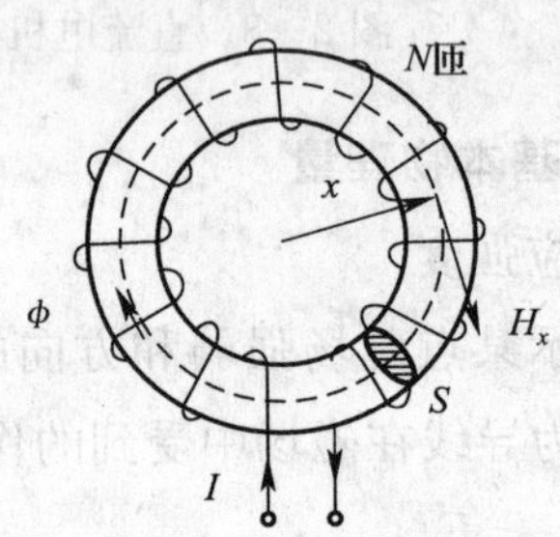

图 2—10　环形线圈的磁场

$$\oint_l \vec{H}\cdot\mathrm{d}\tau = H_x l_x = 2\pi x\cdot H_x$$

$$\sum I = IN$$

$$\therefore\quad H_x = \frac{IN}{2\pi x} = \frac{IN}{l_x}$$

式中　$N$——线圈匝数；

$2\pi x$——半径为 $x$ 的圆周长；

$H_x$——半径 $x$ 处的磁场强度；

$IN$——线圈匝数与电流的乘积。

(4) 磁导率

磁导率 $\mu$ 是表示磁场媒质磁性的物理量，衡量物质的导磁能力。磁感应强度 $B$ 为：

$$B = \mu H = \mu\frac{IN}{l}$$

磁导率的单位：

$$\mu\text{的单位} = \frac{B\text{的单位}}{H\text{的单位}} = \frac{\text{韦/米}^2}{\text{安/米}} = \frac{\text{伏}\cdot\text{秒}}{\text{安}\cdot\text{米}} = \frac{\text{欧}\cdot\text{秒}}{\text{米}} = \frac{\text{亨}}{\text{米}}$$

由实验所得，真空磁导率 $\mu_0$ 为：

$$\mu_0 = 4\pi\times10^{-7}\,\mathrm{H/m}$$

某种物质的磁导率 $\mu$ 与真空磁导率 $\mu_0$ 的比值称为相对磁导率，用 $\mu_r$ 表示：

$$\mu_r=\frac{\mu}{\mu_0}=\frac{\mu H}{\mu_0 H}=\frac{B}{B_0}$$

在同样电流的情况下，磁场空间某点的磁感应强度与该点媒质的磁导率有关，即媒质的磁导率为 $\mu$，则磁感应强度 $B$ 将是真空中磁感应强度的 $\mu_r$ 倍。

根据磁导率的不同，物质可分为磁性（物质）材料和非磁性（物质）材料。

1）非磁性物质。非磁性材料的相对磁导率为常数且接近于 1，即 $\mu\approx\mu_0$，$\mu_r\approx1$。

当磁场媒质是非磁性材料时，$B=\mu_0 H$。由于 $B=\frac{\Phi}{S}$，$H=\frac{NI}{l}$，可得磁通 $\Phi$ 与产生此磁通的电流 $I$ 成正比，且呈线性关系。

2）磁性物质。磁性物质内部形成许多小区域，其分子间存在的一种特殊的作用力使每一区域内的分子磁场排列整齐，显示磁性，称这些小区域为磁畴。

在没有外磁场作用的普通磁性物质中，各个磁畴排列杂乱无章，磁场互相抵消，整体对外不显磁性。在外磁场作用下，磁畴方向发生变化，使之与外磁场方向趋于一致，物质整体显示出磁性来，称为磁化，如图 2—11 所示。

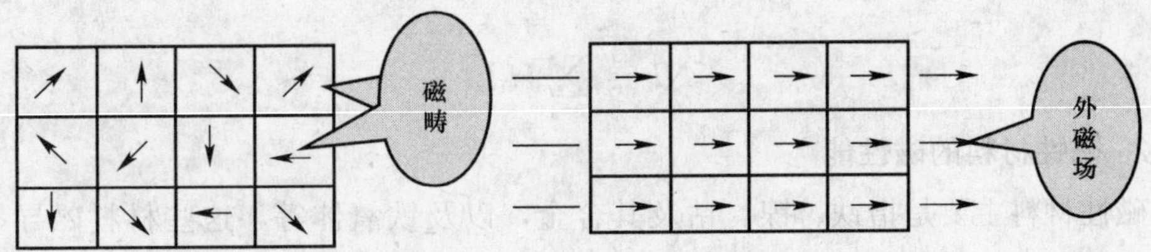


图 2—11　磁性物质的磁化过程

（5）磁路与电路参数的比较见表 2—1。

**表 2—1**　　磁路与电路参数的比较

| 磁路 | 电路 |
| --- | --- |
| 磁通势 $F$ | 电动势 $E$ |
| 磁通 $\Phi$ | 电流 $I$ |
| 磁感应强度 $B$ | 电流密度 $J$ |
| 磁阻　$R_m=\frac{l}{\mu S}$ | 电阻　$R=\frac{l}{\gamma S}$ |
| $\Phi=\frac{F}{R_m}=\frac{NI}{\frac{l}{\mu S}}$ | $I=\frac{E}{R}=\frac{E}{\frac{l}{\gamma S}}$ |

1）电路、磁路分析的特点

①电路、磁路的分析与电场、磁场紧密联系。

②电路分析一般不考虑漏电流，而磁路要考虑漏磁通。

③磁路欧姆定律和电路欧姆定律只是在形式上相似。由于 $\mu$ 不是常数，其随励磁电流而变，磁路欧姆定律只能用于定性分析不能直接用来计算。

④在电路中，当 $E=0$ 时，$I=0$；在磁路中，由于剩磁的存在，当 $F=0$ 时，$\Phi$ 不为零。

2）磁路计算的步骤

①求各段磁感应强度 $B_i$。各段磁路截面积不同，通过同一磁通 $\Phi$ 时：

$$B_1=\frac{\Phi}{S_1},\quad B_2=\frac{\Phi}{S_2}\cdots B_n=\frac{\Phi}{S_n}$$

②求各段磁场强度 $H_i$。根据各段磁路材料的磁化曲线 $B_i=f(H_i)$，求 $B_1$，$B_2\cdots$；相对应的 $H_1$，$H_2\cdots$。

③计算各段磁路的磁压降（$H_i$，$l_i$）

$$NI=\sum_{i=1}^{n}H_il_i$$

### 2. 磁性材料的磁性能

磁性材料主要是指铁、镍、钴及其合金，以及铁氧体等，这些材料磁导率很高，是制造变压器、电机等各种电工设备的主要材料。具有的磁性能如下：

（1）高磁导率

磁性材料能被强烈地磁化，具有很高的导磁性能。即 $\mu_r\gg1$（如坡莫合金，其 $\mu_r$ 可达 $2\times10^5$）。

1）分子电流和磁畴理论。分子中电子的绕核运动和自转形成分子电流，每个分子都相当于一个小磁铁产生磁场。由于磁性物质分子的相互作用，使分子电流在局部形成有序排列显示出磁性，此小区域称为磁畴。

2）高磁导率的成因。磁性物质没有外磁场时，各磁畴是混乱排列的，磁场互相抵消；当在外磁场作用下，磁畴就逐渐变成与外磁场一致的方向，即产生与外磁场方向一致的磁化磁场，从而磁性物质内的磁感应强度大大增加，即物质被强烈地磁化。

磁性物质广泛应用在电工设备中，电动机、电磁铁、变压器等设备线圈中都含有铁心。利用其磁导率大的特性，使得在较小的电流情况下得到尽可能大的磁感应强度和磁通。

（2）磁饱和性

磁性物质由于磁化所产生的磁化磁场不会随着外磁场的增强而无限地增强。当外磁场增大到一定程度时，磁性物质全部磁畴的磁场方向都转向与外磁场方向一致，磁化磁场的磁感应强度将趋向某一定值，即饱和值。直流励磁时，铁磁物质的磁化特性可用如图 2—12 所示的 $B=f(H)$ 曲线来描述。

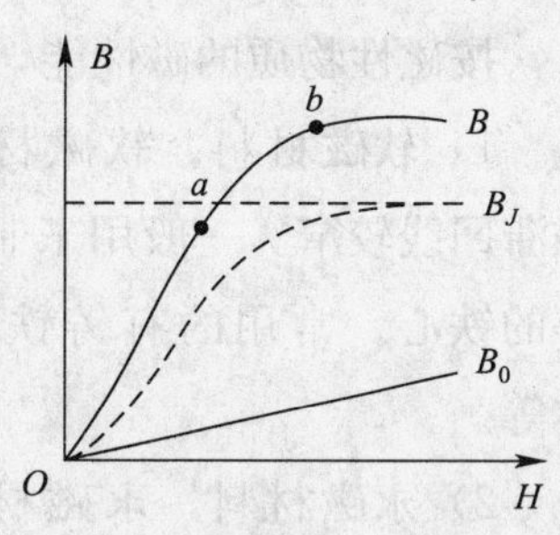


图 2—12　$B=f(H)$ 磁化曲线

图中，$B_J$ 为磁场内磁性物质的磁化磁场的磁感应强度曲线；$B_0$ 为磁场内不存在磁性物质时的磁感应强度直线；$B_J$ 曲线和 $B_0$ 直线的纵坐标相加即为磁场的 $B-H$ 磁化曲线。

$B-H$ 磁化曲线的特征：

***oa*** 段：$B$ 与 $H$ 几乎成正比增加。

***ab*** 段：$B$ 的增加缓慢下来，***b*** 点以后，$B$ 增加很少，达到饱和。

有磁性物质存在时，$B$ 与 $H$ 不成正比，磁性物质的磁导率 $\mu$ 不是常数，当 $B$ 达到饱和值时，$\mu$ 值将变得很小，$H$ 随 $B$ 而变，与 $I$ 也不成正比。以磁性材料做成的线圈，$\Phi$ 随 $I$ 的变化而变化，形成非线性磁感。

磁性物质的非线性曲线，通过实验得出，如图 2—13 所示。

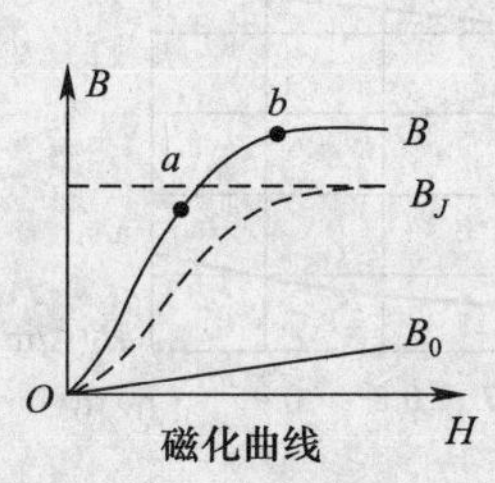


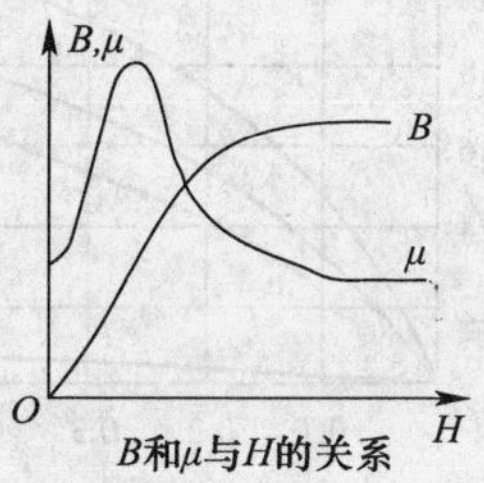


图 2—13　磁性物质的非线性关系

（3）磁滞性

当铁心线圈通有交变电流时，铁心将受到交变电流的磁化。但当 $H$ 减少为零时，$B$ 并未回到零值，进而出现剩磁 $B_r$。

磁感应强度滞后于磁场强度变化的性质称为磁滞性。磁性材料在交变磁场中反复磁化，其 $B-H$ 关系曲线是一条回形闭合曲线，称为磁滞回线，如图 2—14 所示。

要使剩磁消失，通常需进行反向磁化。将 $B=0$ 时的 $H$ 值称为矫顽磁力 $H_C$。

(4) 常见磁性材料

按磁性物质的磁性能，磁性材料分为三类：

1) 软磁材料。软磁材料具有较小的矫顽磁力，磁滞回线较窄。一般用来制造电动机、电器及变压器等的铁心。常用的有铸铁、硅钢、坡莫合金及铁氧体等。

2) 永磁材料。永磁材料具有较大的矫顽磁力，磁滞回线较宽。一般用来制造永久磁铁。常用的有碳钢和铁、镍、铝、钴及其合金等。

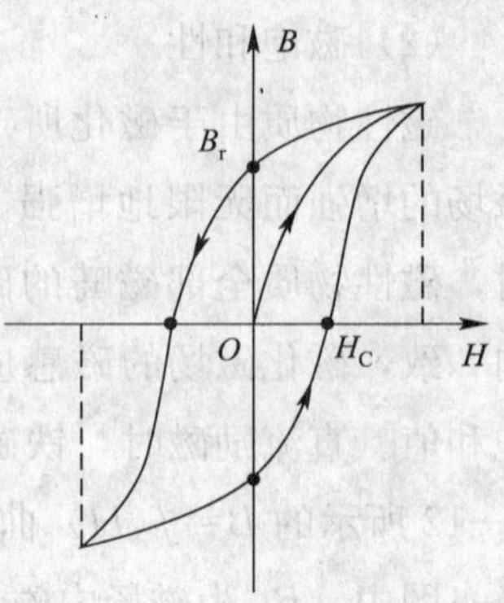

图 2—14　磁滞回线

3) 矩磁材料。矩磁材料具有较小的矫顽磁力和较大的剩磁，磁滞回线接近矩形，稳定性良好。在计算机和控制系统中用做记忆元件、开关元件和逻辑元件。常用的有镁、锰、铁氧体等。

几种常见物质的磁化曲线，如图 2—15 所示。

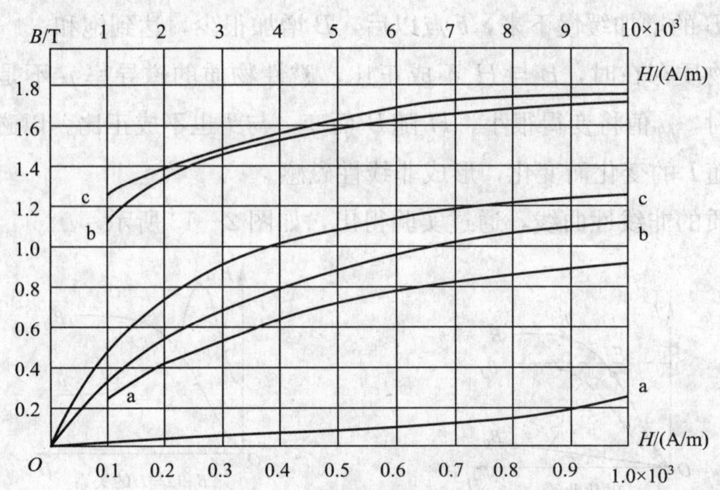

图 2—15　几种常见物质的磁化曲线

a—铸铁　b—铸钢　c—硅钢片

### 3. 铁心线圈电路

将线圈绕制在铁心上构成了铁心线圈。根据铁心励磁电源的不同，可分为直流铁心线圈和交流铁心线圈，它们的磁路分别为直流磁路和交流磁路。

(1) 直流铁心线圈电路

将铁心线圈接到直流电源上，即形成了直流铁心线圈电路。线圈中通过直流电流，其磁通恒定，在铁心中不会产生涡流，因此其铁心可以是整块铁。直流铁心电路有如下的特点：

1）励磁电流 $I=\frac{U}{R}$，$I$ 由外加电压 $U$ 及励磁线圈的电阻 $R$ 决定，与磁路特性无关。

2）直流铁心线圈中的磁通 $\Phi$ 的大小，不仅与线圈的电流 $I$ 和磁动势 $NI$ 有关，还取决于磁路中的磁阻 $R_m$，即与磁路的材料有关。

3）直流铁心线圈的功率损耗 $P=I^2R$，由线圈中电流和线圈电阻决定。

（2）交流铁心线圈电路

将铁心线圈接到交流电源上，即形成交流铁心线圈电路。线圈中通过交流电，在线圈和铁心中产生感应电动势。为了减少涡流损耗，交流铁心线圈的铁心应该是叠片状。交流铁心线圈电路有如下的特点：

1）基本电磁关系。在交流电磁铁心线圈电路中，当外加交流电压 $u$ 时，线圈中便产生了交流励磁电流 $i$。由磁动势 $Ni$ 产生两部分交变磁通即主磁通 $\Phi$ 和漏磁通 $\Phi_\sigma$，分别在线圈中产生两个感应电动势，即主磁电动势 $e$ 和漏磁电动势 $e_\sigma$。如图 2—16 所示，两个电动势与磁通 $\Phi$ 的参考方向之间符合右手螺旋法则。

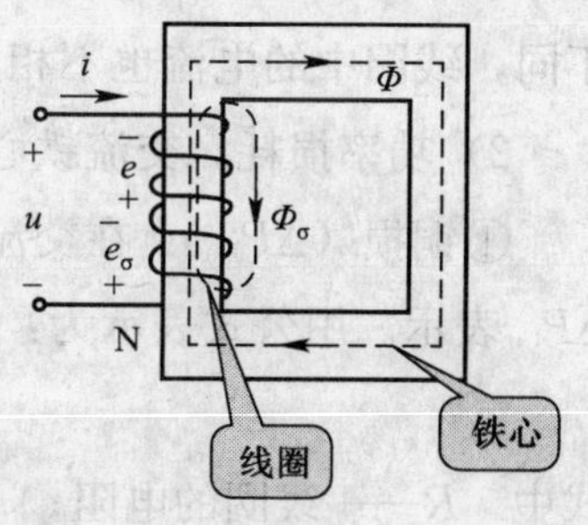

图 2—16　交流铁心线圈电路

根据基尔霍夫定律，铁心线圈的电压平衡方程式为：

$$u=Ri+L_\sigma\frac{\mathrm{d}i}{\mathrm{d}t}+(-e)$$

式中　$R$——线圈导线的电阻；

$L_\sigma$——漏磁电感。

由于线圈电阻上的压降 $iR$ 及漏磁电动势 $e_\sigma$ 与主磁电动势 $e$ 相比较都非常小，故上式可写成：

$$u\approx -e$$

主磁通 $\Phi=\Phi_m\sin\omega t$，根据电磁感应定律，主磁电动势为：

$$\begin{aligned}e&=-N\frac{\mathrm{d}\Phi}{\mathrm{d}t}=-N\frac{\mathrm{d}}{\mathrm{d}t}(\Phi_m\sin\omega t)\\&=-N\omega\Phi_m\cos\omega t\\&=2\pi fN\Phi_m\sin(\omega t-90^\circ)\\&=E_m\sin(\omega t-90^\circ)\end{aligned}$$

主磁感应电动势的有效值为：

$$E=\frac{E_m}{\sqrt{2}}=\frac{2\pi fN\Phi_m}{\sqrt{2}}=4.44fN\Phi_m$$

由于线圈电阻 $R$ 和感抗 $X_\sigma$（或漏磁通 $\Phi_\sigma$）较小，其电压降也较小，与主磁电动势 $E$ 相比可忽略，主磁通的幅值 $\Phi_m$ 与线圈外电压有效值 $U$ 的关系为：

$$U\approx E=4.44fN\Phi_m=4.44fNB_mS$$

此式反映了交流铁心线圈电路的基本电磁关系。式中，$U$ 为线圈的外加电压（V），$f$ 为电源频率（Hz），$N$ 为线圈匝数，$B_m$ 是铁心中磁感应强度的最大值（T），$S$ 是铁心截面积（$m^2$）。

由上式可知，当电源频率和线圈匝数一定时，磁路中的主磁通只取决于线圈的外加电压，与磁路的导磁材料和尺寸无关，这是直流与交流铁心线圈重要的区别。另外，当交流铁心线圈的外加电压一定时，在产生同样磁通的情况下，磁路的材料不同，线圈中的电流也不相同，这也是直流与交流铁心线圈的主要区别之一。

2）功率损耗。交流铁心线圈的功率损耗主要有铜损和铁损两种。

①铜损（$\Delta P_{Cu}$）。在交流铁心线圈中，线圈电阻 $R$ 上的功率损耗称为铜损，用 $\Delta P_{Cu}$ 表示。用公式表示为：

$$\Delta P_{Cu}=I^2R_{Cu}$$

式中　$R$——线圈的电阻；

$I$——线圈中电流的有效值。

②铁损（$\Delta P_{Fe}$）。在交流铁心线圈中，处于交变磁通下的铁心内的功率损耗称为铁损，用 $\Delta P_{Fe}$ 表示。铁损由磁滞和涡流产生。

由磁滞所产生的能量损耗称为磁滞损耗（$\Delta P_h$），如图2—17所示。单位体积内磁滞损耗的大小正比于磁滞回线的面积和磁场交变的频率 $f$。

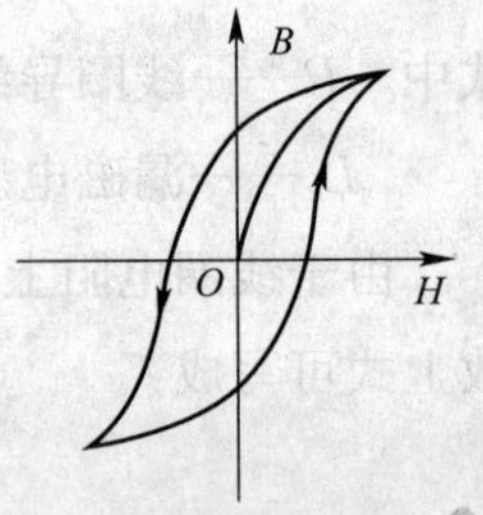

图2—17　磁滞损耗

减少磁滞损耗的措施：选用磁滞回线狭小的磁性材料制作铁心；变压器和电机中使用的硅钢等材料的磁滞损耗较低，设计时应适当选择以减小铁心饱和程度。

由涡流所产生的铁损称为涡流损耗，用 $\Delta P_e$ 表示。

当线圈中通有交流电时，它所产生的磁通也是交变的。因此，不仅要在线圈中产生感应电动势，而且在铁心内也要产生感应电动势和感应电流。这种感应电流称为涡流，它在垂直于磁通方向的平面内环流着。

在交流磁通的作用下，铁心内的这两种损耗合称为铁损 $\Delta P_{Fe}$。铁损与铁心内磁感应强度的最大值 $B_m$ 的平方成正比，故 $B_m$ 不宜选得过大。

由上述可知，铁心线圈交流电路的有功功率为：

$$P=UI\cos\varphi=I^2R+\Delta P_{Fe}$$

4. 变压器

变压器在电力和电子线路中应用广泛，主要起到变电压、变电流、变阻抗和变相位的作用，变压器在传递电能的过程中频率不变。

变压器最主要的部件是铁心和绕组，绕组是用导线绕制的线圈，是变压器的电路部分，应具有较高的耐热性能、机械强度及良好的散热条件，以保证变压器的可靠运行。与电源相连的称为一次绕组，与负载相连的称为二次绕组。也可根据电压大小分为高压绕组和低压绕组。变压器的工作原理和电路图中的图形符号表示，如图 2—18 所示。一次绕组的绕线匝数为 $N_1$，二次绕组的绕线匝数为 $N_2$，一次绕组的电压为 $U_1$，二次绕组的电压为 $U_2$，一次绕组中流过的电流称为一次电流 $I_1$，二次绕组中流过的电流称为二次电流 $I_2$。变压器的电压与匝数的关系表达式为：

$$\frac{U_1}{U_2}=\frac{N_1}{N_2}=n$$

电压与匝数成正比，这就是变压器的变电压功能。上式为变压关系式，其中的 $n$ 称为变压器的变比。如果 $N_1>N_2$ 时，变压器是降压变压器；如果 $N_1<N_2$ 时，变压器是升压变压器。

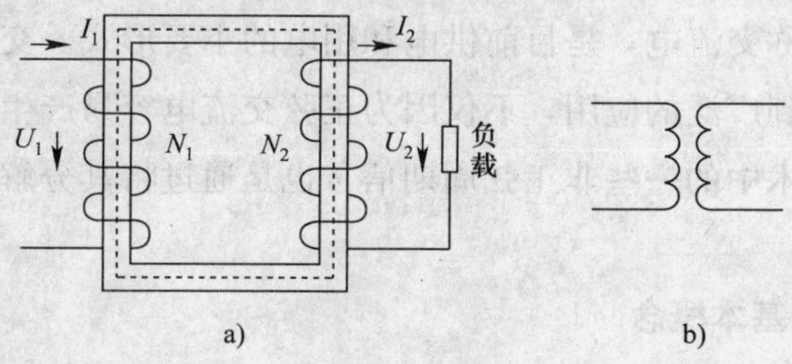


图 2—18　变压器工作原理和图形符号

a）工作原理　b）图形符号

如果忽略变压器损耗，则电流与匝数的关系表达式为：

$$\frac{I_1}{I_2}=\frac{N_2}{N_1}=\frac{1}{n}$$

即电流与匝数成反比，变压器具有变电流的功能。对于无损耗的理想变压器，将变压关系式和变流关系式结合可得出：

$$U_1I_1=U_2I_2$$

按照铁心结构的不同，可将变压器分为心式和壳式两种。图 2—19a 所示为心式铁心的变压器，其绕组套在铁心柱上，容积较大的变压器多为这种结构。图2—19b 所示为壳式铁心的变压器，铁心把绕组包围在中间，常用于小容量的变压器中。

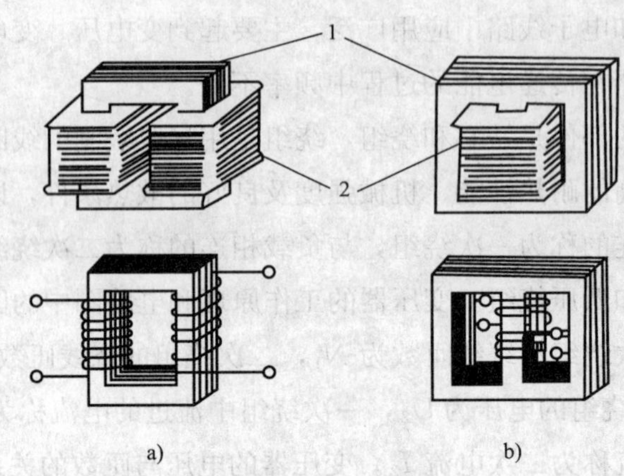


图 2—19　变压器的铁心结构

a）心式　b）壳式

1—铁心　2—绕组

## 二、交、直流电

正弦交流电又称交流电，是目前供电和用电的主要形式。交流电在工农业生产以及日常生活中得到广泛的应用，不仅因为正弦交流电容易产生、传输经济、便于使用，而且电子技术中的一些非正弦周期信号也是通过将其分解为不同频率的正弦量来进行分析。

### 1. 交直流电的基本概念

在生产和生活中常把电流分为两类，大小与方向都随时间作周期性变化的电流统称为交流电流，简称交流电；大小和方向不随时间作周期性变化的电流称为直流电。

按正弦规律变化的交流电为正弦交流电。在强电系统中，正弦交流电由交流发电机产生；在弱电系统中，正弦交流电由正弦信号发生器产生。

正弦交流电，便于传输，易于变换，便于运算；有利于电器设备的运行。

不同变化形式的交流电其应用范围和产生的效果也是不同的。以正弦交流电应用最为广泛，且其他非正弦交流电一般都可以经过数学处理后，成为正弦交流电的叠加。

2. 单相正弦交流电路

（1）正弦量的三要素

正弦电压、电动势和电流这三个物理量统称为正弦量，它们随时间按正弦规律做周期性变化。正弦量用时间 $t$ 的正弦函数来表示，以电流为例。正弦电流（又称简谐电流）是时间的简谐函数。如图 2—20 所示。

$$i=I_m \sin(\omega t+\varphi)$$

式中　$I_m$——正弦电流的最大值；

$\omega$——正弦量的角频率；

$\varphi$——正弦量的初相位。

它们是确定正弦量的三要素，分别用来表示正弦量的大小、变化的快慢及初始值。

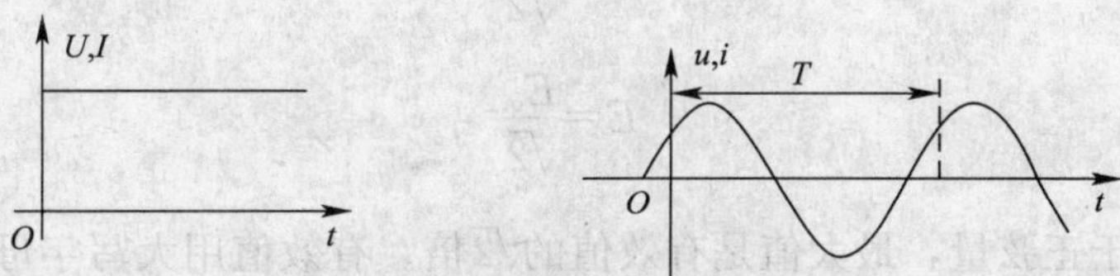


图 2—20　直流电和交流电正弦波

1）频率和周期。频率是表示交流电随时间变化快慢的物理量，即交流电每秒钟变化的次数叫做频率，用符号 $f$ 表示。单位是赫兹（Hz）。

通常，我国电力系统供给的是频率 50 Hz 的交流电。在其他不同的技术领域使用各种不同的频率。千赫（kHz）和兆赫（MHz）是在高频下常用的频率单位。

$$1\ \text{kHz}=10^3\ \text{Hz}$$

$$1\ \text{MHz}=10^6\ \text{Hz}$$

交流电正弦电流表达式中的 $\omega$ 称为角频率，是反映交流电随时间变化快慢的物理量。角频率和频率的关系为：

$$\omega=2\pi f=\frac{2\pi}{T}$$

交流电随时间变化的快慢还可以用周期来描述。交流电变化一次所需要的时间叫做周期，用符号 $T$ 表示。周期的单位是秒，用 s 表示。显然，周期和频率互为倒数，即：

$$T=\frac{1}{f}$$

2）峰值和有效值。正弦量任一瞬间的值称为瞬时值，用 $i$、$u$、$e$ 分别表示电流、电压和电动势的瞬时值。瞬时值中最大的值是幅值，或称为最大值，用 $I_m$、$U_m$、$E_m$表示。

平常所说的电压高低和电流大小是交流电表中测得的电压和电流的数值，既不是最大值，也不是瞬时值，而是有效值。有效值是从周期量做功和直流量做功等效的观点定义的，即一个交流电流 $i$ 通过一个电阻时，在一个周期内产生的热量，与一个直流电流 $I$ 通过这个电阻时，在同样的时间产生的热量相等，则称直流电流的数值是交流电流的有效值。交流电流的有效值与最大值的关系式为：

$$I=\frac{I_m}{\sqrt{2}}$$

对于正弦电压和电动势有效值与最大值的关系式为：

$$U=\frac{U_m}{\sqrt{2}}$$

$$E=\frac{E_m}{\sqrt{2}}$$

可见，对于正弦量，最大值是有效值的$\sqrt{2}$倍。有效值用大写字母表示，$I$、$U$、$E$ 分别表示电流、电压和电动势。

平时所说的交流电压为 220 V，指的是有效值，其最大值应为 311 V。交流电压、电流表测量的数据均为有效值，交流设备铭牌标注的电压、电流为有效值。

3）初相位。正弦量是连续变化的，没有确定的起点和终点。为了方便说明问题，选择一个计算时间的起点是非常必要的。若规定正弦量由负变正的零点为变化起点，$t=0$ 的时刻为时间起点，则任意瞬间的电角度（$\omega t+\varphi$）称为正弦量的相位角，简称相位，它表征函数在变化过程中某一时刻达到的状态。$t=0$ 时的相位称为初相位或初相角，记做 $\psi$。同一个正弦量，计时起点不同，初相位则不同。一般规定：$|\psi|\leqslant\pi$。初相位决定了 $t=0$ 正弦量的大小和正负。通常称初相位为零的正弦量为参考正弦量。

两个正弦量之间的相位之差称为相位差，用 $\varphi$ 表示，显然

$$\varphi=\psi_1-\psi_2$$

相位差用来描述两个同频率正弦量的超前、滞后关系，即谁先达到最大值，谁后达到最大值，相差多少电角度。

（2）正弦交流电的相量表示法

当正弦量的三要素确定后，正弦量就确定了。可以通过瞬时值表达式和波形图来描述，但是当遇到一系列频率相同的正弦量问题时，用以上方式分析计算很烦

项。为简化交流电路的计算，有效的方法是用相量表示正弦量，这种表示法的基础是复数。

设正弦量（见图 2—21）为：

$$u=U_{\mathrm{m}}\sin\ (\omega t+\Psi_{\mathrm{u}})$$

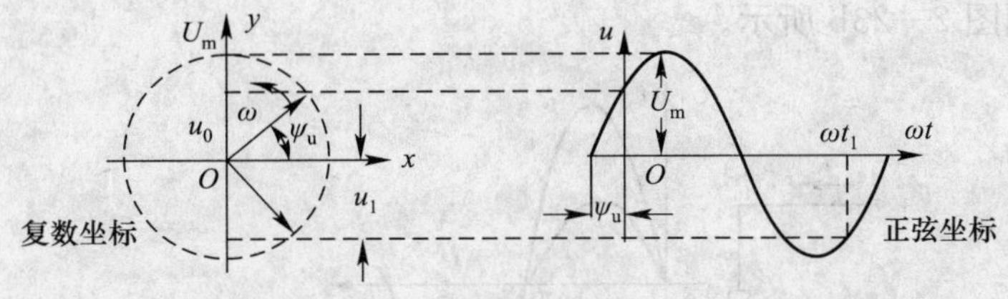


图 2—21　正弦量

若有向线段长度为 $U_{\mathrm{m}}$，有向线段与横轴夹角为初相位 $\varphi_{\mathrm{u}}$，有向线段以角速度 $\omega$ 按逆时针方向旋转。则该旋转有向线段每一瞬时在纵轴上的投影即表示相应时刻正弦量的瞬时值。

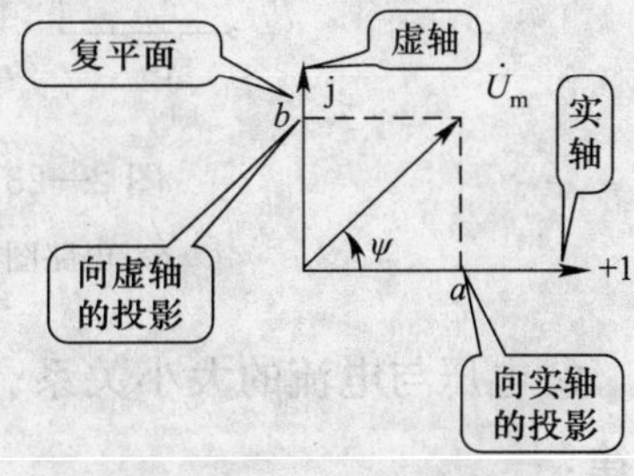


图 2—22　复数表示法

相量表示法（复数表示法，见图 2—22）：

代数形式：

$$\dot{U}_{\mathrm{m}}=a+\mathrm{j}b$$

极坐标形式：

$$\dot{U}_{\mathrm{m}}=U_{\mathrm{m}}\angle\psi$$

其中：

$$U_{\mathrm{m}}=\sqrt{a^2+b^2}$$

$$a=U_{\mathrm{m}}\cos\psi$$

$$b=U_{\mathrm{m}}\sin\psi$$

$$\psi=\arctan\frac{b}{a}$$

（3）单一参数正弦交流电路

用来表示电路元件基本性质的物理量称为电路参数。电阻、电感、电容是交流电路的三个基本参数。仅具有一种电路参数的电路称为单一参数电路。只有掌握单一参数电路的基本规律，才能对复杂交流电路进行研究分析。

1）电阻元件的正弦交流电路。在图 2—23a 所示电路中，设：

$$i=I_{\mathrm{m}}\sin\omega t$$

根据电阻元件的电压电流关系 $u=iR$，得：

$$u=RI_m\sin\omega t=U_m\sin\omega t$$

由此可见，电阻元件的电压和电流为同频率的正弦量。

①电压和电流的关系。因为 $u$，$i$ 初相位相等，所以电阻元件上电压、电流同相位，波形如图 2—23b 所示。

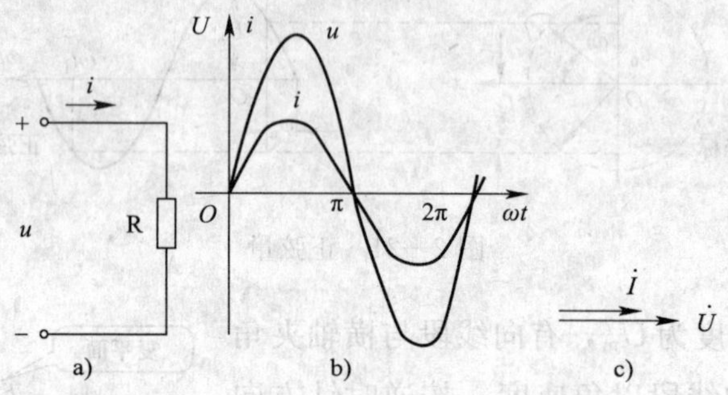


图 2—23　理想电阻元件的正弦交流电路

a）电路图　b）电压和电流的波形　c）向量图

②电压与电流的大小关系。电阻元件上正弦量的有效值和最大值都满足欧姆定律：

$$U=IR,\ U_m=I_mR$$

③相量关系。电阻元件上正弦电压与电流的相量图如图 2—23c 所示，其相量式为：

$$\dot{I}=I\angle 0^\circ$$

$$\dot{U}=U\angle 0^\circ=RI\angle 0^\circ$$

电阻元件上正弦电压与电流的向量关系也满足欧姆定律。

$$\dot{U}=RI\angle 0^\circ$$

④功率

a. 瞬时功率。任何元件上的瞬时功率都可表示为瞬时电压和瞬时电流的乘积，即电阻元件的瞬时功率为：

$$\begin{aligned}p&=ui=U_m\sin\omega t I_m\sin\omega t\\&=U_mI_m\sin^2\omega t\\&=UI-UI\cos 2\omega t\end{aligned}$$

它包含一个恒定分量和一个两倍于电源频率的周期量。在任意时刻，瞬时功率都大于或等于零，这表示电路始终在消耗电能。

b. 平均功率。平均功率是指电路在一个周期内消耗电能的平均速度，即瞬时功率在一个周期内的平均值，用大写字母 $P$ 表示。单位是瓦（W）。

电阻元件上的平均功率为：

$$P=\frac{1}{T}\int_{0}^{T}p\mathrm{d}t=\frac{1}{T}\int_{0}^{T}ui\,\mathrm{d}t$$

$$=\frac{1}{T}\int_{0}^{T}2UI\sin^{2}\omega t\,\mathrm{d}t$$

$$=\frac{1}{T}\int_{0}^{T}UI(1-\cos2\omega t)\mathrm{d}t=UI$$

注意：通常铭牌数据或测量的功率均指有功功率。

2）电感元件的交流电路。常见电感元件外形及图形符号，如图 2—24 所示，理想电感元件的正弦交流电路，如图 2—25 所示。

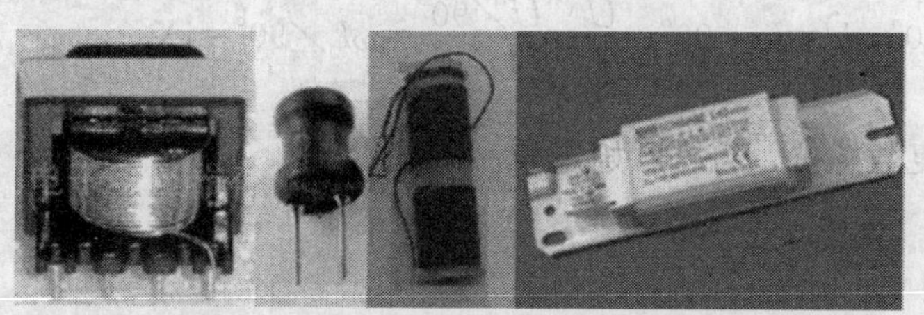


图 2—24　常见电感元件外形及图形符号

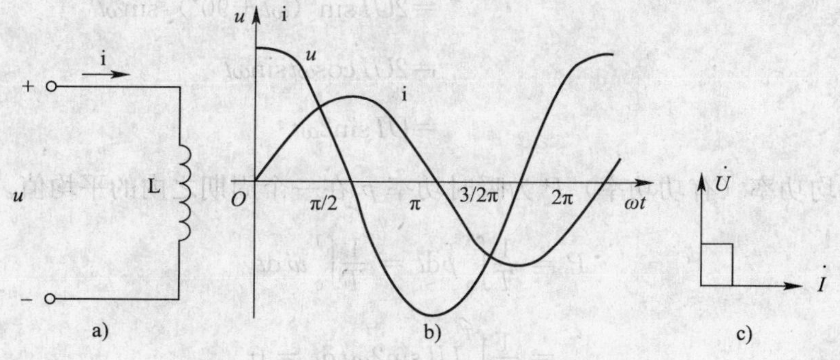


a)　b)　c)

图 2—25　理想电感元件的正弦交流电路

a）电路图　b）电压和电流的波形　c）相量图

①电压和电流的关系：

$$i=I_{\mathrm{m}}\sin\omega t$$

$$u=L\frac{\mathrm{d}i}{\mathrm{d}t}=I_{\mathrm{m}}\omega L\sin\left(\omega t+90^{\circ}\right)$$

$$=U_{\mathrm{m}}\sin\left(\omega t+90^{\circ}\right)$$

$u$、$i$ 频率相同；相位上 $u$ 比 $i$ 超前 90°。

$$i=\sqrt{2}I\sin\omega t$$

$$u=\sqrt{2}I\omega L\sin(\omega t+90°)=\sqrt{2}U\sin(\omega t+90°)$$

②有效值关系：

$$U=I\omega L$$

$$u=\sqrt{2}I\omega L\sin(\omega t+90°)=\sqrt{2}U\sin(\omega t+90°)$$

其中 $X_L=\omega L=2\pi fL$，$X_L$ 称为电感元件的感抗，单位为欧姆（Ω）。

由此可见，感抗 $X_L$ 是频率 $f$ 的函数，电感 $L$ 具有通直阻交的作用。

③相量关系：

$$\dot{I}=I\angle 0°,\ \dot{U}=U\angle 90°;\ \frac{\dot{U}}{\dot{I}}=\frac{U\angle 90°}{I\angle 0°}=\omega L\angle 90°=\mathrm{j}X_L$$

$\Rightarrow\dot{U}=jX_L\dot{I}$ 称为复数感抗，符合欧姆定律。

④功率关系

a. 瞬时功率 $p$：

$$\begin{aligned}p&=ui\\&=2UI\sin(\omega t+90°)\sin\omega t\\&=2UI\cos\omega t\sin\omega t\\&=UI\sin 2\omega t\end{aligned}$$

b. 平均功率（有功功率）$P$ 为瞬时功率 $p$ 在一个周期之内的平均值。

$$P=\frac{1}{T}\int_0^T p\,\mathrm{d}t=\frac{1}{T}\int_0^T ui\,\mathrm{d}t$$

$$=\frac{1}{T}\int_0^T UI\sin 2\omega t\,\mathrm{d}t=0$$

由此可见，电感元件不消耗能量，只和电源之间进行能量的交换。

c. 无功功率 $Q$。$Q$ 是瞬时功率的最大值。用以衡量电感元件和电源之间进行能量交换的规模。

$$Q=UI=\frac{U^2}{X_L}=I^2X_L$$

无功功率和有功功率，二者的表达式在形式上是一致的；二者的量纲也相同，但其含义不同。

为了和有功功率相区别，无功功率的单位规定为乏（var）、千乏（kvar）。

3）电容元件的正弦交流电路。常见电容元件外形及图形符号，如图 2—26 所示。理想电容元件的正弦交流电路，如图 2—27 所示。

图 2—26 常见电容元件外形及图形符号

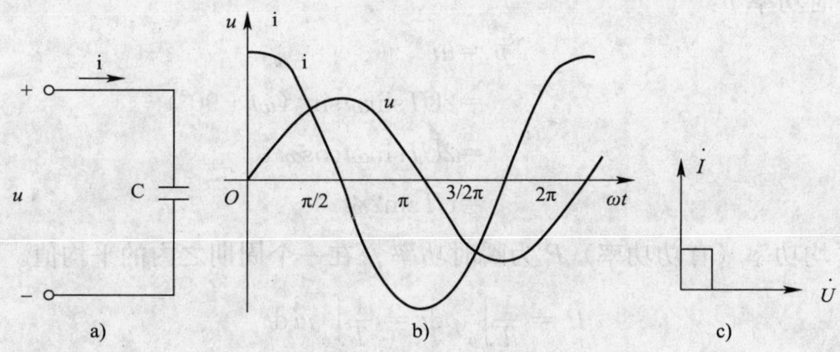


图 2—27 理想电容元件的正弦交流电路

a）电路图 b）电压和电流的波形 c）相量图

①电压和电流的关系：

$$i=C\frac{\mathrm{d}u}{\mathrm{d}t}\left\{i=\frac{\mathrm{d}q}{\mathrm{d}t}=\frac{C\mathrm{d}u}{\mathrm{d}t}=C\frac{\mathrm{d}u}{\mathrm{d}t}\right\}$$

设：

$$u=\sqrt{2}U\sin\omega t$$

则

$$i=C\frac{\mathrm{d}u}{\mathrm{d}t}=C\frac{\mathrm{d}\left(\sqrt{2}U\sin\omega t\right)}{\mathrm{d}t}=\sqrt{2}U\omega C\cos\omega t$$

$$=\sqrt{2}U\omega C\sin\left(\omega t+90^\circ\right)=\sqrt{2}I\sin\left(\omega t+90^\circ\right)$$

$u$、$i$ 频率相同；相位上 $i$ 比 $u$ 超前 90°。

②有效值关系：

$$I=U\omega C$$

$$X_C=\frac{1}{\omega C}=\frac{1}{2\pi fC}$$

其中 $X_C$称为电容元件的电抗，简称容抗，单位为欧姆（Ω），与频率的倒数成正比。容抗 $X_C$是频率 $f$ 的函数，电容 $C$ 具有隔直通交的作用。

③相量关系：

$$\dot{U}=U\angle 0^\circ;\ \dot{I}=I\angle 90^\circ$$

$$\frac{\dot{U}}{\dot{I}}=\frac{U\angle 0^\circ}{I\angle 90^\circ}=\frac{1}{\omega C}\angle -90^\circ=-jX_C$$

$\dot{U}=-jX_C\dot{I}$ 称为复数容抗，符合欧姆定律。

④功率关系

a. 瞬时功率 $p$：

$$\begin{aligned}p&=ui\\&=2UI\sin\omega t\sin(\omega t+90^\circ)\\&=2UI\sin\omega t\cos\omega t\\&=UI\sin 2\omega t\end{aligned}$$

b. 平均功率（有功功率）$P$ 为瞬时功率 $p$ 在一个周期之内的平均值。

$$\begin{aligned}P&=\frac{1}{T}\int_0^T p\mathrm{d}t=\frac{1}{T}\int_0^T ui\,\mathrm{d}t\\&=\frac{1}{T}\int_0^T UI\sin 2\omega t\,\mathrm{d}t=0\end{aligned}$$

由此可见，纯电容元件不消耗能量。只和电源之间进行能量的交换（或能量的吞吐）。

c. 无功功率 $Q$。$Q$ 是瞬时功率的最大值。用以衡量电容元件和电源之间进行能量交换的规模。无功功率的单位为乏（var）、千乏（kvar）。

$$Q=UI=\frac{U^2}{X_C}=I^2X_C$$

无功功率和有功功率，二者的表达式在形式上是一致的；二者的量纲也相同，但其含义不同。

电感元件和电容元件虽不消耗能量，但与热源进行能量的交换，于电源也是一种负担。

**3. 三相正弦交流电路**

由三相正弦交流电源供电的电路称为三相（正弦交流）电路。由三个频率相同、振幅相同、相位互差 120°的正弦电压源所构成的电源称为三相电源。

电力工业中，电能的产生、传输和分配大多采用三相正弦交流电形式。三相电路与单相电路相比有一系列优点，如：制造三相交流电机比制造同容量的单相电机节省材料，成本低，而且三相电动机工作性能好，效率高；三相输电最经济；对称三相交流电路的瞬时功率不随时间而变化，与其平均功率相等。因此，目前世界各国几乎都采用三相电路供电。

三相电源由三相交流发电机产生。三相交流发电机的基本原理如图 2—28a 所示。发电机的固定部分称为定子，其铁心的内圆周表面冲有沟槽，放置结构完全相同的三相绕组 $U_1U_2$、$V_1V_2$、$W_1W_2$。它们的空间位置互差 120°，分别称为 U 相、V 相、W 相，以黄、绿、红三种颜色标志。引出线的始端用 $U_1$、$V_1$、$W_1$ 表示，末端用 $U_2$、$V_2$、$W_2$ 表示。

转动的磁极称为转子。转子铁心上绕有直流励磁绕组。当转子被原动机拖动做匀速转动时，三相定子绕组切割转子磁场而产生特定相互关系的三个正弦交流电压。

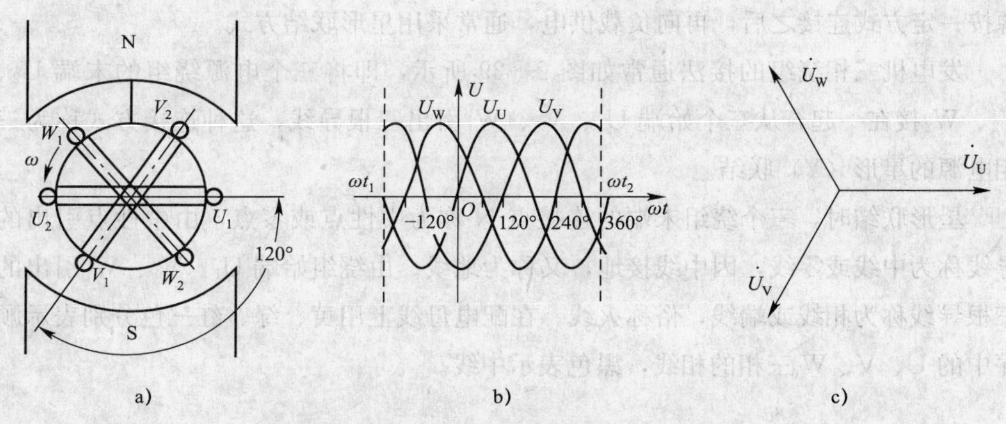


图 2—28 三相交流电压

a）三相发电机示意图 b）三相交流电压波形图 c）三相交流电压相量图

（1）交流电压为：

$$u_U = U_{pm}\sin\omega t$$

$$u_V = U_{pm}\sin(\omega t - 120°)$$

$$u_W = U_{pm}\sin(\omega t + 120°)$$

交流发电机产生的三相电压具有以下三个特点：频率相同、振幅相等、相位间相差 120°。满足上述三个条件的三相电压称为对称三相电压。能产生这种三相电压的电源称为对称三相电源。对称三相电压波形如图 2—28b 所示，相量图如图 2—28c 所示。

（2）三相电压相量表达式为：

$$\dot{U}_{U}=U_{U}\angle 0^{\circ}$$

$$\dot{U}_{V}=U_{V}\angle -120^{\circ}$$

$$\dot{U}_{W}=U_{W}\angle 120^{\circ}$$

由于三相电压对称，任一瞬间对称三相电源三个电压瞬时值或相量之和为零，即：

$$u_{u}+u_{v}+u_{w}=0$$

$$\dot{U}_{u}+\dot{U}_{v}+\dot{U}_{w}=0$$

三相电源出现振幅值（或相应零值）的先后次序称为相序。上述三相电源相位的次序为 $u_U$超前 $u_V$120°，$u_V$超前 $u_W$120°，称为顺序（或正序）。与此相反，若 $u_U$超前 $u_W$120°，$u_W$超前 $u_V$120°，这样的相序称为反序（或负序）。

(3) 三相电源的连接

对称三相电源的连接方式有两种：星形联结和三角形联结。

1）三相电源绕组的星形联结。三相电路是由三相电源供电的电路，将三相电源按一定方式连接之后，再向负载供电，通常采用星形联结方式。

发电机三相绕组的接法通常如图 2—29 所示，即将三个电源绕组的末端 $U_2$、$V_2$、$W_2$接在一起，从三个始端 $U_1$、$V_1$、$W_1$引出三根导线，这种连接方式称为三相电源的星形（Y）联结。

星形联结时，三个绕组末端的连接点 N 称为中性点或零点，由中性点引出的导线称为中线或零线，因中线接地，又称为地线。由绕组始端 $U_1$、$V_1$、$W_1$引出的三根导线称为相线或端线，俗称火线。在配电母线上用黄、绿、红三色分别表示顺序中的 U、V、W 三相的相线，黑色表示中线。

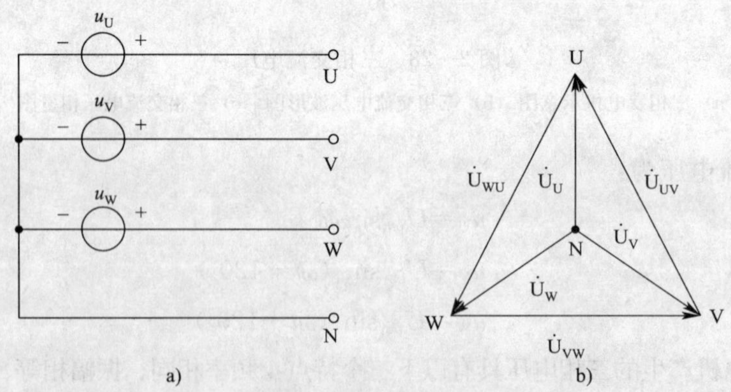


图 2—29 三相电源的星形联结

a）三相电源星形联结接线图 b）三相电源星形联结的电压相量图

每相电源的电压称为电源相电压，用$\dot{U}_U$、$\dot{U}_V$、$\dot{U}_W$表示，其有效值一般用 $U_P$ 表示，在星形联结中为相线至中性线的电压，其参考方向为自绕组的始端指向末端。

两相线间的电压称为电源的线电压，用$\dot{U}_{UV}$、$\dot{U}_{VW}$、$\dot{U}_{WU}$表示，其有效值一般用 $U_L$表示，参考方向由下标指示，如 $\dot{U}_{UV}$是指 U 相电源的线电压，方向由 U 端指向 V 端。

电源星形联结时，线电压与相电压的关系如下：

$$\dot{U}_{UV}=\dot{U}_U-\dot{U}_V$$

$$\dot{U}_{VW}=\dot{U}_V-\dot{U}_W$$

$$\dot{U}_{WU}=\dot{U}_W-\dot{U}_U$$

由上式分别画出对称电源的线电压和相电压的相量图，如图 2—29b 所示。从相量图计算出线电压与相电压之间的大小和相位的关系。

在星形联结的对称三相电源中，三个线电压有效值为相电压有效值的$\sqrt{3}$倍，即$U_L=\sqrt{3}U_P$，各线电压的相位超前相应相电压的相位 30°，即：

$$\dot{U}_{UV}=\sqrt{3}\dot{U}_U\angle 30°$$

$$\dot{U}_{VW}=\sqrt{3}\dot{U}_V\angle 30°$$

$$\dot{U}_{WU}=\sqrt{3}\dot{U}_W\angle 30°$$

通常在三相供电系统中，线电压为 380 V，三相异步电动机的额定电压通常为这个数值；相电压为 220 V，日常生活中的灯具和电器的额定电压通常为此数值。

如图 2—29a 所示的供电方式称为三相四线制。若没有中性线，则称为三相三线制。一般低压配电系统中，通常采用三相四线制输电；高压输电工程中，通常采用三相三线制输电。

2）三相电源绕组的三角形联结。三相发电机三个绕组依次首尾相连，接成一个闭合回路，从三个连接点引出的三根导线（又称端线），如图 2—30a 所示，则称为三相电源的三角形（△）联结。这种连接方式的电源又称为三角形电源。

三相电源作△联结时，只能是三相三线制，从图 2—30a 中可以得到三角形电源的线电压等于相电压。

$$\dot{U}_{UV}=\dot{U}_U，\dot{U}_{VW}=\dot{U}_V，\dot{U}_{WU}=\dot{U}_W$$

在三角形联结的对称三相电源中，三个线电压有效值相等，且等于相应的相电

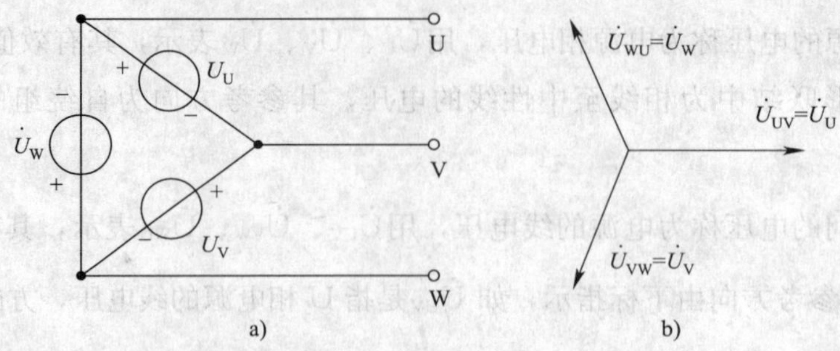


图 2—30　三相电源的三角形联结

压有效值：$U_L=U_P$；各线电压的相位等于相应相电压的联结。

当对称三角形电源正确连接时，$\dot{U}_U+\dot{U}_V+\dot{U}_W=0$，所以电源内部无环流。若接错，将形成很大的环流，造成事故。在生产实际中，发电机通常接成星形，很少接成三角形，三相变压器则两种接法都有。

3）三相负载的连接。根据负载对供电电源的要求可以分为单相负载和三相负载两大类。

三相负载。负载需三相电源供电，通常功率稍大的负载均为三相负载。如三相交流电动机、大功率三相电炉、三相整流装置等。

单相负载。负载只需单相电源供电，通常功率较小的负载均为单相负载。如照明灯、电风扇、洗衣机、电视机、小功率电炉、电焊机等。单相负载按一定的规则连接在一起也能组成三相负载。

如果三相负载都完全相同，称为对称三相负载，如三相交流电动机；如果不完全相同，称为不对称三相负载。

对称三相负载的联结方式有三角形（△）联结和星形（Y）联结两种。无论采用哪种联结方式，负载两端的电压称为负载的相电压，两条相线之间的电压称为线电压；通过每相负载的电流称为相电流，其有效值一般用 $I_P$表示，流过各相线的电流称为线电流，其有效值一般用 $I_L$表示。

① 三相负载的星形联结。如图 2—31a 所示，电源为对称三相电源，连接成星形，如果负载按同样方法连接，即将负载的三个末端连成一个公共端点与电源中性点 N 相连，负载另三个端点通过导线与电源的端点 U、V、W 相连，便构成电源与负载都是星形联结（Y—Y）的三相电路。当每相负载的额定电压等于电源的相电压时，负载应采用星形联结。例如，每相绕组的额定电压为 220 V 的三相电动机，接在线电压为 380 V 的三相电源上时，其三相绕组必须采用星形联结。

电源用四根线提供三相电能给外电路，该供电线路又称为三相四线制电路。其

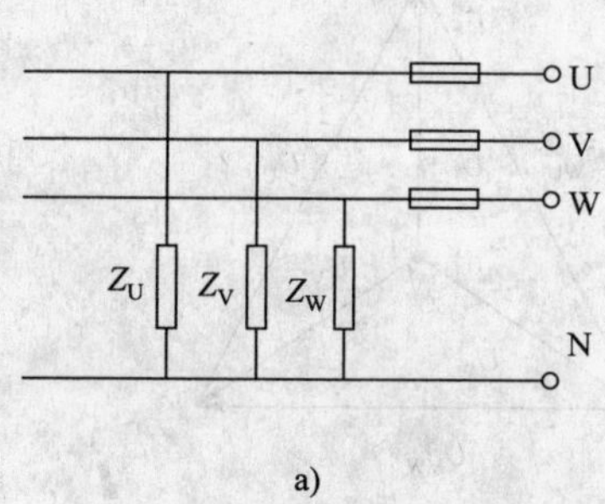


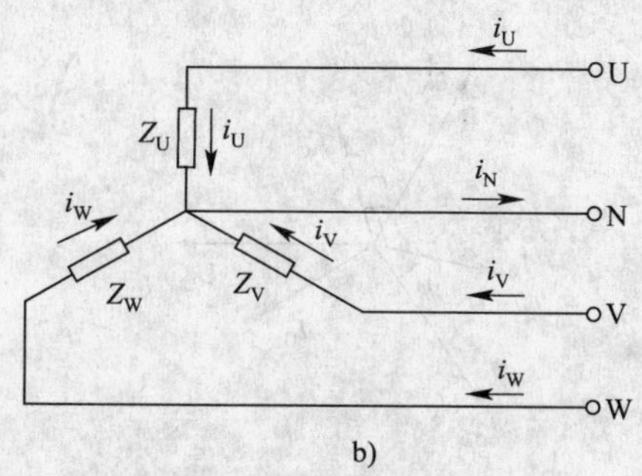


图 2—31　三相负载的星形联结

原理如图 2—31b 所示。

此时，负载的相电压分别为$\dot{U}_U$、$\dot{U}_V$、$\dot{U}_W$，线电压分别为$\dot{U}_{UV}$、$\dot{U}_{VW}$、$\dot{U}_{WU}$，负载的相电流分别为$\dot{I}_U$、$\dot{I}_V$、$\dot{I}_W$，其相电流等于线电流。即：

$$\dot{I}_L=\dot{I}_P$$

每相负载承受的是对称的电源相电压，各相负载中的电流为：

$$\dot{I}_U=\frac{\dot{U}_U}{Z_U}$$

$$\dot{I}_V=\frac{\dot{U}_V}{Z_V}$$

$$\dot{I}_W=\frac{\dot{U}_W}{Z_W}$$

a. 对称负载。阻抗相同的三相负载称为对称三相负载，即：

$$Z_U=Z_V=Z_W=Z$$

电源和负载都对称的三相电路称为对称三相电路。故在负载星形联结的对称三相电路中，各相电流为：

$$\dot{I}_U=\frac{\dot{U}_U}{Z_U}=\frac{\dot{U}_U}{Z}$$

$$\dot{I}_V=\frac{\dot{U}_V}{Z}=\frac{\dot{U}_U\angle-120^\circ}{Z}=\dot{I}_U\angle-120^\circ$$

$$\dot{I}_W=\frac{\dot{U}_W}{Z_W}=\frac{\dot{U}_U\angle120^\circ}{Z}=\dot{I}_U\angle120^\circ$$

对称三相电路的相电流如图 2—32a 所示，只要计算一相，其他两相的量可按对称条件直接写出，这种方法称为一相计算法。

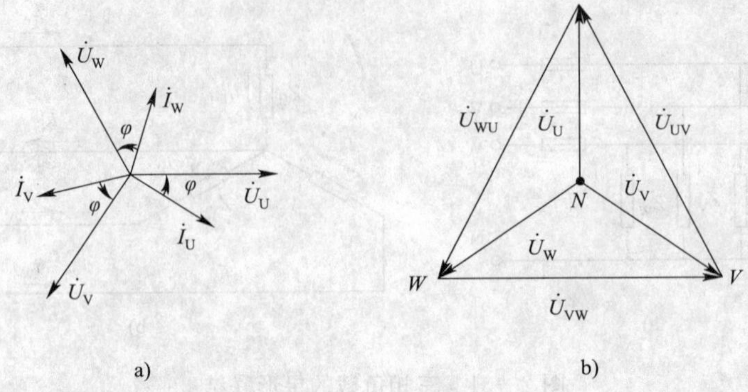


a)　　　　b)

图 2—32　负载为星形联结的三相电路电压、电流相量图

此时，$\dot{I}_N=\dot{I}_U+\dot{I}_V+\dot{I}_W=\dot{U}_{N'N}=0$。中性线可去掉不用，形成三相三线制电路。

类似于电源星形联结的相电压与线电压的关系，可得到负载星形联结的电压相量图如图 2—32b 所示。

在星形联结的对称三相负载中，相电流等于线电流；三相线电压有效值相等，且为相应相电压有效值的$\sqrt{3}$倍，即 $U_L=\sqrt{3}U_P$，各线电压的相位超前相应相电压的相位 30°。

b. 不对称负载。阻抗不完全相同的三相负载称为不对称负载，电路称为不对称三相电路。如各相负载（如照明、电炉、单相电动机等）分配不均匀，电力系统发生故障（短路或断路等）都将出现不对称情况。通常三相电源的不对称程度很小，可近似当做对称来处理。

三相四线制的不对称电路中各相负载不对称，但由于存在中性线，负载的各相电压仍等于电源相电压，且规定三相四线制电路的中性线上不允许安装开关，也不允许安装熔断器，有时还用机械强度高的导线作中性线。

不对称三相四线制电路的负载相电流不能三相归为一相计算，应该分别按单相计算。各相负载虽然不对称，但各负载的相电压仍等于电源电压，可以依据下式分相计算，然后由求得的三相电流计算中性线电流：

$$\dot{I}_U=\frac{\dot{U}_U}{Z_U}$$

$$\dot{I}_V=\frac{\dot{U}_V}{Z_V}$$

$$\dot{I}_W=\frac{\dot{U}_W}{Z_W}$$

②三相负载的三角形联结。将三相负载两两首尾相连，连接成三角形，称为三

相负载的三角形（△）联结。将三角形联结点引出与三相电源连接，便构成（Y—△）的三相电路。如图 2—33a 所示，这种连接形式属于三相三线制。

当每相负载的额定电压等于电源的线电压时，负载应采用三角形联结。例如，每相绕组的额定电压为 380 V 的三相电动机，接在线电压为 380 V 的三相电源上时，其三相绕组必须采用三角形联结。

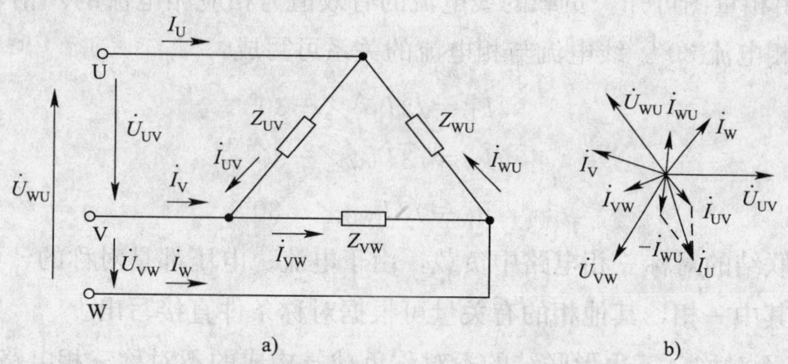


图 2—33　三相负载的三角形联结

a）三相负载的三角形联结的原理　b）对称三相负载三角形联结电压电流相量图

由图 2—33a 可知，每相负载承受的是对称的电源线电压，所以负载相电压也对称。即：

$$\dot{U}_L=\dot{U}_P$$

各相负载的相电流分别为：

$$\dot{I}_{UV}=\frac{\dot{U}_{UV}}{Z_{UV}}$$

$$\dot{I}_{VW}=\frac{\dot{U}_{VW}}{Z_{VW}}$$

$$\dot{I}_{WU}=\frac{\dot{U}_{WU}}{Z_{WU}}$$

a. 负载对称。当负载对称时，即 $Z_{UV}=Z_{VW}=Z_{WU}=Z$，则：

$$\dot{I}_{UV}=\frac{\dot{U}_{UV}}{Z_{UV}}=\frac{\dot{U}_{UV}}{Z}$$

$$\dot{I}_{VW}=\frac{\dot{U}_{VW}}{Z}=\frac{\dot{U}_{UV}\angle-120^\circ}{Z}=\dot{I}_{UV}\angle-120^\circ$$

$$\dot{I}_{WU}=\frac{\dot{U}_{WU}}{Z_{WU}}=\frac{\dot{U}_{WU}}{Z}=\frac{\dot{U}_{UV}\angle120^\circ}{Z}=\dot{I}_{UV}\angle120^\circ$$

当负载对称时，各相相电流是对称的。应用 KCL 计算各相线电流：

$$\dot{I}_{U}=\dot{I}_{UV}-\dot{I}_{WU}$$

$$\dot{I}_{V}=\dot{I}_{VW}-\dot{I}_{UV}$$

$$\dot{I}_{W}=\dot{I}_{WU}-\dot{I}_{VW}$$

当负载对称时相电流对称，根据对称的相电流画出各线电流相量，如图 2—33b 所示。由相量图可知，负载的线电流的有效值为相应相电流的$\sqrt{3}$倍，其线电流的相位滞后相电流 30°。线电流与相电流的关系可写成：

$$\dot{I}_{U}=\sqrt{3}\dot{I}_{UV}\angle-30°$$

$$\dot{I}_{V}=\sqrt{3}\dot{I}_{VW}\angle-30°$$

$$\dot{I}_{W}=\sqrt{3}\dot{I}_{WU}\angle-30°$$

三角形联结的对称三相电路中负载，由于电流、电压都是对称的，可采用一相计算法计算其中一相，其他相的有关量可根据对称条件直接写出。

b. 负载不对称。三角形联结的不对称负载，构成的不对称三相电路，可根据

$$\dot{I}_{U}=\dot{I}_{UV}-\dot{I}_{WU}$$

$$\dot{I}_{V}=\dot{I}_{VW}-\dot{I}_{UV}$$

$$\dot{I}_{W}=\dot{I}_{WU}-\dot{I}_{VW}$$

求三相线电流。

4）三相电路的功率。一般的三相电路，无论它对称与否，其瞬时功率、平均功率和无功功率分别为各相的对应功率之和。

三相电路的有功功率为：

$$P=P_{U}+P_{V}+P_{W}=U_{U}I_{U}\cos\varphi_{U}+U_{V}I_{V}\cos\varphi_{V}+U_{W}I_{W}\cos\varphi_{W}$$

三相电路的无功功率为：

$$Q=Q_{U}+Q_{V}+Q_{W}=U_{U}I_{U}\sin\varphi_{U}+U_{V}I_{V}\sin\varphi_{V}+U_{W}I_{W}\sin\varphi_{W}$$

三相电路的视在功率为：

$$S=\sqrt{P^{2}+Q^{2}}$$

其中各电压、电流分别为 U、V、W 三相的相电压和相电流，$\varphi_{U}$、$\varphi_{V}$、$\varphi_{W}$为 U、V、W 三相的功率因数角。

负载对称时，各相电流、相电压、功率因数角大小都相等，分别用$U_{P}$、$I_{P}$、$\varphi$表示任意一相负载的相电压、相电流、功率因数角，则三相总的有功功率、无功功率和视在功率可用以下三个公式分别求得：

$$P=3U_{p}I_{p}\cos\varphi$$

$$Q=3U_{p}I_{p}\sin\varphi$$

$$S=3U_{p}I_{p}$$

对称三相负载为星形联结时：

$$U_L=\sqrt{3}U_P，I_L=I_P$$

负载为三角形联结时：

$$U_L=U_P，I_L=\sqrt{3}I_P$$

由此可见，对称三相电路中负载在星形和三角形接法的情况下有：

$$U_L I_L=\sqrt{3}U_P I_P$$

负载对称时，用线电压、线电流表示的功率计算公式为：

$$P=\sqrt{3}U_L I_L\cos\varphi$$

$$Q=\sqrt{3}U_L I_L\sin\varphi$$

$$S=\sqrt{3}U_L I_L$$

对称三相电路的功率因数：

$$\lambda=\frac{P}{S}=\frac{\sqrt{3}U_L I_L\cos\varphi}{\sqrt{3}U_L I_L}=\cos\varphi$$

在计算对称三相电路的功率时，不论是星形联结还是三角形联结，常用线电压、线电流表示功率计算公式。

三相电路的瞬时功率等于各相瞬时功率的总和，即：

$$p=p_U+p_V+p_W=u_U i_U+u_V i_V+u_W i_W$$

可以证明在对称三相电路中的功率为：

$$p=p_U+p_V+p_W=3U_L I_L\cos\varphi=P$$

与单相交流电路的瞬时功率相比，三相电路的瞬时功率是恒定的常数，其值等于平均功率（有功功率）。在这种情况下运行的发电机和电动机的机械转矩是恒定的，避免了机械振动，这是对称三相电路的一个优越的性能。

# 第 4 节　电子电路的基础知识

## 一、半导体二极管与整流电路

### 1. 半导体的基本知识

物质按其导电能力的不同，可分为导体、半导体和绝缘体三类。半导体的导电能力介于导体和绝缘体之间。半导体在常温状态下导电能力非常微弱，但在掺杂、受热、光照等条件作用下，其导电能力会大大加强。在纯净半导体中掺入微量杂质元素可提高半导体的导电能力。掺杂后的半导体称为杂质半导体。电子器件的半导体材料有硅、锗和砷化镓等。半导体掺入杂质的不同可分为N型半导体和P型半导体。

(1) 本征半导体

纯净的半导体称为本征半导体，如硅、锗等。本征半导体具有晶体结构，因此又称晶体。硅、锗都是四价元素，原子最外层有四个价电子，可与相邻的四个原子形成共价键结构。处于共价键结构的价电子由于受到原子核的束缚较松，当获得一定能量后，就可以挣脱原子核的束缚形成自由电子，同时，在原来共价键的位置上留下一个空位，称为“空穴”。失去价电子的空穴成为正离子，空穴带正电，如图2—34所示。本征半导体中的电子和空穴都是成对出现的，称为电子空穴对。

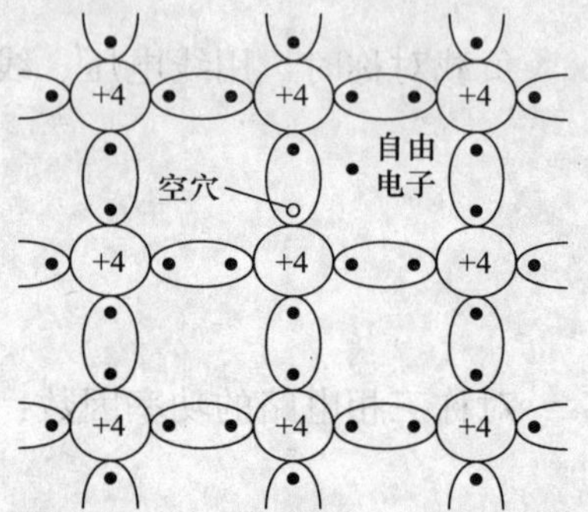

图2—34　本征半导体中的自由电子和空穴

在外电场的作用下，自由电子和空穴会定向移动形成电子电流，而仍被原子核束缚的价电子在空穴的吸引下填补空位形成空穴电流，所以在半导体中存在两种导电的载流子，即电子和空穴。载流子的浓度与温度有关系。温度一定时本征半导体中载流子的浓度是一定的，且自由电子与空穴的浓度相等。当温度升高时热运动加剧，挣脱共价键束缚的自由电子增多，空穴也随之增多，导电性能增强；当温度降低时载流子的浓度降低，导电性能变差。

由电子—空穴对的产生而形成的混合型导电称为本征导电。导体中的电子会落入空穴，电子-空穴对消失，称为复合。在一定温度下，电子-空穴对的产生和复合同时存在并达到动态平衡，此时半导体具有一定的载流子密度，从而具有一定的电阻率。温度升高时，将产生更多的电子-空穴对，载流子密度增加，电阻率减小。

(2) 杂质半导体

在本征半导体中掺入杂质形成杂质半导体。杂质半导体的导电能力大大加强。

1）P型半导体。若在四价的本征半导体中掺入三价元素（如硅＋硼），在构成共价键时，因硼原子缺少一个电子而产生一个空穴，这类掺杂后的半导体其导电作用主要靠空穴运动，这种半导体称为空穴半导体或者 P 型半导体，其结构如图 2—35 所示。其中空穴为多数载流子，热激发形成的自由电子是少数载流子。空穴很容易俘获电子，使杂质原子成为负离子，三价杂质因而称为受主杂质。P 型半导体中，空穴的浓度大于自由电子的浓度，称为多数载流子，简称多子；自由电子为少数载流子，简称少子。

2）N 型半导体。在本征半导体中掺入微量五价元素（如磷、锑、砷等），晶格中某些硅（锗）原子的位置将被杂质原子代替，由于杂质最外层有 5 个价电子与周围 4 价硅（锗）原子组成共价键时，还多余一个电子，不受共价键的束缚，只受自身电子核的束缚，只要得到较少的能量就可以形成自由电子，将带正电的杂质离子留下，它不能导电，如图 2—36 所示。这种杂质半导体中电子的浓度远大于空穴浓度，因此它是靠自由电子导电，掺入的杂质越多，自由电子的浓度就越高，导电性能也就越强，此种杂质半导体称为 N 型半导体。在 N 型半导体中，自由电子的浓度大于空穴的浓度，称为多数载流子，简称多子；空穴为少数载流子，简称少子。

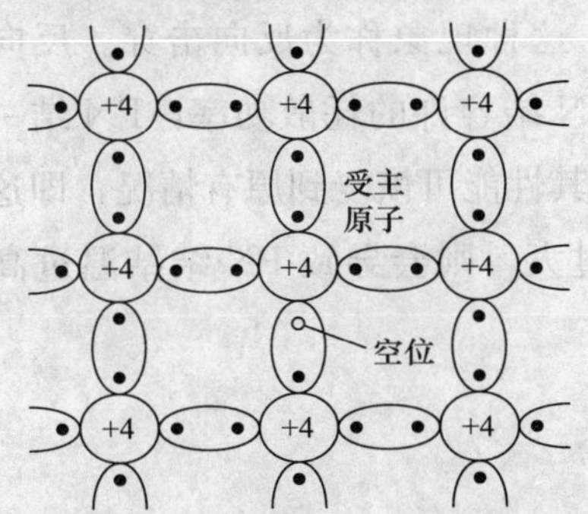


图 2—35　P 型半导体共价键结构

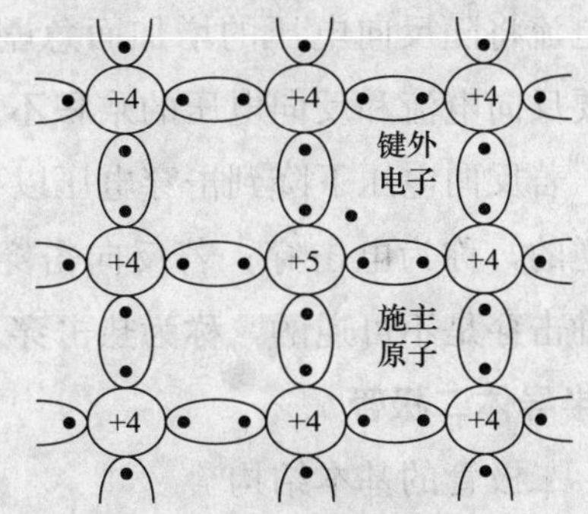


图 2—36　N 型半导体共价键结构图

（3）PN 结

1）PN 结的形成。在一块半导体的两端分别掺杂成 P 型和 N 型半导体。由于 P 区内空穴浓度大，N 区内的自由电子浓度大，它们将越过边界向对方区域扩散，在 P 区和 N 区交界面处形成的区域称为 PN 结。

PN 结形成的原因：一是载流子的浓度差引起多子的扩散；二是复合使交界面形成空间电荷区；三是扩散和漂移达到动态平衡，PN 结的宽度保持一定且处于稳定状态。

2）PN 结的单向导电性。在没有外加电压时，界内的扩散运动和漂移运动处于动态平衡，对外不显电性，但在PN结两端加上不同极性的电压，便会呈现出不同的导电特性。

加在PN结上的电压称为偏置电压。若在P区接高电位，N区接低电位，则称PN结正向偏置，简称正偏；反之称为PN结反向偏置，简称反偏。

①PN结正偏时，外加正向电压有一部分降落到PN结区，方向与内电场方向相反，削弱了内电场，对内电场多子扩散运动的阻碍减弱，扩散电流增大远大于漂移电流，可忽略漂移电流的影响，PN结呈现低阻型。

②PN结反偏时，外加电场与内电场方向相同，内电场增强，多子难以进行扩散，少子在电场作用下形成反向电流。少子漂移运动产生的电流很小，此时称PN结处于截止状态。外电场使少子背离PN结移动，漂移运动加强形成反向电流。

PN结加正向电压时的导电情况。PN结加正向电压时，呈现低电阻，具有较大的正向扩散电流；PN结加反向电压时，呈现高电阻，具有较小的反向漂移电流。由此可知，PN结具有单向导电性。

3）PN结的击穿特性。当加于PN结两端的反向电压增大到一定值时，二极管的反向电流将随反向电压的增加而急剧增大，这种现象称为反向击穿。反向击穿后，只要反向电流和反向电压的乘积不超过PN结容许的耗散功率，PN结一般不会损坏。若反向电压下降到击穿电压以下后，其性能可恢复到原有情况，即这种击穿是可逆的，称为电击穿；若反向击穿电流过大，则会导致PN结结温过高而烧坏，这种击穿是不可逆的，称为热击穿。

**2. 半导体二极管**

（1）二极管的基本结构

半导体二极管的核心部分是一个PN结，如图2—37a所示。在PN结的两端引出电极，P区引出的电极为阳极，N区引出的电极为阴极，用管壳封装，就成为半导体二极管。其电路符号如图2—37b所示。

（2）半导体二极管分类

按制造二极管的材料分为硅二极管和锗二极管两类，按PN结的结构分为点接触型和面接触型两类（见图2—37c、图2—37d和图2—37e）。点接触型二极管PN结面积小，不能通过大的电流，一般用于高频和小功率工作。面接触型二极管PN结面积大，可以通过较大电流，一般用于低频和大电流整流电路。

二极管常见外形，如图2—38所示。

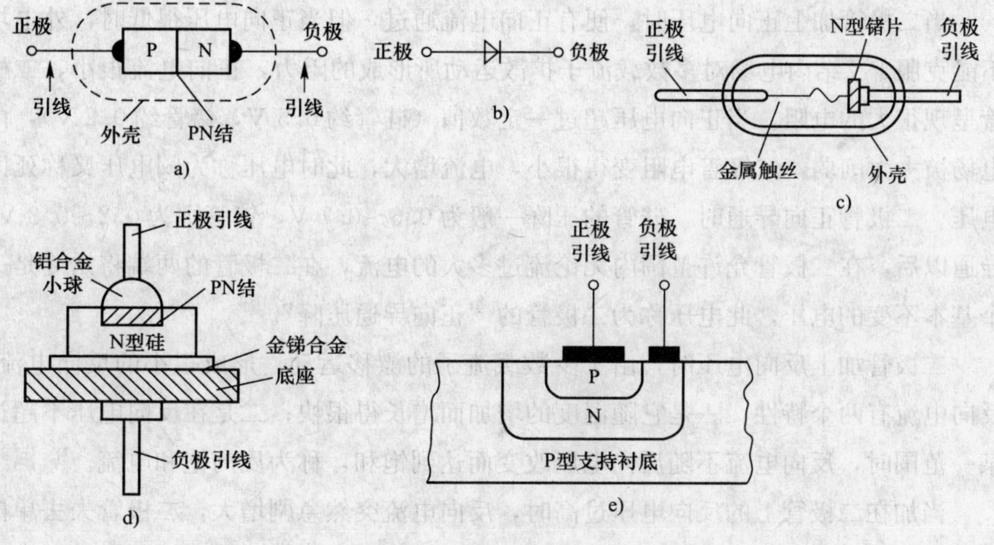


图 2—37　二极管的结构和符号

a）结构示意图　b）电路符号　c）点接触型　d）面接触型　e）平面型

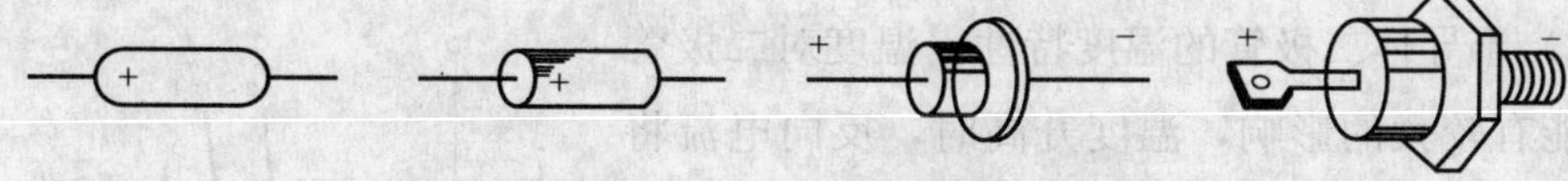

图 2—38　二极管常见外形图

（3）二极管的伏安特性、温度特性及主要参数

1）二极管具有单向导电性，可用其伏安特性来描述。伏安特性是指加到二极管两端的电压与流过二极管的电流的关系曲线，如图 2—39 所示。它可分为正向特性和反向特性两部分。

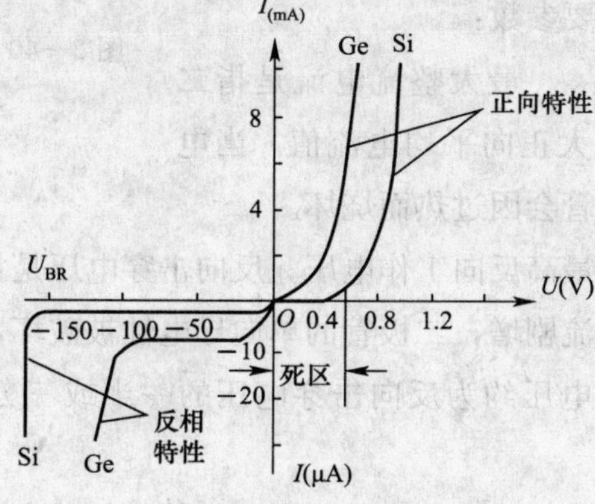


图 2—39　晶体二极管的伏安特性

当二极管加上正向电压时，便有正向电流通过，但当正向电压很低时，外电场不能克服PN结内电场对多数载流子扩散运动所形成的阻力，正向电流很小，二极管呈现很大的电阻。当正向电压超过一定数值（硅管约0.5 V，锗管约0.2 V），内电场被大大削弱，二极管电阻变得很小，电流增大，此时电压称为阈电压又称死区电压。二极管正向导通时，硅管的压降一般为0.6～0.7 V，锗管则为0.2～0.3 V。导通以后，在二极管允许范围内无论流过多大的电流，在二极管的两端将始终是一个基本不变的电压，此电压称为二极管的“正向导通压降”。

二极管加上反向电压时，由于少数载流子的漂移运动，形成很小的反向电流。反向电流有两个特性：一是它随温度的增加而增长得很快；二是在反向电压不超过某一范围时，反向电流不随反向电压改变而达到饱和，称为反向饱和电流。

当加在二极管上的反向电压过高时，反向电流突然急剧增大，二极管失去单向导电性，这种现象称为电击穿，这个电压称为反向击穿电压。因此，当二极管的反向电压接近或超过击穿电压，又没有适当的限流措施时，将会因电流大、电压高而使二极管造成永久性的损坏。

2）半导体二极管的温度特性。温度对二极管的性能有较大的影响，温度升高时，反向电流将呈指数规律增加，如硅二极管温度每增加 8℃，反向电流将约增加一倍；锗二极管温度每增加 12℃，反向电流大约增加一倍。另外，温度升高时，二极管的正向压降将减小，每增加 1℃，正向压降大约减小 2 mV，即具有负的温度系数。可从图 2—40 二极管的伏安特性曲线上看出。

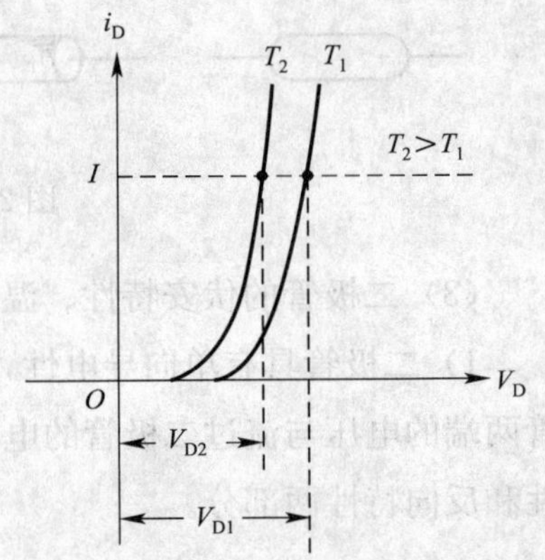

图 2—40　温度对二极管伏安特性曲线的影响

半导体二极管的主要参数：

①最大整流电流 $I_{OM}$。最大整流电流是指二极管能够允许通过的最大正向平均电流值。当电流超过允许值时，二极管会因过热而烧坏。

②反向击穿电压与最高反向工作电压。反向击穿电压是指二极管反向击穿时的电压值。击穿后反向电流剧增，二极管的单向导电性被破坏，甚至管子因过热而烧坏。一般最高反向工作电压约为反向击穿电压的一半或三分之二，确保管子安全运行。

③最大反向电流。最大反向电流是指在二极管上加最高反向工作电压时的反向电流值。反向电流越小，管子的单向导电性能越好。硅管的反向电流较小。锗管的

反向电流较大。

3）半导体二极管的分类。半导体二极管按其用途可分为普通二极管和特殊二极管。普通二极管有整流二极管、检波二极管、稳压二极管、开关二极管、快速二极管等；特殊二极管有变容二极管、发光二极管、隧道二极管、触发二极管等。

4）半导体二极管的型号。二极管的型号主要由五部分组成，如硅整流二极管 2CZ52B。

第一部分：用阿拉伯数字表示器件的电极数目。

第二部分：用汉语拼音字母表示器件的材料和极性。

第三部分：用汉语拼音字母表示器件的类型。

第四部分：用阿拉伯数字表示序号。

第五部分：用汉语拼音字母表示规格号。

普通二极管选用时需注意不能超过它的极限参数，特别不要超过最大整流电流和最高反向工作电压，并留有适当的余量。尽量选用反向电流、正向压降小的管子。

**3. 半导体二极管的简单应用**

二极管的单向导电性可用于整流、检波、限幅、箝位和元件保护，也可在数字电路中作开关使用。

在实际应用中常常把二极管理想化。当二极管加正向电压时导通，导通时正向管压降近似为 0，导通时的正向电流由外电路决定；当二极管加反向电压时，截止的反向电流为 0，截止时二极管承受的反向电压由外电路决定。

**4. 二极管整流电路**

整流是把交流电变成直流电的过程。二极管单相整流电路：把单相交流电变成直流电的电路。整流原理：二极管的单向导电特性。

（1）单相半波整流

电路及波形如图 2—41 所示。

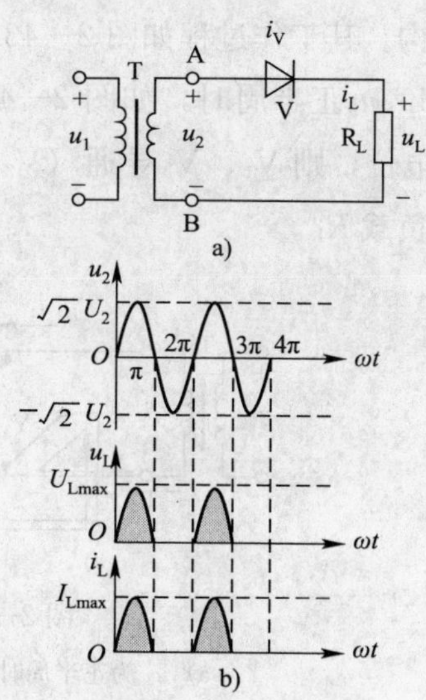


图 2—41　单相半波整流电路及波形图

a）电路图　b）波形图

图中 V 为整流二极管，把交流电变成脉动直流电，T 为电源变压器，把 $u_1$ 变成整流电路所需的电压值 $u_2$。

1）工作原理。设 $u_2$ 为正弦波，波形如图

2—41b 所示。

①$u_2$正半周时，A 点电位高于 B 点电位，二极管 V 正偏导通，则 $u_L \approx u_2$。

②$u_2$负半周时，A 点电位低于 B 点电位，二极管 V 反偏截止，则 $u_L \approx 0$。

由波形可见，$u_2$一周期内，负载只用单方向的半个波形，这种大小波动、方向不变的电压或电流称为脉动直流电。上述过程说明，利用二极管单向导电性可把交流电 $u_2$变成脉动直流电 $u_L$。由于电路仅利用 $u_2$的半个波形，故称为半波整流电路。

2）负载和整流二极管上的电压和电流

①负载电压 $U_L$

$$U_L = 0.45U_2$$

②负载电流 $I_L$

$$I_L = \frac{U_L}{R_L} = \frac{0.45U_2}{R_L}$$

③二极管正向电流 $I_V$和负载电流 $I_L$

$$I_V = I_L = \frac{0.45U_2}{R_L}$$

④二极管反向峰值电压 $U_{RM}$

$$U_{RM} = \sqrt{2}U_2 \approx 1.41U_2$$

（2）单相桥式全波整流电路（见图 2—42）。

如图 2—42 所示中 $V_1 \sim V_4$ 为整流二极管，电路为桥式结构。其工作过程如图 2—43 所示。

1）$u_2$正半周时，如图 2—43a 所示，A 点电位高于 B 点电位，则 $V_1$、$V_3$导通（$V_2$、$V_4$截止），$i_1$自上而下流过负载 $R_L$。

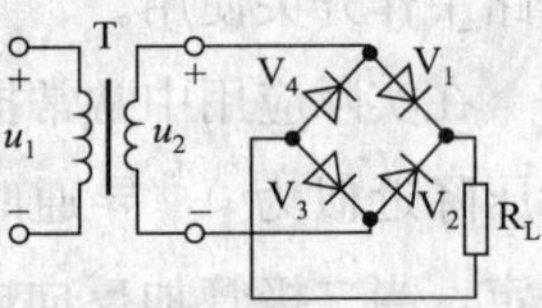


图 2—42　单相桥式全波整流电路

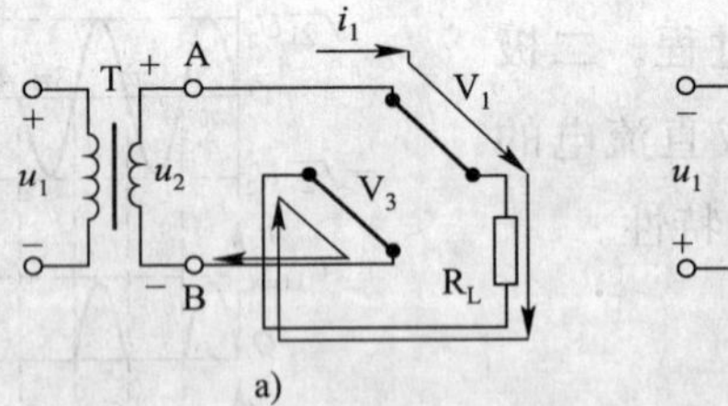


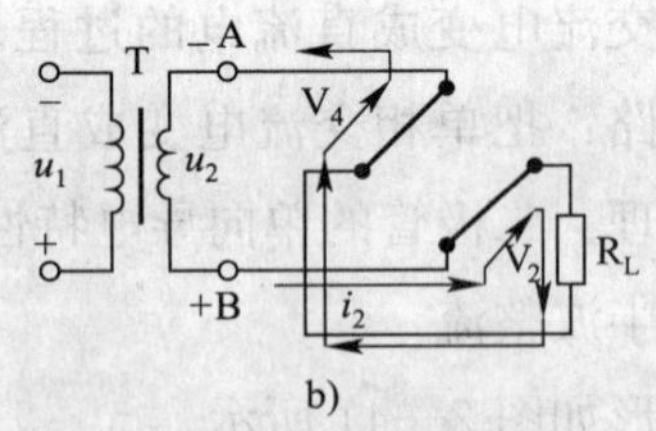


图 2—43　桥式整流电路工作过程

a）$u_2$ 为正半周时的电流方向　b）$u_2$ 为负半周时的电流方向

2）$u_2$负半周时，如图 2—36a 所示。A 点电位低于 B 点电位，则 $V_1$、$V_4$导通（$V_1$、$V_4$截止），$i_1$自上而下流过负载 $R_L$。

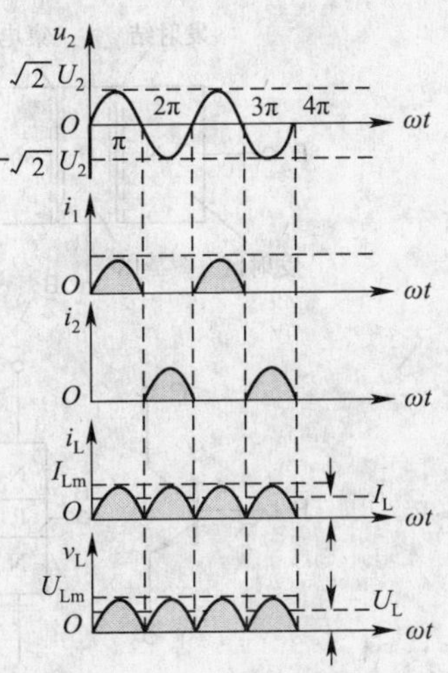


图2—44　式整流电路波形图

由波形图2—44可见，$u_2$一周期内，两组整流二极管轮流导通产生的单方向电流$i_1$和$i_2$叠加形成了$i_L$。于是负载得到全波脉动直流电压$u_L$。

3）负载和整流二极管上的电压和电流

①负载电压$u_L$

$$u_L=0.9u_2$$

②负载电流$I_L$

$$I_L=\frac{U_L}{R_L}=\frac{0.9U_2}{R_L}$$

③二极管平均电流$I_V$和负载电流$I_Z$

$$I_V=\frac{1}{2}I_L$$

④管承受反向峰值电压$U_{RM}$

$$U_{RM}=\sqrt{2}U_2$$

## 二、半导体三极管

晶体三极管（简称三极管）是内部含有两个PN结、外部具有三个电极的半导体器件。由于它的特殊构造，在一定条件下具有“放大”作用，被广泛应用于收音机、录音机、电视机、扩音机及各种电子设备中。

### 1. 三极管的结构和分类

三极管可分成NPN型和PNP型两类，每一类都可分为基区、发射区和集电区，分别引出基极B、发射极E和集电极C。基区和发射区之间的结称为发射结，基区和集电区之间的结称为集电结，如图2—45所示。

晶体管的结构形式，常见的有平面型和合金型两类，如图2—46所示。硅管主要是平面型，锗管都是合金型。

### 2. 三极管的放大作用

晶体三极管具有电流放大作用，其实质是三极管能以基极电流微小的变化量来控制集电极电流较大的变化量。这是三极管最基本的和最重要的特性。我们将$\Delta I_C/\Delta I_B$的比值称为晶体三极管的电流放大倍数，用符号“$\beta$”表示。电流放大倍数对于某一只三极管来说是一个定值，但随着三极管工作时基极电流的变化也会有一定的改变。

三极管还可以作电子开关，配合其他元件还可以构成振荡器。

晶体三极管的三种工作状态。

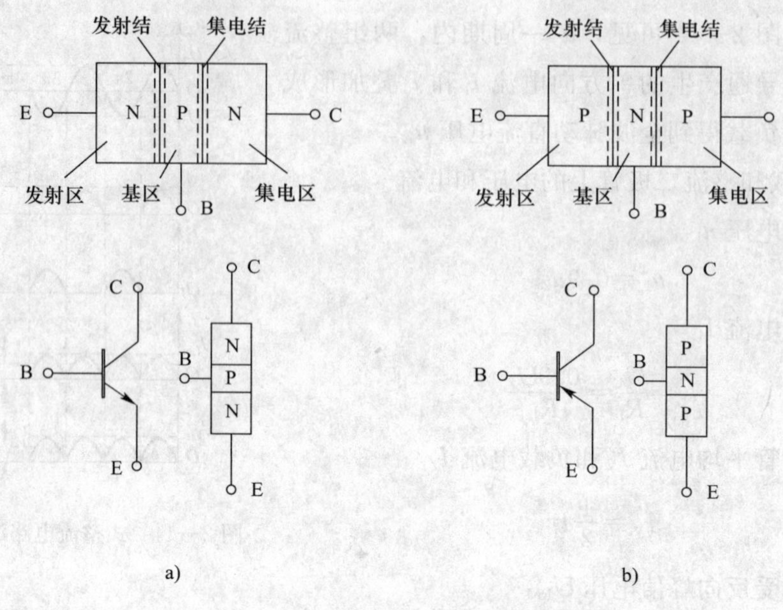


a) b)

图 2—45 晶体三极管的结构示意和表示符号

a）NPN 型 b）PNP 型

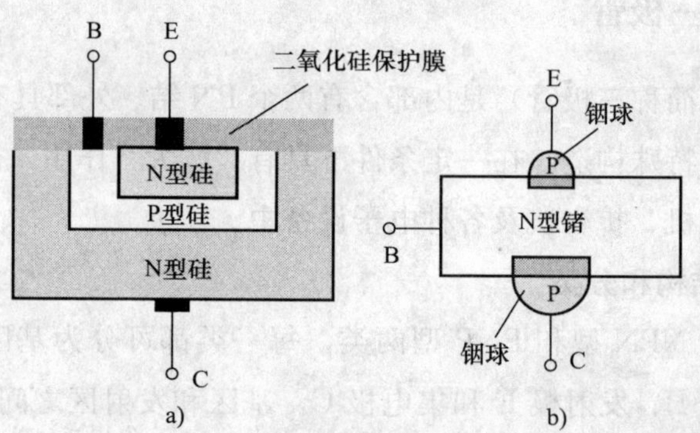


a) b)

图 2—46 晶体三极管的结构形式

a）平面型 b）合金型

（1）截止状态。当加在三极管发射结的电压小于 PN 结的导通电压，基极电流为零，集电极电流和发射极电流都为零，三极管这时失去了电流放大作用，集电极和发射极之间相当于开关的断开状态，我们称三极管处于截止状态。

（2）放大状态。当加在三极管发射结的电压大于 PN 结的导通电压，并处于某一恰当的值时，三极管的发射结正向偏置，集电结反向偏置，这时基极电流对集电极电流起着控制作用，使三极管具有电流放大作用，其电流放大倍数 $\beta=\Delta I_C/\Delta I_B$，这时三极管处于放大状态。

(3) 饱和导通状态。当加在三极管发射结的电压大于 PN 结的导通电压，并当基极电流增大到一定程度时，集电极电流不再随着基极电流的增大而增大，而是处于某一定值附近变化不大，这时三极管失去电流放大作用，集电极与发射极之间的电压很小，集电极和发射极之间相当于开关的导通状态。三极管的这种状态称为饱和导通状态。

根据三极管工作时各个电极的电位高低，就能判别三极管的工作状态，因此，电子维修人员在维修过程中，经常要拿多用电表测量三极管各脚的电压，从而判别三极管的工作情况和工作状态。

**3. 晶体管的主要参数**

晶体管的主要参数有电流放大系数、耗散功率、频率特性、集电极最大电流、最大反向电压、反向电流等。PNP 型、NPN 型晶体管回路记号，如图 2—47 所示。

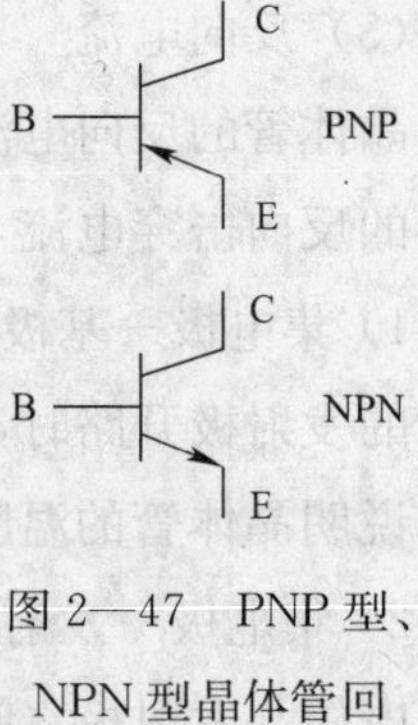

图 2—47　PNP 型、NPN 型晶体管回路记号

(1) 电流放大系数

电流放大系数也称电流放大倍数，根据晶体管工作状态的不同分为直流电流放大系数和交流电流放大系数，它用来表示晶体管的放大能力。

1) 直流电流放大系数。直流电流放大系数也称静态电流放大系数或直流放大倍数，是指在静态无变化信号输入时，晶体管集电极电流 $I_C$ 与基极电流 $I_B$ 的比值，一般用 $\beta$ 表示。

2) 交流电流放大系数。交流电流放大系数也称动态电流放大系数或交流放大倍数，是指在交流状态下，晶体管集电极电流变化量 $\Delta I_C$ 与基极电流变化量 $\Delta I_B$ 的比值。

(2) 耗散功率

耗散功率也称集电极最大允许耗散功率 $P_{CM}$，是指晶体管参数变化不超过规定允许值时的最大集电极耗散功率。

耗散功率与晶体管的最高允许结温和集电极最大电流有密切关系。晶体管在使用时，其实际功耗不允许超过 $P_{CM}$ 值，否则会造成晶体管因过载而损坏。通常将耗散功率 $P_{CM}$ 小于 1 W 的晶体管称为小功率晶体管，$P_{CM}$ 等于或大于 1 W、小于 5 W 的晶体管被称为中功率晶体管，将 $P_{CM}$ 等于或大于 5 W 的晶体管称为大功率晶体管。

(3) 集电极最大电流 $I_{CM}$

集电极最大电流是指晶体管集电极所允许通过的最大电流。当晶体管的集电极电流 $I_C$ 超过 $I_{CM}$ 时，晶体管的 $\beta$ 值等参数将发生明显变化，影响其正常工作，甚至还会损坏。

（4）最大反向电压

最大反向电压是指晶体管在工作时所允许施加的最高工作电压。包括集电极—发射极反向击穿电压、集电极—基极反向击穿电压和发射极—基极反向击穿电压。

1）集电极—发射极反向击穿电压。该电压是指当晶体管基极开路时，其集电极与发射极之间的最大允许反向电压，一般用 $V_{CEO}$表示。

2）集电极—基极反向击穿电压。该电压是指当晶体管发射极开路时，其集电极与基极之间的最大允许反向电压，用 $U_{CBO}$表示。

3）发射极—基极反向击穿电压。该电压是指当晶体管的集电极开路时，其发射极与基极之间的最大允许反向电压，用 $U_{EBO}$表示。

（5）反向电流

晶体管的反向电流包括其集电极—基极之间的反向电流 $I_{CBO}$和集电极—发射极之间的反向击穿电流 $I_{CEO}$。

1）集电极—基极之间的反向电流 $I_{CBO}$，也称集电结反向漏电电流，是指当晶体管的发射极开路时，集电极与基极之间的反向电流。$I_{CBO}$对温度较敏感，该值越小，说明晶体管的温度特性越好。

2）集电极—发射极之间的反向击穿电流 $I_{CEO}$，是指当晶体管的基极开路时，其集电极与发射极之间的反向漏电电流，也称穿透电流。此电流值越小，说明晶体管的性能越好。

# 第3章

# 模拟电路与数字电路基本知识

## 第1节　基本放大电路

### 一、电压放大电路

#### 1. 放大电路的基本组成

（1）放大的概念

放大是指用一个较小的变化量去控制一较大的变化量，实质上是实现能量的控制。由于输入信号微弱，能量很小，不能直接推动负载做功，因此，需要另外提供一个直流电源作为能源，推动负载做功。

（2）放大的作用

1）放大电路主要利用三极管或场效应管的控制作用放大微弱信号，使输出电压或电流在幅度上得到了放大，输出信号的能量得到了加强。

2）输出信号的能量实际上是由直流电源提供的，只是经过三极管的控制，使之转换成信号能量，提供给负载。放大电路的结构示意图，如图 3—1 所示。

#### 2. 基本放大电路的组成（见图 3—2）

（1）晶体管

NPN 型三极管 VT 是核心器件，起电流放大作用，利用它的放大作用，在集电极电路获得放大了的电流 $i_C$，该电流受输入信号的控制。

（2）集电极电源电压 $U_{CC}$

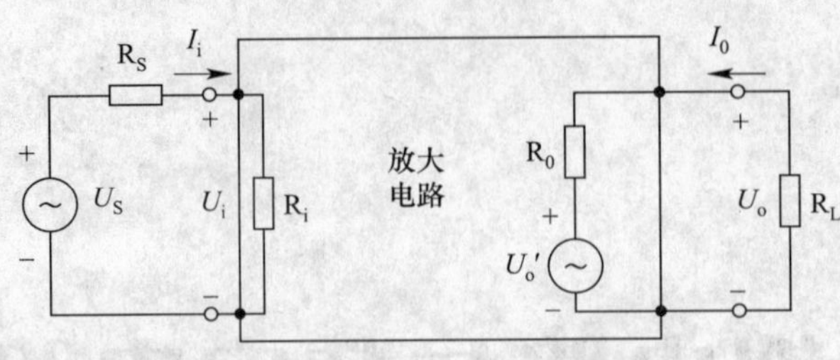


图 3—1　放大电路示意图

电源电压 $U_{CC}$ 除了为输出信号提供能量外，还可保证集电结处于反向偏置，以使晶体管具有放大作用。

（3）集电极负载电阻 $R_C$

集电极负载电阻简称集电极电阻，它主要是将电流的变化变换为电压的变化，以实现电压放大。

（4）偏置电阻 $R_B$

它的作用是提供大小适当的基极电流，以使放大电路获得合适的工作点，并使发射结处于正向偏置。

（5）基极回路的直流电源 $U_{BE}$

它保证发射结正向偏置，并通过 $R_B$ 给基极一个合适的偏流。

（6）耦合电容 $C_1$ 和 $C_2$

一方面起隔直作用，$C_1$ 用来隔断放大电路与信号源之间的直流通路，而 $C_2$ 用来隔断放大电路与负载之间的直流通路，使三者之间无直流联系互不影响。另一方面又起到交流耦合的作用，其电容值应足够大，以保证在一定的频率范围内，耦合电容上的交流压降小到可以忽略不计，即对交流信号可视为短路。

**3. 放大电路的组成原则**

（1）保证放大电路的核心器件三极管工作在放大状态，即有合适的偏置。也就是发射结正偏，集电结反偏。

（2）输入回路的设置应当使输入信号耦合到三极管的输入电极，形成变化的基极电流，从而产生三极管的电流控制关系，变成集电极电流的变化。

（3）输出回路的设置应该保证将三极管放大以后的电流信号转变成负载需要的电量形式（输出电压或输出电流）。

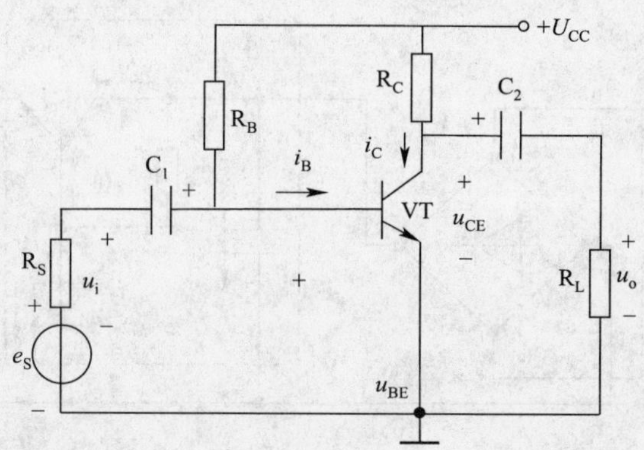


图 3—2　基本交流放大电路

## 二、射极输出器

### 1. 射极输出器工作情况分析

前面所讲的放大电路都是从集电极输出，即共发射极接法。而射极输出器，顾名思义就是从发射极输出，在接法上则是一个共集电极电路。因为电源 $U_{CC}$ 对交流信号相当于短路，所以集电极成为输入和输出回路的公共端。

射极输出器的主要特点：

（1）电压放大倍数接近 1，但恒小于 1，输出电压与输入电压同相，具有跟随作用。

（2）输入电阻很高，适用于放大电路的输入级。

（3）输出电阻很低，具有恒压输出特性，带负载能力强。

因此，射极输出器常被用做多级放大电路的输入级或输出级。

### 2. 射极输出器的应用

射极输出器具有较高的输入电阻和较低的输出电阻，这是射极输出器最突出的优点。射极输出器常用做多级放大器的第一级或最末级，也可用于中间隔离级。用做输入级时，高的输入电阻可以减轻信号源的负担，提高放大器的输入电压。用做输出级时，低的输出电阻可以减小负载变化对输出电压的影响，并易于与低阻负载相匹配，向负载传送尽可能大的功率。

射极输出器的应用实例：如图 3—3 所示虚线框内为稳压电路。220 V 交流电压经变压器变换成所需要的交流电压，然后经桥式整流和电容滤波后，输出电压 $U_i$ 加到稳压电路的输入端。晶体管接成射极输出电路，负载 $R_L$ 接到晶体管的发射极。稳压管 $D_Z$ 和电阻 $R_1$ 组成基极稳压电路，使晶体管的基极电位稳定为 $U_Z$。

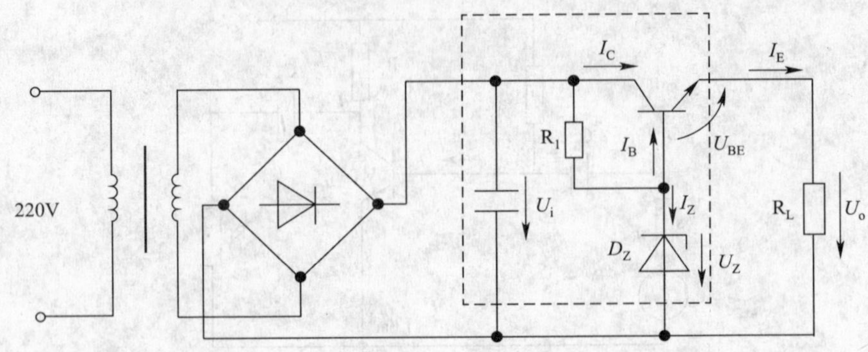


图 3—3　串联型晶体管稳压电源

电路的稳压原理是：假如由于某种原因使输出电压 $U_o$ 降低，因 $U_B=U_Z$ 不变，故 $U_{BE}$ 增大，使 $I_B$ 和 $I_C$ 均增大，$U_{CE}$ 减小。从而使输出电压 $U_o=U_i-U_{CE}$ 回升，维持基本不变。整个过程可用流程图表示为：

$$U_o\downarrow(U_B=U_Z)\rightarrow U_{BE}\uparrow\rightarrow I_B\uparrow\rightarrow I_C\uparrow\rightarrow U_{CE}\downarrow(U_o=U_i-U_{CE})\rightarrow U_o\uparrow$$

如果 $U_o\uparrow$，调整过程与上述相反，同样可起到稳压作用。

## 三、场效应管放大电路

### 1. 场效应管的定义

利用电场效应来控制电流大小的半导体器件称为场效应管。

### 2. 场效应管的优点

场效应管具有输入阻抗高、热稳定性好、噪声低、抗辐射能力强、功耗低、制造工艺简单、集成度高等优点。兼有体积小、重量轻、寿命长等特点。

### 3. 场效应管的缺点

场效应管的缺点是速度低。

### 4. 场效应管的控制原理

将控制电压转换为漏极电流——互导放大器件。

图 3—4 所示为由场效应管构成的分压式偏置共源极放大电路。它和晶体管的射极输出器一样，具有电压放大倍数小于但近于 1，输入电阻高、输出电阻低等特点。

## 四、多极放大电路

前面讨论的都是由单个管子构成的单级放大电路，它的放大倍数一般为几十

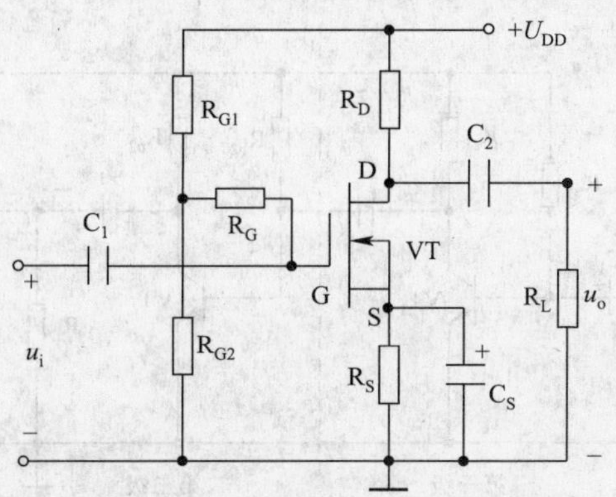


图 3—4　分压式偏置共源极放大电路

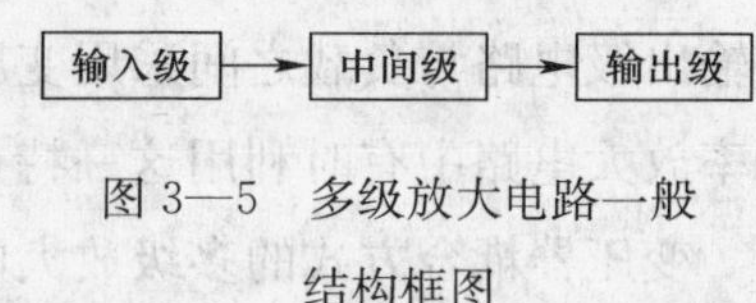


图 3—5　多级放大电路一般结构框图

倍，而实际应用的电子设备中，要求的电压放大倍数往往很大，因此需由若干单级放大电路串接在一起，构成多级放大电路，如图 3—5 所示。

在多级放大电路中，输入级经常采用具有较高输入电阻的共集电路或场效应管放大电路，且器件多采用低噪声管；中间级多由若干级共射放大电路组成，以获得较大的电压放大倍数；输出级应有一定的输出功率，因而通常采用大信号放大电路，即功率放大电路形式。

多级放大电路中各级之间的连接方式称为耦合方式，耦合应满足如下条件：各级电路都应该有合适的静态工作点，以免信号失真；前级信号尽可能多地传递给后级放大器，尽量减少信号损失。

多级放大电路中常见的耦合方式有阻容耦合式、直接耦合式、电隔离耦合式（变压器耦合、光电隔离耦合）。

**1. 阻容耦合方式**

阻容耦合方式的多级放大电路，如图 3—6 所示，是通过电容和后级的输入电阻（或负载）实现前后级耦合的，耦合电容起“隔直流通交流”的作用。因此各级静态工作点彼此独立，互不影响，只要耦合电容的容量较大，前级信号就能在一定的频率范围内几乎无衰减地传送到下一级，当然此电路形式不适于放大缓慢变化的信号和直流信号，通常称其为“交流放大器”。由于大容量的电容难于集成，所以这种方式无法在集成电路中采用。

**2. 电隔离耦合方式**

（1）变压器耦合方式。两级放大电路之间通过变压器连接起来，如图 3—7a 所示，通过变压器的磁路耦合将原边的前级交流输出传送到副边作为后级的输入，如

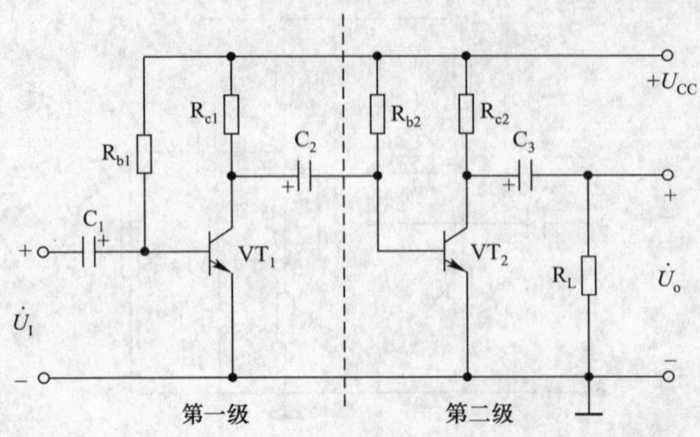


图 3—6　阻容耦合式的多级放大电路

果输出级电路与负载之间采用变压器耦合形式，还可以实现阻抗变换的作用，音频功率放大电路中有时利用这一特点使负载获得尽量高的输出功率。

变压器耦合方式的多级放大电路是通过电—磁—电的转换实现耦合的，因此各级的静态工作点也是彼此独立，互不影响的。当然变压器耦合方式的多级放大电路也有很多缺点，比如变压器体积大，难于集成，频率特性差，并且频率太低的信号也不能通过变压器，因此，这种形式的电路目前已经很少使用。

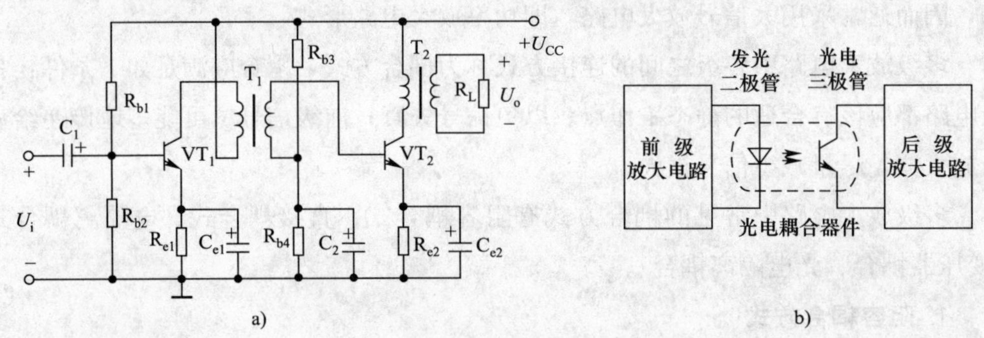


图 3—7　电隔离耦合的多级放大电路

a）变压器耦合方式　b）光电耦合方式

（2）光电耦合方式。光电耦合方式是通过光电耦合器件实现的，如图 3—7b 所示。

光电耦合器件由发光二极管和光电三极管（又叫光敏三极管）构成。在光电耦合放大电路中，前级的负载就是发光二极管，前级输出电流的变化影响发光二极管的发光强弱，通过光耦合，使光电三极管输出电流也发生变化，经后级放大后，就有放大信号输出，因为光电耦合是通过电—光—电的转换实现级间耦合的，所以前后级间处于电隔离状态，因其便于集成，应用越来越广泛。

3. 直接耦合方式

为避免耦合电容对缓慢变化信号的不良影响，将前级的输出端和后级的输入端直接相连的方式，叫做直接耦合方式。它可以放大缓慢变化的信号甚至是直流信号，因此又叫做直流放大器，由于电路中没有大电容、变压器等元件，因此在集成电路中被广泛采用。

然而，直接耦合方式并非完美，第一，前后级间有直流通路，各级电路的静态工作点互相影响，使电路在设计、分析和调试方面的复杂程度提高。同时，为保证各级均有一个合适的静态工作点，必然要考虑级间直流电平的配合问题；第二，零点漂移。当输入信号为零时，直接耦合电路的输出电压会偏离原来的初值而上下漂动（缓慢地变化），这种现象叫做零点漂移。

当放大电路有信号输入时，这种漂移就伴随信号共处于放大电路中，使人无法分辨是有效信号电压还是漂移电压，严重时甚至会淹没有效信号，使放大器无法正常工作。

产生零点漂移的因素很多，主要原因是晶体管参数随温度的变化而变化，使放大电路的静态工作点不稳定而产生漂移。在多级放大电路各级的漂移中，第一级的漂移影响最为严重，它将被逐级放大，以致影响整个放大电路的工作，因此零点漂移是直接耦合的放大器的特殊问题。

为了抑制零点漂移，工程实践中通常采用的方法如下：

（1）引入直流负反馈来稳定工作点以减小零漂。

（2）利用温度元件补偿放大管的零点漂移。

（3）用特性基本完全相同的管子构成对称的差动放大电路，使输出的零点漂移互相抵消，这种电路结构形式在集成运算放大电路中被广泛采用。

在多级放大电路中，各级放大电路互相连接，前级的输出是后级的输入，所以多级放大电路总的电压放大倍数应该是各级放大电路电压放大倍数的积。

## 五、串联型稳压电路

串联型稳压电路属于直流稳压电源中的一种，在实际电路中应用非常广泛。

整流滤波后的电压是不稳定的电压，当电网电压或负载发生变化时，该电压都会产生变化，而且纹波电压又大。所以，整流滤波后，还须经过稳压电路，才能使输出电压在一定的范围内稳定不变。下面介绍串联型稳压电路。

图 3—8 所示为晶体管串联反馈式稳压电路。图中 $VT_1$ 为调整元件，电阻 $R_1$ 和 $R_2$ 组成取样电路，$R_4$ 和 $V_{DZ}$组成标准参考电压电路。$VT_2$ 为比较放大元件。从

反馈放大器的角度看，该电路属于电压串联负反馈电路，而且调整元件 $VT_1$ 与负载电阻 $R_L$ 串联，因此也称为串联反馈式直流稳压电路。其稳压过程如下：

当负载电阻 $R_L$ 不变时，电网电压波动，波动后的电压 $U_i$ 上升会导致输出电压向上波动，同时取样电压的增加使 $VT_2$ 的基极电位 $U_{B2}$ 升高，造成 $VT_2$ 管的基极电流 $I_{B2}$ 和集电极电流 $I_{C2}$ 增大，导致 $VT_2$ 管的集电极 $U_{C2}$ 也就是 $VT_1$ 管的基极 $U_{B1}$ 电位的下降，使 $VT_1$ 管的基极电流 $I_{B1}$ 和集电极电流 $I_{C1}$ 下降，而管压降 $U_{CE1}$ 增加。由于输出电压 $U_O$ 等于输入电压 $U_i$ 减 $VT_1$ 管压降 $U_{CE1}$，因此抑制了输出电压的增加，起到了稳压作用。

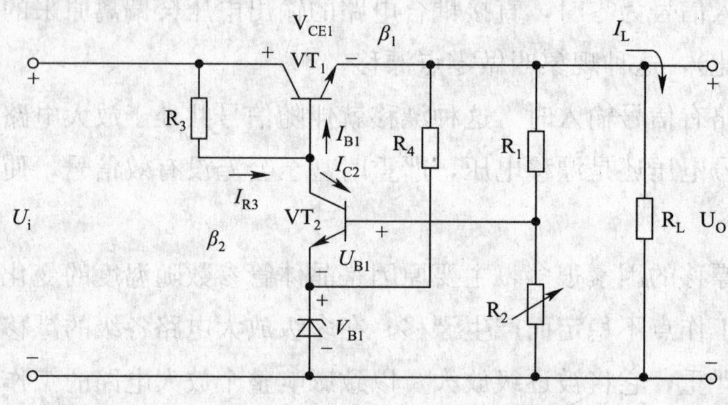


图 3—8　晶体管串联反馈式稳压电路

# 第 2 节　集成运算放大电路

## 一、集成运算放大电路的基本概念

### 1. 组成原理

集成运放一般由偏置电路、输入级、中间级和输出级 4 部分组成（见图 3—9）。另外，还有电平移动电路、短路保护电路等部分。

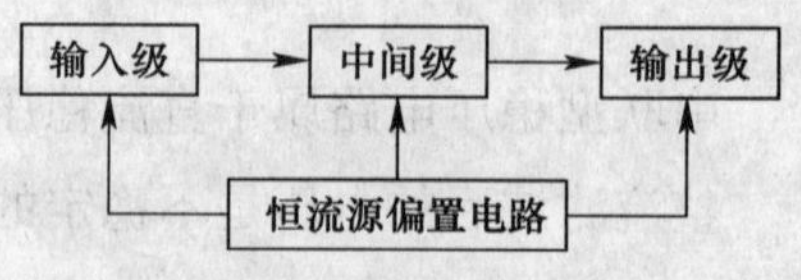


图 3—9　集成运算放大器的结构框图

（1）偏置电路

采用恒流源，向各级提供稳定的静态电流。

（2）输入级

与信号源相连，通常要求有很高的输入电阻，能有效地抑制共模电阻，因此，通常采用差动放大器，有同相和反相两个输入端，减小零漂，提高输入电阻。

（3）中间级

用来完成电压放大功能，常采用 1～2 级直接耦合放大器，提供足够的电压放大倍数。

（4）输出级

直接与负载相连，一般采用功率放大器，提高集成运放的带负载能力，向负载提供一定的功率。

综上所述，集成运放是一种电压放大倍数高、输入电阻大、输出电阻小、共模抑制比高、抗干扰能力强、可靠性高、体积小、耗电少的通用型电子器件。

国家标准规定运算放大器的图形符号如图 3—10 所示。不必标出所有的管脚。其中右侧“＋”端为输出端，信号由此端对地输出。左侧“－”端为反相输入端，当信号由此端对地输入时，输出信号与输入信号反相位，所以此端称为反相输入端，反相输入端的电位用 $u_-$ 表示。这种输入方式称为反相输入。左侧“＋”端为同相输入端，当信号由此端对地输入时，输出信号与输入信号同相位，所以此端称为同相输入端，同相输入端的电位用 $u_+$ 表示。这种输入方式称为同相输入。当两输入端都有信号输入时，称为差动输入方式。运算放大器在正常应用时，存在三种基本输入方式。不论采用何种输入方式，运算放大器放大的是两输入信号的差。若运算放大器的电压放大倍数是 $A_{ud}$，则输出电压为 $u_o = A_{ud}(u_+ - u_-)$。

**2. 传输特性**

集成运放的电压传输特性是指开环输出时输出电压与输入电压之间的关系曲线。如图 3—11 所示，包含一个线性区和两个饱和区。

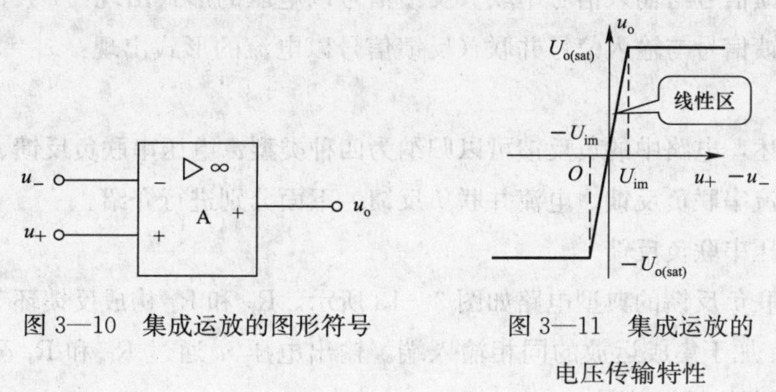


图 3—10 集成运放的图形符号

图 3—11 集成运放的电压传输特性

当运放工作在线性区时，输出电压 $u_o$ 与输入电压（$u_+ - u_-$）是线性关系。线

性区的斜率取决于 $A_{ud}$ 的大小。由于受电源电压的限制，输出电压不可能随输入电压的增加而无限增加，因此，当 $u_o$ 增加到一定值时，就进入了饱和区。正负饱和电压一般略低于正负电源电压。

由于集成运放的开环电压放大倍数很大，而输出电压的值为有限值，所以线性区很窄。因此，要使运放稳定地工作在线性区，就必须引入深度负反馈。

## 二、运算放大电路中的负反馈

### 1. 反馈的基本概念

电路中的反馈就是将电路中的输出信号（电压或电流）的一部分或全部通过一定的电路（反馈电路）送回到输入端，与输入信号一同控制电路的输出。

放大电路的反馈框图如图 3—12 所示。其中基本放大电路 A 和反馈电路 F 构成一个闭合环路，常称为闭环。如图中箭头所示，单方向传递信号。

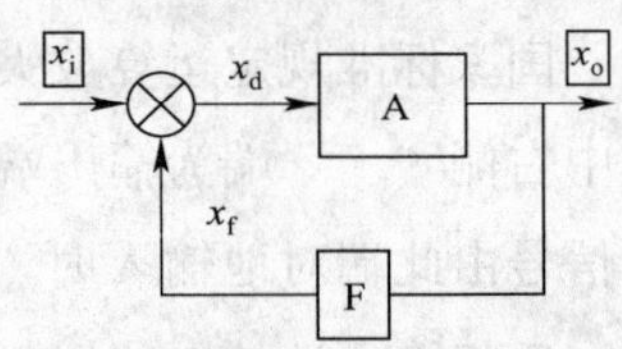

图 3—12　放大电路的反馈框图

图 3—12 中，用 $x$ 表示信号，它既可以表示电压，也可以表示电流。$x_i$、$x_o$、$x_f$ 分别表示输入、输出和反馈信号，$x_i$ 和 $x_f$ 在输入端比较（叠加）后得净输入信号 $x_d$。

### 2. 四种基本负反馈电路

根据反馈电路在输出端所采样的信号的不同，可以分为电压反馈与电流反馈。若反馈信号取自于（正比于）输出电压，则称为电压反馈；若反馈信号取自于（正比于）输出电流，则称为电流反馈。

根据反馈信号在输入端与输入信号比较形式的不同，可以分为串联反馈与并联反馈。若反馈信号与输入信号串联（反馈信号以电压的形式出现：$x_f=u_f$）为串联反馈；若反馈信号与输入信号并联（反馈信号以电流的形式出现：$x_f=i_f$）为并联反馈。

综上所述，电路中的负反馈可以归纳为四种类型：电压串联负反馈、电压并联负反馈、电流串联负反馈、电流并联负反馈。下面分别进行介绍。

（1）电压串联负反馈

电压串联负反馈的典型电路如图 3—13 所示。$R_F$ 和 $R_1$ 构成反馈环节，输入信号 $u_i$ 通过 $R_2$ 加于集成运放的同相输入端。输出电压 $u_o$ 通过 $R_F$ 和 $R_1$ 分压，分在 $R_1$ 上的电压即为反馈信号 $u_f$。

设某一瞬时输入信号 $u_i$ 为正，则此时输出信号 $u_o$ 也为正，同时反馈电压 $u_f$ 也

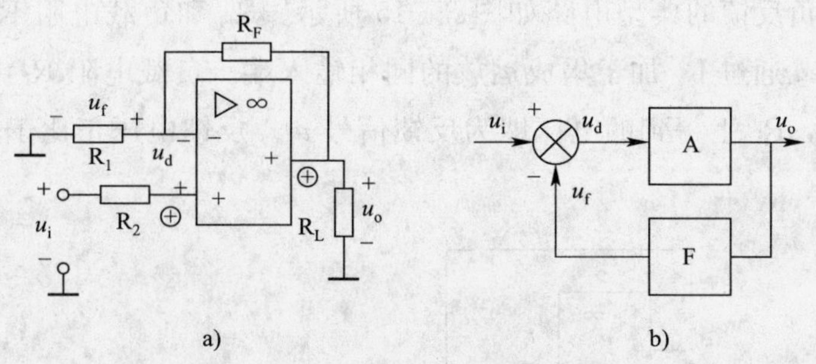


图 3—13 电压串联负反馈电路图及方框图

为正。根据净输入信号 $u_d=u_i-u_f$，又因为 $u_i$与 $u_f$瞬时极性相同，反馈信号削弱了净输入信号，所以为负反馈。此式还表示反馈信号 $u_f$与输入信号 $u_i$是串联关系（电压相减），所以为串联反馈。

引入电压负反馈可以稳定输出电压。假定由于负载的变化使得 $u_o$下降，可知反馈信号 $u_f$随之下降，因而净输入信号增加，输出信号 $u_o$上升，使得输出电压稳定。

（2）电压并联负反馈

电压并联负反馈的典型电路如图 3—14 所示。反馈电路 $R_F$ 一端连接于输出端，一端连接于反相输入端。输入信号 $u_i$通过 $R_1$ 加于集成运放的反相输入端。

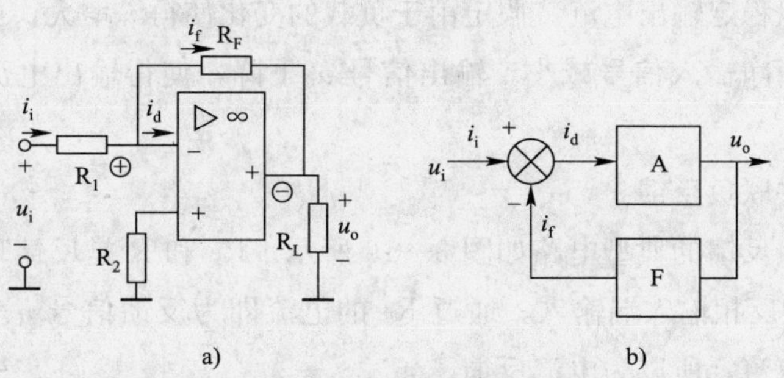


图 3—14 电压并联负反馈电路图及方框图

反馈电流的大小正比于输出电压，所以为电压反馈。

设输入信号瞬时极性为正，则输出信号的瞬时极性为负，因此反馈信号 $i_f$ 为正值，净输入电流 $i_d=i_i-i_f$，即 $i_f$的存在使净输入电流减小，所以为负反馈。此式还表示反馈信号 $i_f$与输入信号 $i_i$是并联关系（电流相减），所以为并联反馈。该电压负反馈同样可以稳定输出电压。

（3）电流串联负反馈

电流串联负反馈的典型电路如图 3—15 所示。$R_F$ 和负载电阻 $R_L$ 构成反馈环节，输入信号 $u_i$通过 $R_2$ 加于集成运放的同相输入端。负载电阻 $R_L$ 中通过的电流为输出电流 $i_o$，$R_F$ 上得到的电压即为反馈信号 $u_f$。反馈电压正比于输出电流，所以为电流反馈。

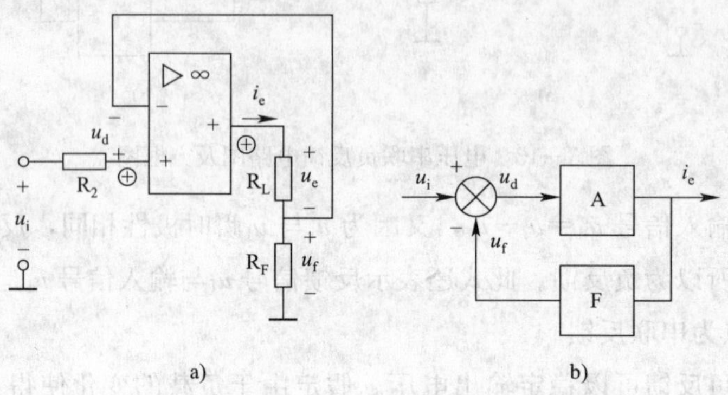


图 3—15　电流串联负反馈电路图

a）电路图　b）方框图

设输入信号瞬时极性为正，则输出信号的瞬时极性为正，因此反馈信号 $u_f$也为正值，净输入信号 $u_d=u_i-u_f$，反馈信号削弱了净输入信号，所以为负反馈。此式还表示反馈信号 $u_f$与输入信号 $u_i$是串联关系（电压相减），所以为串联反馈。引入电流负反馈可以稳定输出电流。假定由于负载的变化使得 $i_o$增大，可知反馈信号 $u_f$随之上升，因而净输入信号减小，输出信号 $u_o$下降，使得输出电流下降，从而保持稳定。

（4）电流并联负反馈

电流并联负反馈的典型电路如图 3—16 所示。$R_F$ 和 R 是反馈环节。输入信号 $u_i$自集成运放的反相输入端输入。通过 $R_F$ 的电流即为反馈信号 $i_f$。反馈电流的大小正比于输出电流，所以为电流反馈。

设输入信号瞬时极性为正，则输出信号的瞬时极性为负，因此反馈信号 $i_f$为正值，净输入电流 $i_d=i_i-i_f$，即 $i_f$的存在使净输入电流减小，所以为负反馈。此式还表示反馈信号 $i_f$与输入信号 $i_i$是并联关系（电流相减），所以为并联反馈。该电流负反馈同样可以稳定输出电流。

**3. 如何判别电路中反馈类型小结**

（1）电压反馈和电流反馈的判断

电压、电流反馈的判断通常看反馈电路与输出端的连接形式。若反馈信号正比于输出电压（反馈电路与电压输出端相连接），是电压反馈；若反馈信号正比于输

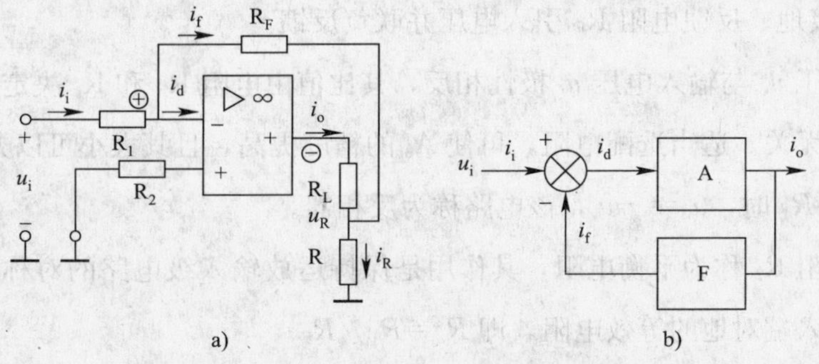


图 3—16　电流并联负反馈电路

a）电路图　b）方框图

出电流（反馈电路不与电压输出端相连接），是电流反馈。

（2）串联反馈和并联反馈的判断

串、并联反馈的判断通常看反馈电路与输入端的连接形式。若反馈信号与净输入信号串联（反馈信号以电压的形式出现），则是串联反馈；若反馈信号与净输入信号并联（反馈信号以电流的形式出现），则是并联反馈。串联反馈中输入信号和反馈信号分别加在两个不同的输入端；并联反馈中，输入信号和反馈信号连接于同一输入端。

（3）正、负反馈的判断

正、负反馈的判断通常采用瞬时极性法。此种方法是假定输入电压 $u_i$ 增加而使净输入信号增加时，分析输出电压 $u_o$ 的变化（若输入信号自反相端输入，输出与输入瞬时极性相反；若输入信号自同相端输入，输出与输入瞬时极性相同），比较输入信号与反馈信号的关系，找出它们对净输入信号的影响。若反馈信号使净输入信号增加，为正反馈；反馈信号使净输入信号减小是负反馈。

# 第 3 节　集成运算放大器的应用

## 一、信号运算电路

### 1. 比例运算电路

（1）反相输入

如图 3—17 所示，输入信号 $u_i$ 经电阻 $R_1$ 引到运放的反相输入端，同相输入端

经电阻 $R_2$ 接地。反馈电阻 $R_F$ 引入电压并联负反馈。

输出电压 $u_o$ 与输入电压 $u_i$ 极性相反，其比值由电阻 $R_F$ 和 $R_1$ 决定，与集成运放本身参数无关。适当选配电阻，可使 $A_{uf}$ 的精度提高，且其大小可以方便地调节。

当 $R_F = R_1$ 时，$u_o = -u_i$，该电路称为反相器。

其中电阻 $R_2$ 称为平衡电阻，其作用是保持运放输入级电路的对称性，其阻值等于反相输入端对地的等效电阻，即 $R_2 = R_1 /\!/ R_F$。

（2）同相输入

如图 3—18 所示，输入信号 $U_i$ 经电阻 $R_2$ 引到运放的同相输入端，反相输入端经电阻 $R_1$ 接地。反馈电阻 $R_F$ 引入电压串联负反馈。

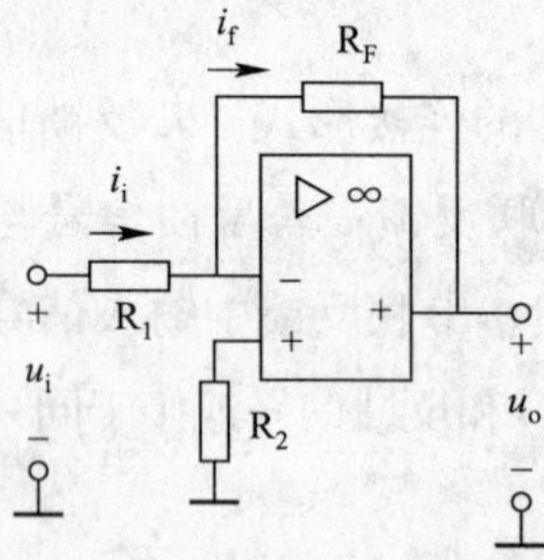


图 3—17　比例运算电路的反相输入电路图

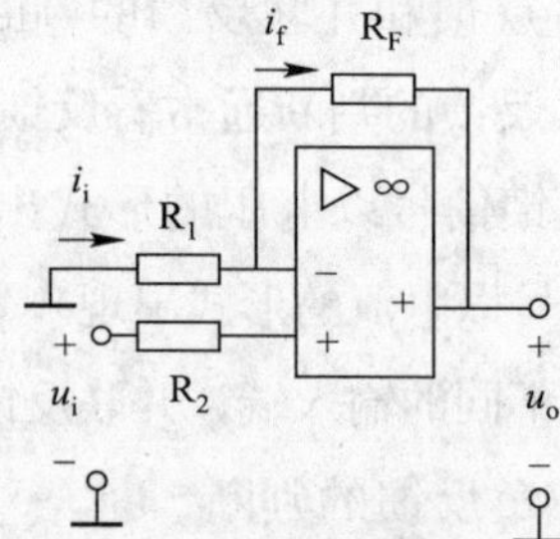


图 3—18　比例运算电路的同相输入电路图

其输出电压与输入电压成正比，同相比例系数为电压放大倍数，该电路称为电压跟随器。

**2. 加减法运算电路**

（1）加法运算电路（见图 3—19）

当 $R_{11} = R_{12} = R_2$ 时，输出电压与各输入电压之和成比例，实现“和放大”。

当 $R_{11} = R_{12} = R_F$ 时，输出电压等于各输入电压之和，实现反相加法运算。

加法运算的输入信号也可以从同相端输入，但由于运算关系和平衡电阻的选取比较复杂，并且同相输入时集成运放的两输入端承受共模电压，它不允许超过集成运放的最大共模输入电压，因此，一般很少使用同相输入的加法电路。若需要进行同相加法运算时，只需在反相加法电路后再加一级反相器即可。

（2）减法运算电路（见图 3—20）

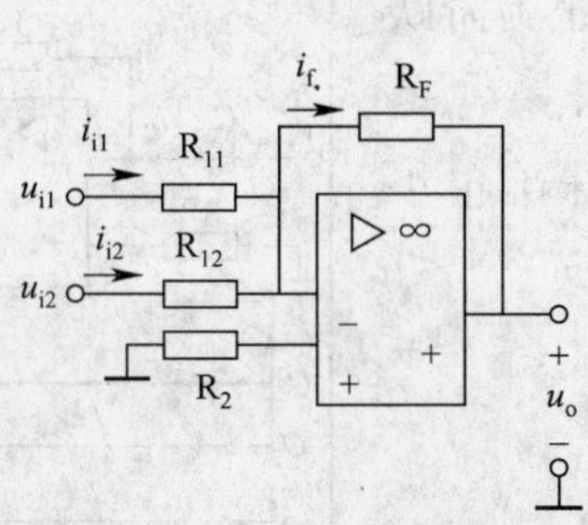


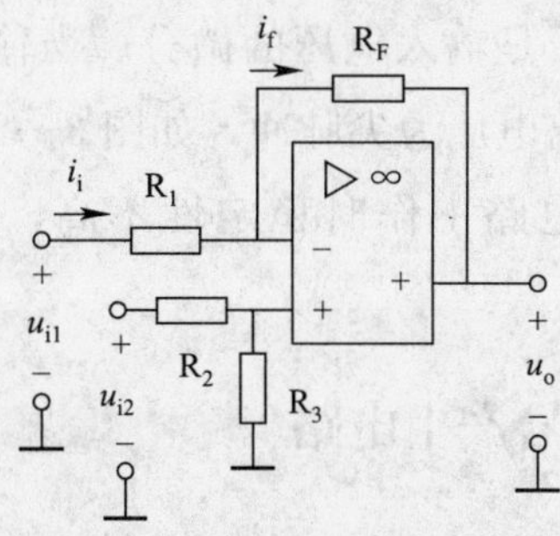


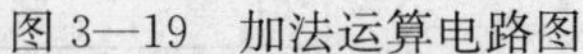

图 3—19　加法运算电路图　　　　图 3—20　减法运算电路图

在基本运算电路中，如果两个输入端都有信号输入，则为差动输入，电路实现差动运算。差动运算被广泛地应用在测量和控制系统中。

**3. 积分和微分运算电路**

（1）积分运算电路

用电容代替反相比例运算电路中的 $R_F$，就成为积分运算电路。图 3—21a 所示 $u_i$为恒定电压时积分电路。其中，平衡电阻 $RP=R$。

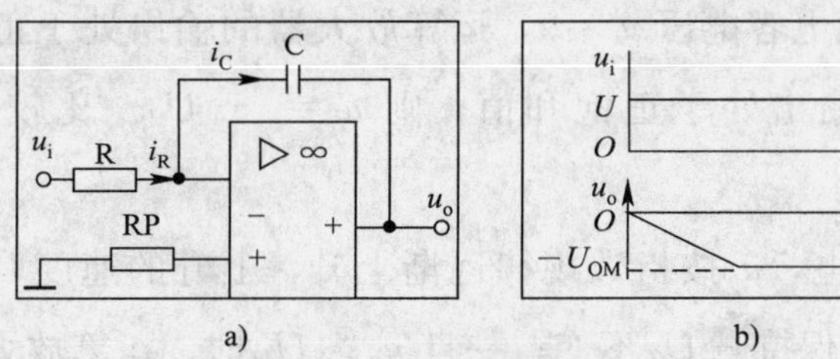


图 3—21　积分运算电路图及其波形图

a）电路图　b）波形图

$u_o$与 $u_i$的积分成比例。式中负号表示两者反相。RC 称为积分时间常数。

若输入电压为直流，即 $u_i$ 为恒定电压 $U$，且在 $t=0$ 时加入，则输出电压为

$$u_o=-\frac{U}{RC}t。$$

由于此时电容恒流充电，所以输出电压随时间线性变化，经过一定时间，当输出电压达到运放的最大输出电压时，运算放大器进入饱和状态，输出保持在饱和值上。波形如图 3—21b 所示。

（2）微分运算电路

微分运算是积分的逆运算，只需将积分电路反相输入端的电阻与反馈电容位置对调，就可得到微分运算电路。

输出电压是输入电压的微分。当输入电压为阶跃电压时，输出电压为尖脉冲，如图 3—22 所示。

由于此电路工作时稳定性不高，故实际中很少应用。

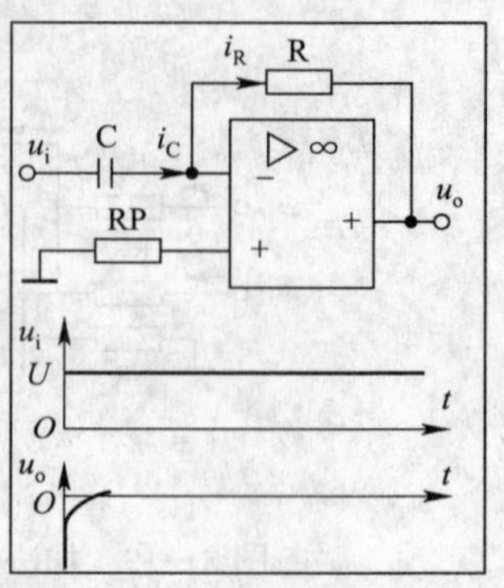

图 3—22　微分运算电路图及其波形图

## 二、信号产生电路

### 1. 矩形波发生电路

矩形波信号又称方波信号，常用来作为数字电路的信号源。能产生矩形波信号的电路称为矩形波发生器。因为矩形波形中含有丰富的谐波成分，所以矩形波发生器也称为多谐振荡器。如图 3—23 所示为由运算放大器组成的多谐振荡器。

其中运算放大器与除了 R 之外的三个电阻及 $VD_Z$组成了双向限幅的迟滞电压比较器，其基准电压是 $U_+$，与输出有关。

R，C 组成电容充、放电电路，$u_c$作为比较器的输入信号 $u_-$。

当电路接通瞬间，电容电压 $u_c=0$，运算放大器的输出处于正饱和还是负饱和是随机的。设此时输出处于正饱和值，则 $u_o=+U_Z$。比较器的基准电压为 $U_H$。

$u_o$通过 R 给 C 充电，$u_c$按指数规律逐渐上升，上升的速度取决于时间常数 $RC$。当 $u_c<U_H$时，$u_o$保持$+U_Z$不变；一旦 $u_c>U_H$时，运算放大器由正饱和迅速转换为负饱和，输出电压跃变为$-U_Z$。

当 $u_o=-U_Z$时，比较器的基准电压为 $U_L$。此时 C 经 R 放电，$u_c$逐渐下降至 0，进而反向充电，$u_c$变化的速度取决于时间常数 $RC$。当 $u_c$下降到略小于 $U_L$时，运算放大器由负饱和迅速转换为正饱和，输出电压跃变为$+U_Z$。

如此不断重复，形成振荡，使输出端产生矩形波，波形如图 3—24 所示。

输出矩形波的周期是

$$T=2RC\ln\left(1+\frac{2R_1}{R_2}\right)$$

显然，改变 $R$ 或 $C$ 的数值，可改变输出波形的频率。

### 2. 三角波发生电路

三角波发生器的电路如图 3—25 所示。运算放大器 $A_1$ 组成迟滞比较器，$u_{o1}=\pm U_Z$；$A_2$ 组成积分电路，其输入为 $A_1$ 的输出 $u_{o1}$。

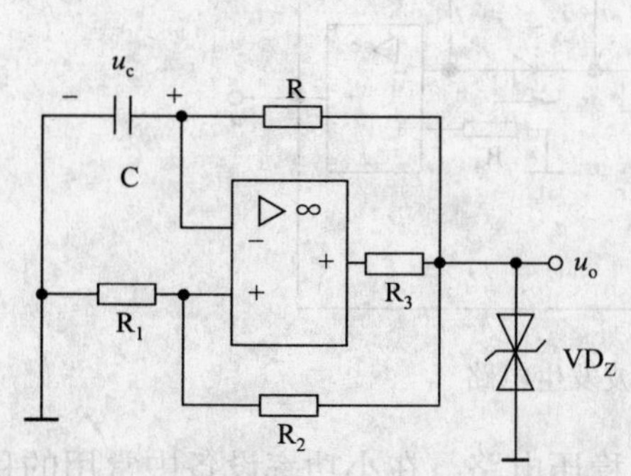

图 3—23　由运算放大器组成的多谐振荡器

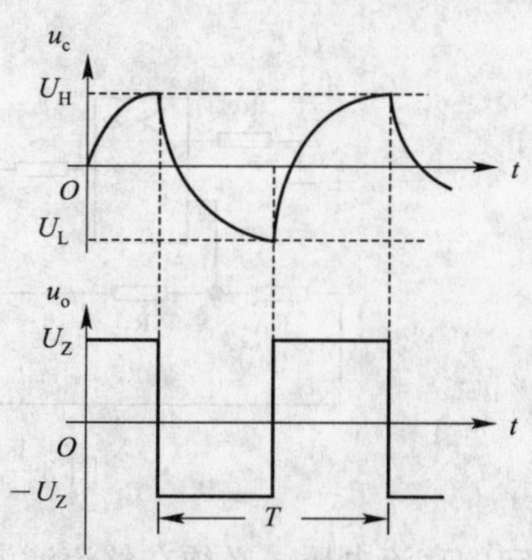


图 3—24　多谐振荡器产生的矩形波

$A_1$ 输出的是矩形波电压 $u_{o1}$，$A_2$ 输出的是三角波电压 $u_o$。工作波形如图 3—26 所示。可以推出，三角波的周期和频率取决于电路的参数，即：

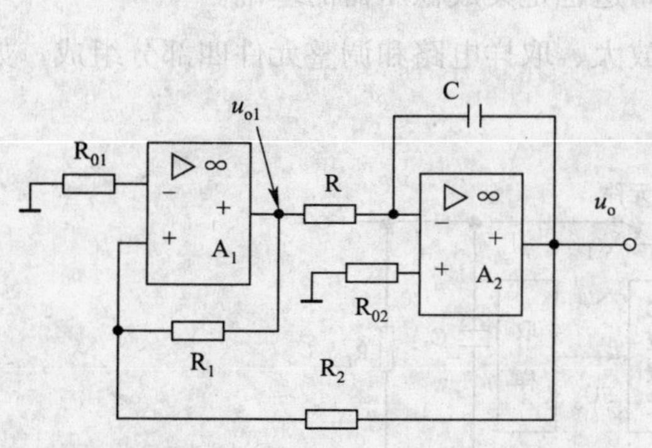


图 3—25　三角波发生器的电路图

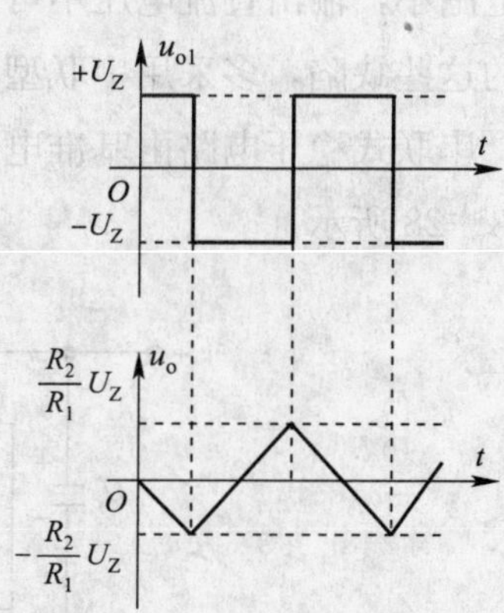


图 3—26　三角波发生器输出的波形图

$$T=\frac{4R_2RC}{R_1}\qquad f=\frac{R_1}{4R_2RC}$$

### 3. 锯齿波发生电路

将三角波发生器的积分电路做一下改动，使正负向积分时间常数大小不同，故积分速率明显不等，这样所产生的输出波形就不再是三角波，而是锯齿波。其电路如图 3—27 所示。

在示波器等电子设备中，锯齿波常用来扫描波形。

## 三、集成稳压电路

经整流滤波后的电压往往会随着电源电压的波动和负载的变化而变化。为了得

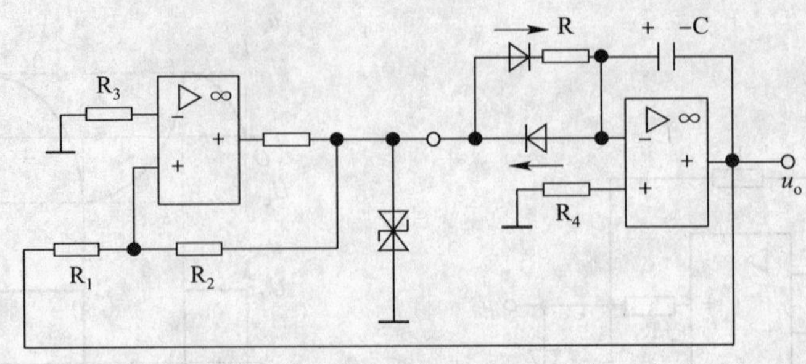


图 3—27　锯齿波发生电路

到稳定的直流电压，必须在整流滤波后接入稳压电路。在小功率设备中常用的稳压电路有稳压管稳压电路、串联稳压电路和集成稳压电路。

**1. 运算放大器组成的串联稳压电源**

稳压管稳压电路虽然具有电路简单、稳压效果好等优点，但允许负载电流变化的范围小，输出直流电压不可调，所以，一般用来作基准电压。为了减少稳压管电路的这些缺陷，多采用串联型稳压电路，这也是集成稳压器的基础。

串联式稳压电路由基准电压、比较放大、取样电路和调整元件四部分组成，如图 3—28 所示。

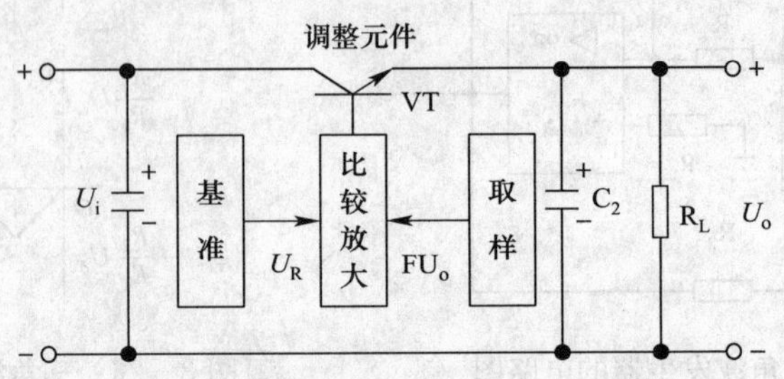


图 3—28　串联稳压电源的组成框架

调整元件 VT：与负载串联，通过全部负载电流。可以是单个功率管、复合管或用几个功率管并联。

比较放大器：可以是单管放大电路，差动放大电路，集成运算放大器。

基准电压电路：可由稳压管稳压电路组成。取样电路取出输出电压 $U_o$ 的一部分和基准电压相比较。

以运算放大器构成的串联式稳压电路，如图 3—29 所示。

$U_S$ 是经整流滤波后的电压，取样电路由 $R_2$、$R_3$、$R_4$ 组成，$R_1$ 与 $D_Z$ 提供基准电压 $U_Z$，运算放大器构成比较放大电路。

工作原理：参考电压 $U_Z$ 接到运算放大器的正相输入端，而取样电压 $U_F$ 则接到

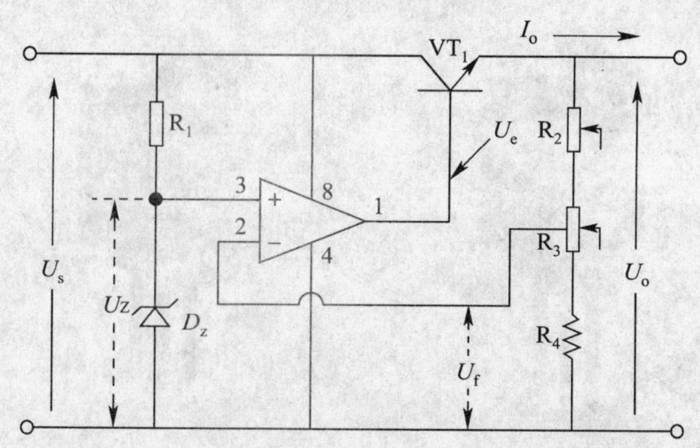


图 3—29　运算放大器构成的串联式稳压电路的电路图

反相输入端，当输出电压正常时，$U_Z = U_F$。设由于电源电压或负载电阻的变化使输出电压 $U_o$ 升高时，则取样电压 $U_F$ 随之升高，运放的输出 $U_e$ 减小，调整管电流 $I_O$ 减小，管压降上升，$U_o$ 随之下降，使 $U_o$ 保持稳定。这个自动调整过程实际上是一负反馈过程。取样电压 $U_F$ 是正比于输出电压的反馈电压，基准电压 $U_Z$ 可看做是输入电压。改变基准电压或调整电位器，就可以改变输出电压。

**2. 集成稳压电路**

如果将调整管、比较放大环节、基准电源、取样环节和各种保护环节以及连接导线均制作在一块硅片上，就构成了集成稳压电路。由于集成稳压电路具有体积小，可靠性高，使用灵活，价格低廉等优点，所以目前得到了广泛的应用。最简单的集成稳压电源只有输入、输出和公共引出端，故称为三端集成稳压器。

三端集成稳压器分为可调式和固定式（负稳压 W7900 和正稳压 W7800）两种。

本节主要介绍常用的 W7800（输出正电压）和 W7900（输出负电压）系列三端集成稳压器，其内部也是串联型晶体管稳压电路。对于具体器件，“00”用数字代替，表示输出电压值，如 W7815 表示输出稳定电压＋15 V，W7915 表示输出稳定电压－15 V。W7800 和 W7900 系列稳压器的输出电压系列有 5 V、8 V、12 V、15 V、18 V、24 V 等，最大输出电流是 1.5 A。使用时除了要考虑输出电压和最大输出电流外，还必须注意输入电压的大小。要保证稳压，必须使输入电压的绝对值至少高于输出电压 2～3 V，但也不能超过最大输入电压（一般为 35 V 左右）。

该组件的外形如图 3—30 所示，稳压器的硅片封装在普通功率管的外壳内，电路内部附有短路和过热保护环节。

三端集成稳压器应用十分方便、灵活。下面介绍几种常见电路。

（1）输出为固定电压的电路（见图 3—31）

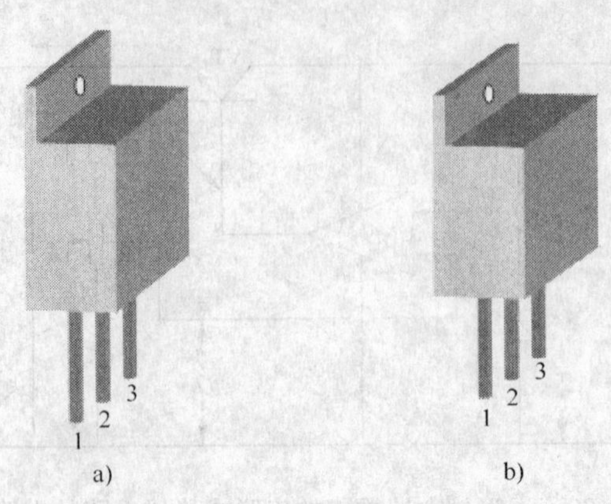


图 3—30 稳压器外形图

a）W7800 稳压器外形 b）W7900 稳压器外形

1—输入端 2—输出端 3—地

其中，$U_i$为整流滤波后的直流电压；$C_1$用于改善纹波特性，通常取 0.33 μF；$C_0$用于改善负载的瞬态响应，一般取 1 μF。

当要求输出为固定负电压时，应选择相应的 W7900 集成稳压器，并注意电压极性及管脚功能。

（2）输出正负电压的电路（见图 3—32）

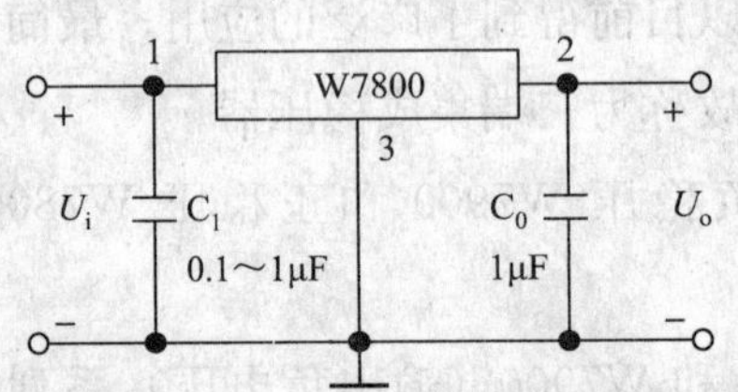


图 3—31 输出为固定正电压的电路图

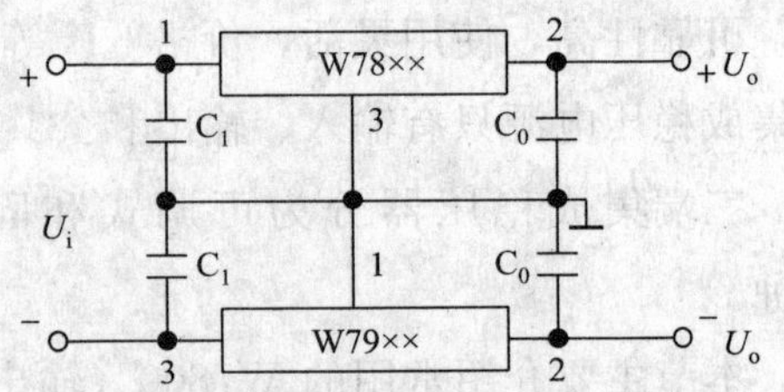


图 3—32 输出正负电压的电路图

（3）提高输出电压的电路

如图 3—33 所示电路能使输出电压高于集成稳压器的固定输出电压。图中，$U_{××}$为 W78××稳压器的固定输出电压，显然 $U_O = U_{××} + U_Z$。

（4）输出电压可调式电路（见图 3—34）

运算放大器作为电压跟随器使用，它的电源就借助于稳压器的输入直流电压。由于运放的输入阻抗很高，输出阻抗很低，可以克服稳压器受输出电流变化的影响。

（5）扩大输出电流的电路

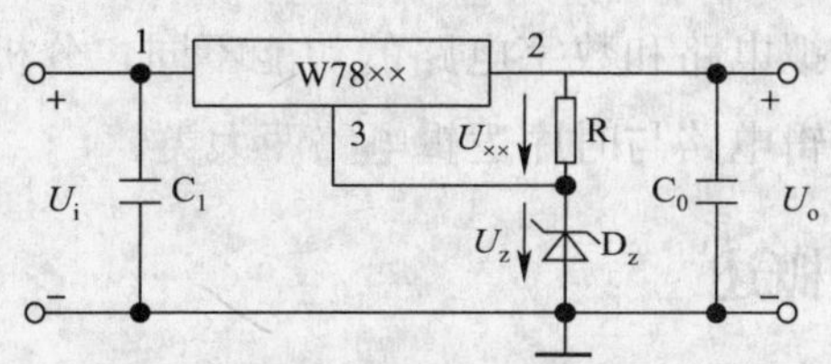


图 3—33 提高输出电压的电路图

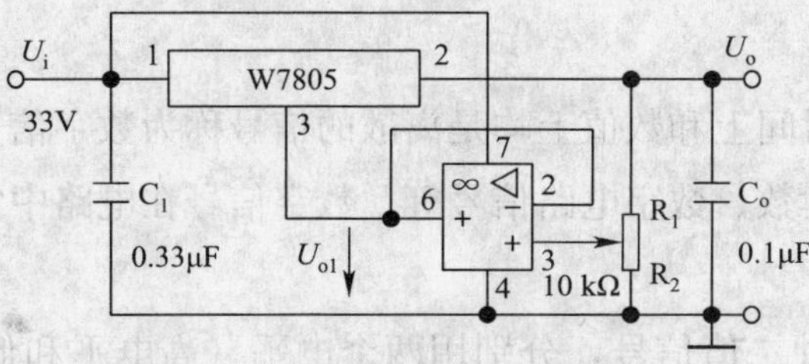


图 3—34 输出电压为可调的电路图

当所需的负载电流超过稳压器的最大输出电流时，可采用外接功率管的方法扩大输出电流。如图 3—35 所示，$I_{o1}$ 为稳压器的输出电流，$I_C$ 是功率管的集电极电流，$I_R$ 是电阻 $R_1$ 上的电流。

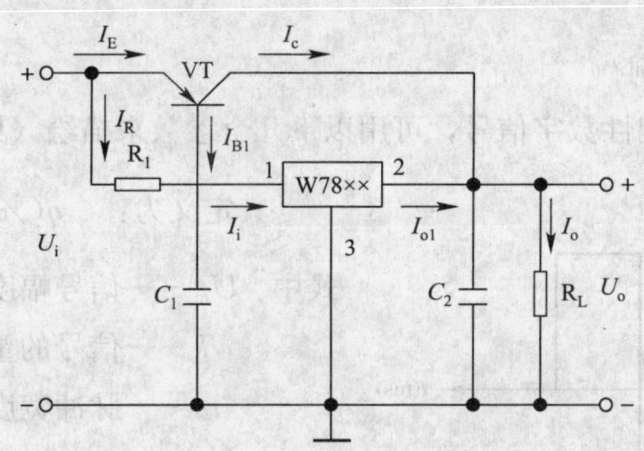


图 3—35 扩大输出电流的电路

# 第 4 节 门电路与组合逻辑电路

电子线路中所分析的信号可分为两类：一类是随时间连续变化的模拟信号，另一类是离散的不连续变化的数字信号。一般模拟信号要用模拟电路处理，数字信号要用数字电路处理。模拟电路和数字电路的功能不同，分析问题的方法也不相同。数字电路又分为组合逻辑电路与时序逻辑电路两大类。

## 一、数字电路的概述

### 1. 模拟量与数字量

模拟信号：时间连续数值也连续的信号称为模拟信号。如速度、压力、温度等。

数字信号：在时间上和数值上均是离散的信号称为数字信号。例：产品数量的统计、数字表盘的读数、数字电路信号等。数字信号在电路中常表现为突变的电压或电流。

数字信号是一种二值信号，分别用两个电平（高电平和低电平）来表示两个逻辑值（逻辑 1 和逻辑 0）。逻辑电平 0 和 1 不表示具体的数量而是一种逻辑值。若低电平用逻辑值 0 表示、高电平用逻辑值 1 表示，称为正逻辑；反之称为负逻辑。

理想的脉冲信号的前沿和后沿可视为零，因此可以用两个离散的电压值来表示脉冲波形。

### 2. 数字电路举例

一个理想的周期性数字信号，可用以下几个参数来描绘（见图 3—36）。

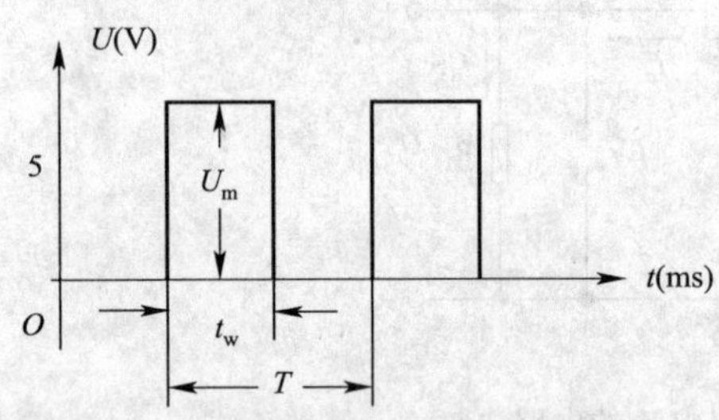


图 3—36 理想的周期性数字信号图

其定义为：$q(\%)=\frac{t_w}{T}\times 100\%$

式中 $U_m$——信号幅度；

$T$——信号的重复周期；

$t_w$——脉冲宽度；

$q$——占空比。

数字电路主要用于研究电路输出、输入间的逻辑关系。主要的工具是逻辑代数，电路的功能用真值表、逻辑表达式及波形图表示。

基本数字电路有组合逻辑电路、时序电路（寄存器、计数器、脉冲发生器、脉冲整形电路）、A/D 转换器、D/A 转换器。

### 3. 脉冲信号

所谓脉冲信号，是指在短时间内作用于电路的离散的电流和电压信号。矩形波和尖顶波都是常见的脉冲波形，如图 3—37 所示。

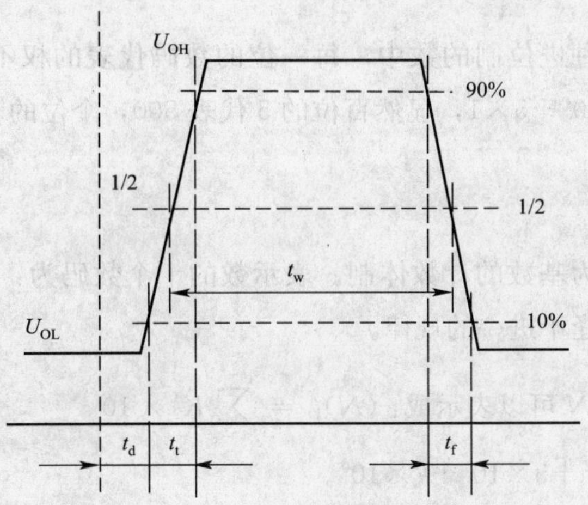


图 3—37　实际的矩形脉冲波形

脉冲信号的参数：

（1）脉冲信号的幅值

脉冲信号从一种状态变化到另一种状态的最大变化幅度。

（2）脉冲信号的前沿 $t_r$

信号由幅值的 10％上升到幅值的 90％所需的时间。

（3）脉冲信号的后沿 $t_f$

信号由幅值的 90％下降到幅值的 10％所需的时间。

（4）脉冲信号的宽度 $t_w$

由信号前沿幅值的 50％变化到后沿幅值的 50％所需的时间。

（5）脉冲信号的周期

周期变化的脉冲信号完成一次变化所需的时间。

（6）脉冲信号的频率

单位时间内脉冲信号变化的次数。

## 二、数字电路中数的表示法

### 1. 计数制

计数制是用表示计数值符号的个数来命名的。日常生活中，人们常用的计数制是十进制，而在数字电路中通常采用的是二进制，有时也采用八进制和十六进制。下面首先介绍两个基本概念。

基数：指在该进位制中可能用到的数码的个数，如二进制有 0 和 1 两个数码，因此基数是 2。

位权：任意一种进位制的数中，每一位的数码代表的权不同，例如十进制数 $535=5\times10^2+3\times10^1+5\times1$，显然百位的 5 代表 500，个位的 5 代表 5 个；其中位权是 10 的幂。

（1）十进制

十进制是以十为基数的计数体制。表示数的十个数码为：1、2、3、4、5、6、7、8、9、0，遵循逢十进一的规律。

一个十进制数 $N$ 可以表示成：$(N)_D=\sum_{i=-\infty}^{\infty}K_i\times10^i$

如 $157=1\times10^2+5\times10^1+7\times10^0$。

（2）二进制

二进制是以二为基数的记数体制。表示数的两个数码为：0、1。

在数字电路中，0 和 1 两个数码可以表示数量大小，也可以表示逻辑值。当 0 和 1 表示数量大小时，它们之间可以进行加、减、乘、除运算。二进制加法运算遵循逢二进一的规律。

例如，$1+1=10$，$11+11=110$。

一个十进制数 N 可以表示成：$(N)_B=\sum_{i=-\infty}^{\infty}K_i\times2^i$

如：$(1001)_B=1\times2^3+0\times2^2+0\times2^1+1\times2^0=(9)_D$。

二进制的优缺点：用电路的两个状态（开关）来表示二进制数，数码的存储和传输简单、可靠；位数较多，使用不便，不合人们的习惯，输入时将十进制转换成二进制，运算结果输出时再转换成十进制数。

（3）十六进制

十六进制是以十六为基数的记数体制。十六进制记数码为：0、1、2、3、4、5、6、7、8、9、A（10）、B（11）、C（12）、D（13）、E（14）、F（15）。

十六进制的一位对应二进制的四位。如 $(F)_H=(1111)_B$。

（4）八进制

八进制是以八为基数的记数体制。八进制记数码为：0、1、2、3、4、5、6、7。

八进制的一位对应二进制的三位。如 $(7)_O=(111)_B$。

**2. 二进制与十进制的相互转换**

（1）二进制转化为十进制

将每一位二进制数乘以位权，然后相加。

例：$(10\,011.101)_B=1\times2^4+0\times2^3+0\times2^2+1\times2^1+1\times2^0+1\times2^{-1}+0\times2^{-2}+1\times2^{-3}=(19.625)_D$

（2）十进制转化为二进制方法

整数部分，除 2 取余法；小数部分，乘 2 取整法。

原理：将整数部分和小数部分分别进行转换。对整数部分采用基数连除法，由下往上取其余数，即所得整数部分的二进制数；小数部分采用基数连乘法，由上往下取所得积的整数部分即得小数部分的二进制数。转换后再合并。例如 44.375 转化为二进制的步骤：

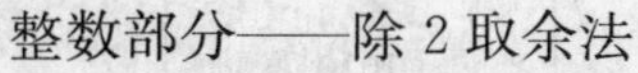


小数部分——乘 2 取整法

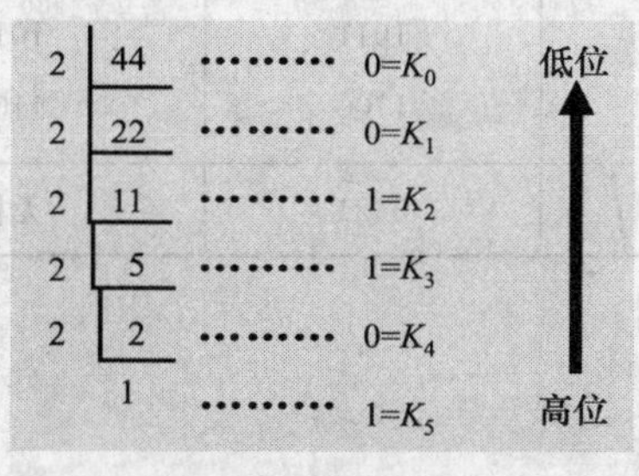


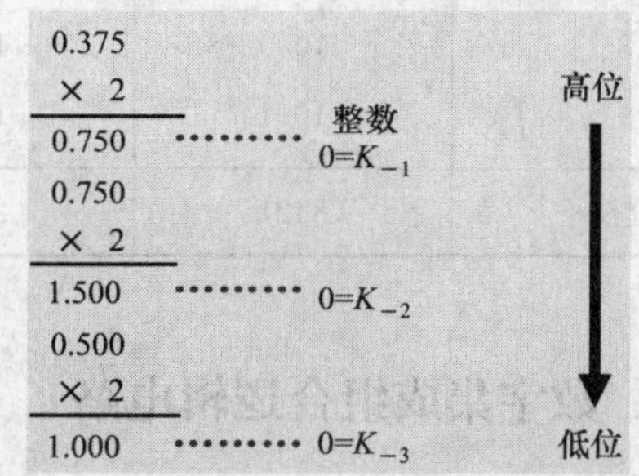


所以　$(44.375)_{10}=(101\,100.011)_2$

采用基数连除、连乘法，可将十进制数转换为二进制数，再根据二进制与任意进制之间的转换规则，进而转换为任意进制数。

**3. 二—十进制**

二—十进制编码即 BCD 码，是用 4 位二进制代码来表示一位十进制的数码。

4 位二进制代码有 16 种代码组合，从 16 个代码中选出十个的方法很多。常用的方法是用前 10 个代码来表示 0～9 这 10 个数码。

8421 码的权值依次为 8、4、2、1；2421 码的权值依次为 2、4、2、1；余 3 码由 8421BCD 码每个代码加 0011 得到；格雷码是一种循环码，其特点是任意相邻的两个字码，仅有一位代码不同，其他位相同。

十进制数 $(N)_D$→二进制编码 $(K_3K_2K_1K_0)_B$

$(N)_D=W_3K_3+W_2K_2+W_1K_1+W_0K_0$

8421 码，就是指 $W_3=8$、$W_2=4$、$W_1=2$、$W_0=1$。

2421 码，就是指 $W_3=2$、$W_2=4$、$W_1=2$、$W_0=1$。

5421 码，就是指 $W_3=5$、$W_2=4$、$W_1=2$、$W_0=1$。

常用 BCD 码见表 3—1。

表 3—1　　常用 BCD 码

| 十进制数 | 8421 码 | 2421 码 | 5421 码 | 余 3 码 |
|---|---|---|---|---|
| 0 | 0000 | 0000 | 0000 | 0011 |
| 1 | 0001 | 0001 | 0001 | 0100 |
| 2 | 0010 | 0010 | 0010 | 0101 |
| 3 | 0011 | 0011 | 0011 | 0110 |
| 4 | 0100 | 0100 | 0100 | 0111 |
| 5 | 0101 | 1011 | 1000 | 1000 |
| 6 | 0110 | 1100 | 1001 | 1001 |
| 7 | 0111 | 1101 | 1010 | 1010 |
| 8 | 1000 | 1110 | 1011 | 1011 |
| 9 | 1001 | 1111 | 1100 | 1100 |
| 位权 | 8421 | 2421 | 5421 | 无权 |

## 三、数字集成组合逻辑电路

译码是编码的逆过程。译码是将具有特定含义的代码翻译成相应的状态或信息。能实现译码功能的电路称为译码器。

### 1. 二进制译码器

二进制译码器的输入是 $n$ 位二进制代码。$n$ 位二进制代码有 $2^n$ 种不同的组合，每组输入代码对应一个输出端。所以 $n$ 位二进制译码器有 $2^n$ 个输出端，或称二进制译码器可译出 $2^n$ 种状态或信息。设输入代码的位数为 $n$，则称该二进制译码器为 $n/2^n$ 线译码器。图 3—38 所示为 2/4 译码器的逻辑图。

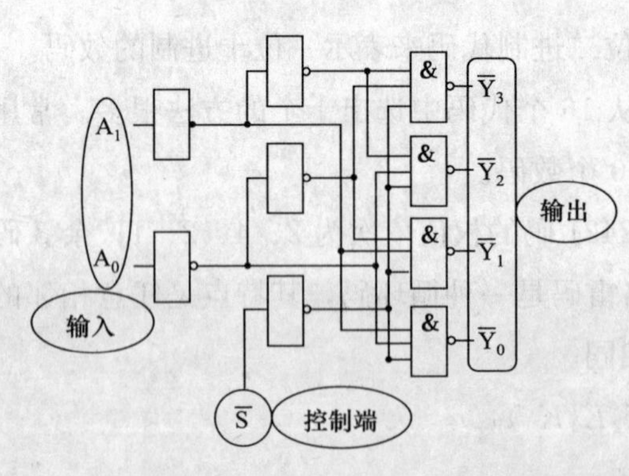


图 3—38　2/4 译码器的逻辑图

图中表示出了译码器的输入端、输出端和控制端。译码器是否译码是由控制端来决定的。当 $\overline{S}=0$ 时，译码器处于工作状态，被译中的一路输出为 0；当 $\overline{S}=1$ 时，译码器处于禁止状态，各输出端均输出 1。

译码原理：在 $\overline{S}=0$ 时，译码器开始工作。当 $A_1A_0=00$ 时，输出端 $\overline{Y}_0=0$，其余输出为 1；当 $A_1A_0=01$ 时，输出端 $\overline{Y}_1=0$，其余输出为 1；其他情况以此类推。可见输入一组代码时，译码器只有一路输出为 0，即一组代码只能译出一个状态。

2. **显示译码器**

在数字系统中，常常需要将运算结果用人们习惯的十进制显示出来，这就要用到显示译码器。

数码显示电路是由显示译码器、驱动器和显示器组成的。常用的显示器有液晶显示器、辉光数码管、荧光数码管和半导体数码管。

如图 3—39 所示是由 7 个发光二极管构成的半导体数码管的示意图。a～g 七个字段通过管脚与外部电路连接。光二极管数码显示器的内部接法有两种，图 3—39a 所示为共阳接法，当某段外接低电平时，该段被点亮；图 3—39b 所示为共阴接法，当某段外接高电平时，该段被点亮。

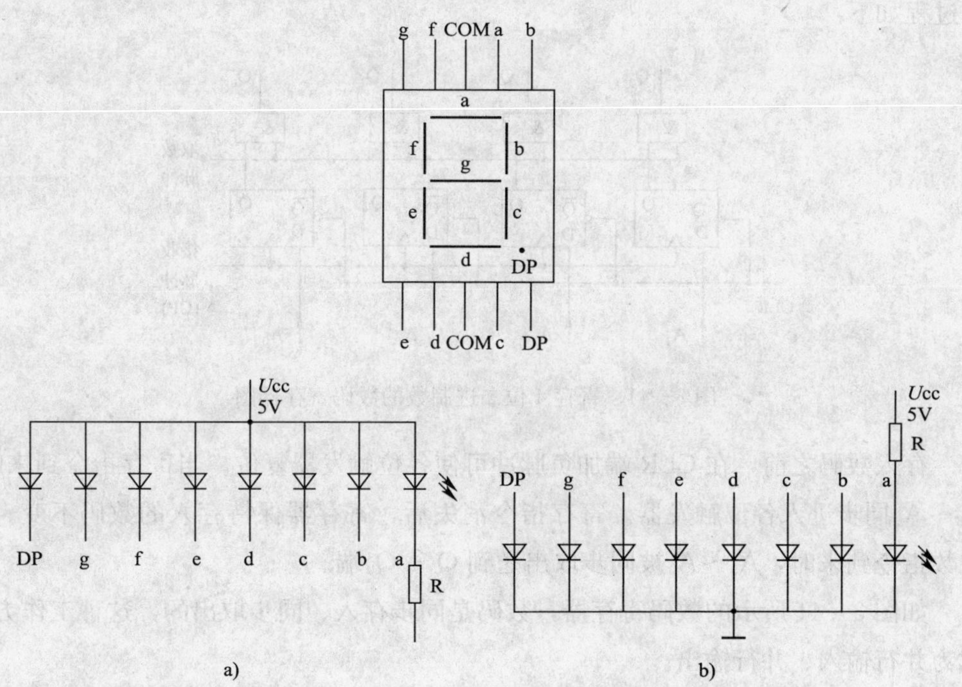


图 3—39　由 7 个发光二极管构成的半导体数码管的示意图

显示译码器常做成集成芯片。如图 3—40 所示是集成显示译码器 CT7449/CT5449 的引脚图。A、B、C、D 是显示译码器的输入端，由此输入 8421BCD 码。a～g 是译码器的输出端，它们对应接到数码管的 a～g 输入端。图中，$B_1=0$ 时，

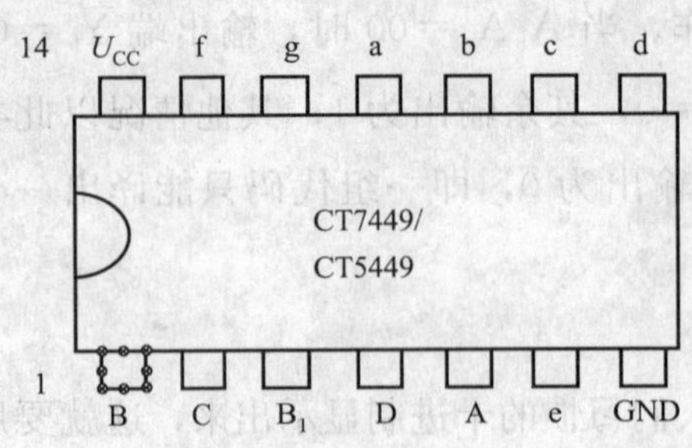


图 3—40 集成显示译码器 CT7449/CT5449 的引脚图

a～g 输出均为 0；当 $B_1$＝1 时，a～g 输出的状态取决于输入代码状态。

## 四、寄存器

在数字电路中，常使用寄存器来暂时存放数据、运算结果或代码等。寄存器需使用具有记忆功能的触发器来组成。根据寄存器作用的不同，可分为数码寄存器和移位寄存器。

### 1. 数码寄存器

数码寄存器用来暂时存放二进制数码。一个触发器只能存放 1 位二进制数，欲存放 $N$ 位二进制数，需要 $N$ 个触发器组成的寄存器。存入和取出数码可由指令来控制。如图 3—41 所示是用 D 触发器组成的寄存 4 位二进制数的数码寄存器。其工作过程如下：

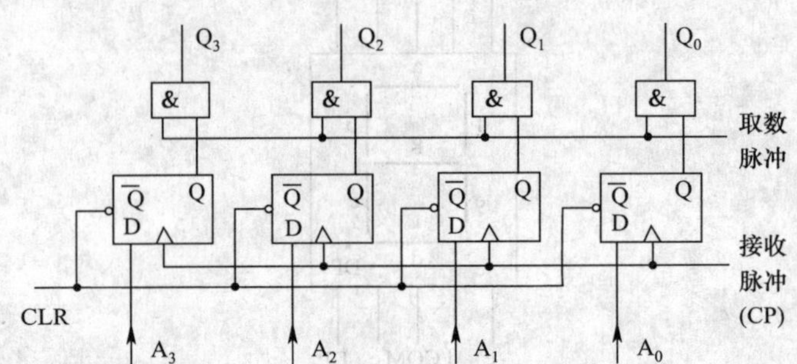


图 3—41 寄存 4 位二进制数的数码寄存器图

存入数码之前，在 CLR 端加负脉冲可使各位触发器复位。当寄存指令到来时，$A_3$～$A_0$ 同步进入各位触发器。寄存指令消失后，寄存器保持存入的数码不变。当取数指令到来时，$A_3$～$A_0$ 被同步取出送到 $Q_3$～$Q_0$ 端。

如图 3—41 所示的数码寄存器，数码是同步存入、同步取出的，这种工作方式称为并行输入、并行输出。

### 2. 移位寄存器

移位寄存器不仅能寄存数码，还能在移位指令的作用下使寄存器中的各位数码依次向左或向右移动。移位寄存器中的数码可以向左移或向右移，还可以双向移动。移位寄存器可以用 D 触发器组成，也可以用 JK 触发器组成。

如图 3—42 所示是 D 触发器组成的右移位寄存器，设待存数据为 $D_I$。寄存指令没到时，在 CR 端加负脉冲使各位触发器清零。

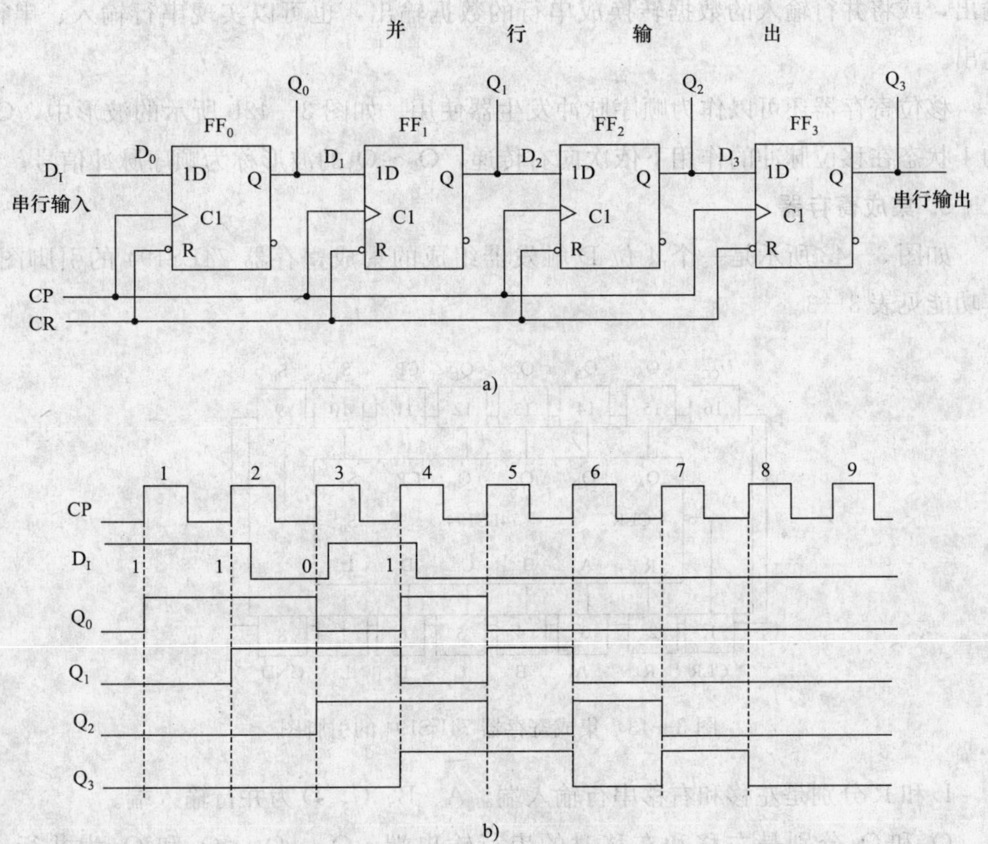


图 3—42　D 触发器组成的右移位寄存器电路图及工作波形

设移位寄存器的初始状态为 0000，串行输入数码 $D_I$ = 1101，从高位到低位依次输入。其状态表见表 3—2。

**表 3—2　　　　右移寄存器的状态转换表**

| 移位脉冲 CP | 输入数码 $D_I$ | 输出 $Q_0$ | $Q_1$ | $Q_2$ | $Q_3$ |
|---|---|---|---|---|---|
| 1 | 1 | 1 | 0 | 0 | 0 |
| 2 | 1 | 1 | 1 | 0 | 0 |
| 3 | 0 | 0 | 1 | 1 | 0 |
| 4 | 1 | 1 | 0 | 1 | 1 |

上述移位寄存器，由于数码是自左向右移入寄存器，所以称其为右移寄存器。

对数据的处理而言，移位寄存器的作用是将串行输入的数据转换成并行的数据输出，或将并行输入的数据转换成串行的数据输出，也可以实现串行输入、串行输出。

移位寄存器还可以作为顺序脉冲发生器使用。如图 3—42b 所示的波形中，$Q_0$ 的 1 状态在移位脉冲的作用下依次向右传递，$Q_0$～$Q_3$ 的波形称为顺序脉冲信号。

### 3. 集成寄存器

如图 3—43 所示是一个 4 位 D 触发器组成的集成寄存器 74LS194 的引脚图，其功能见表 3—3。

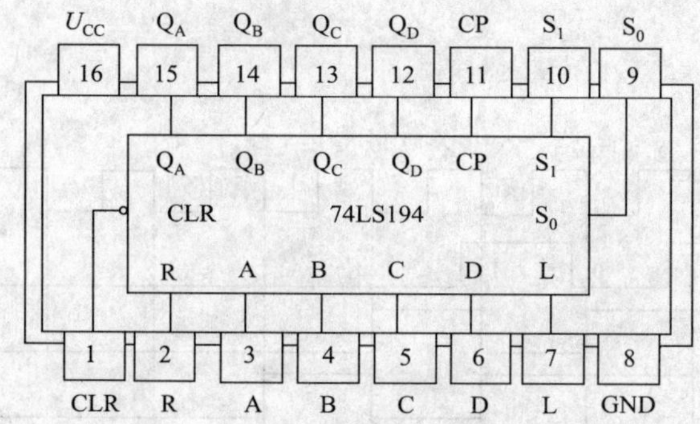


图 3—43　集成寄存器 74LS194 的引脚图

L 和 R 分别是左移和右移串行输入端。A、B、C、D 为并行输入端。

$Q_A$ 和 $Q_D$ 分别是左移和右移时的串行输出端，$Q_A$、$Q_B$、$Q_C$ 和 $Q_D$ 为并行输出端。

**表 3—3　　集成寄存器 74LS194 的功能表**

| CLR | CP | $S_1$ | $S_0$ | 功能 |
|---|---|---|---|---|
| 0 | × | × | × | 直接清零 |
| 1 | ↑ | 0 | 0 | 保持 |
| 1 | ↑ | 0 | 1 | 右移 |
| 1 | ↑ | 1 | 0 | 左移 |
| 1 | ↑ | 1 | 1 | 并行输入 |

当 CLR＝0 时，不论其他输入状态如何，寄存器将被清零。当 CLR＝1 时，寄存器可以输入数据或处于保持状态。

## 五、555 定时器

555 定时器是一种广泛应用的中规模集成电路，根据其内部组成的不同，可分为双极型和 CMOS 型两类。两种类型的定时器各有所长。双极型定时器具有较大的驱动能力，其输出电流可达 200 mA，可直接驱动发光二极管、扬声器、继电器等负载；而 CMOS 型定时器的输入阻抗高、功耗低。

555 定时器的电源电压范围很宽，双极型的定时器电源电压为 5～16 V，CMOS 型的为 3～18 V。555 定时器使用灵活、方便，只需在其外部连接少量的阻容元件，就可以构成单稳态触发器、多谐振荡器和施密特触发器。因而常用于信号的产生、信号的变换以及检测和控制等电路中。

### 1. 555 定时器

如图 3—44 所示是 555 定时器的原理电路及引脚排列图。

555 定时器的基本组成包括：由 3 个电阻 R 组成的分压器，两个电压比较器

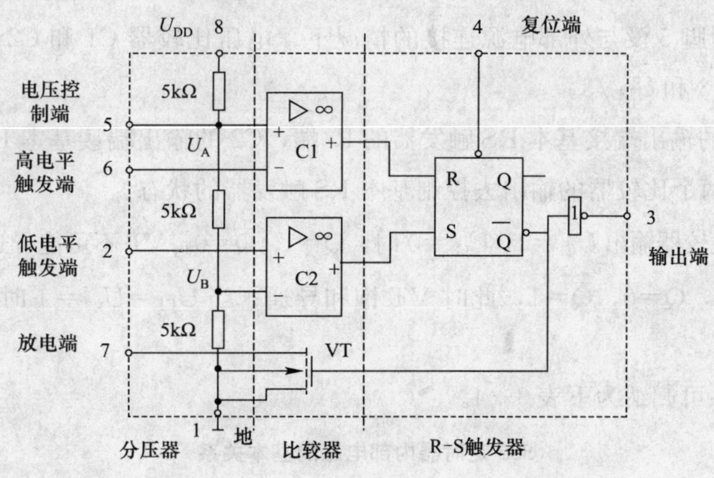

a)

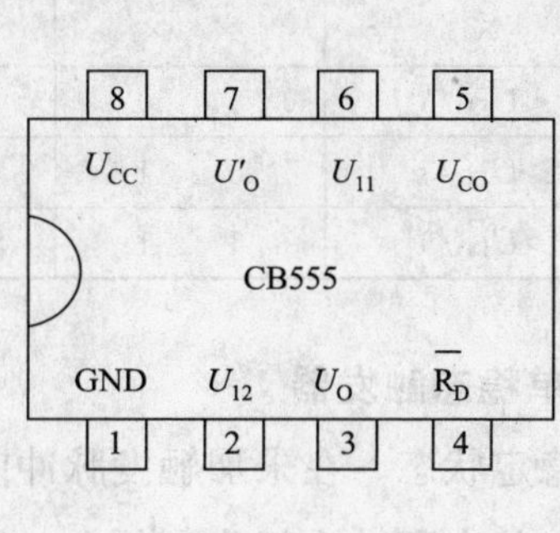

b)

图 3—44　555 定时器的原理电路及引脚排列图

C1 和 C2，一个基本 RS 触发器，由三极管 VT 组成的放电电路。

各引脚的作用如下：

引脚 1 为接地的端子。

引脚 2 为触发信号（脉冲或电平）输入端。

引脚 3 为输出端。

引脚 4 为复位输入端，不管其他输入端的状态如何，只要该引脚为低电平，输出就为低电平。正常工作时，应将其接高电平。

引脚 5 为电压控制端，可以在此端接与引脚 8 不同的电压，该端不用时一般通过 0.01 μF 电容接地，以防外部干扰。

引脚 6 为高电平触发端。

引脚 7 为放电端。

引脚 8 为接外部电源的端子。

在分析 555 定时器的工作原理时，注意以下关系：

（1）在引脚 5 没与外部电源连接的情况下，电压比较器 C1 和 C2 的基准电压分别为 $2U_{DD}/3$ 和 $U_{DD}/3$。

（2）C1 的输出端接基本 RS 触发器的 $R_D$ 端，C2 的输出端接基本 RS 触发器的 $S_D$ 端，即用两个比较器的输出去控制基本 RS 触发器的状态。

（3）当比较器输出 $U_{C1}=1$，$U_{C2}=0$ 时，Q=1，$\overline{Q}=0$，VT 不可能导通；当 $U_{C1}=0$，$U_{C2}=1$ 时，Q=0，$\overline{Q}=1$，此时 VT 饱和导通；当 $U_{C1}=U_{C2}=1$ 时，Q 的状态保持不变。

上述关系可归纳为下表 3—4。

**表 3—4　　555 定时器内部电路的基本关系**

| $\overline{R}$ | 引脚 6 电位 | 引脚 2 电位 | $R_D$ | $S_D$ | Q | VT |
|---|---|---|---|---|---|---|
| 0 | × | × | × | × | 0 | 导通 |
| 1 | $<2U_{DD}/3$ | $<U_{DD}/3$ | 1 | 0 | 1 | 截止 |
| 1 | $>2U_{DD}/3$ | $>U_{DD}/3$ | 0 | 1 | 0 | 导通 |
| 1 | $<2U_{DD}/3$ | $>U_{DD}/3$ | 1 | 1 | 保持原状态 | 保持原状态 |

**2. 由 555 定时器构成的单稳态触发器**

单稳态触发器只有一个稳定状态。在未加触发脉冲前，电路处于稳定状态；在触发脉冲作用下，电路由稳定状态翻转为暂稳定状态，停留一段时间后，电路又自动返回稳定状态。暂稳定状态的长短，取决于电路的参数，与触发脉冲无关。

图 3—45 所示为用符号表示的由 555 定时器组成的单稳态触发器的电路及其工作波形。555 定时器接成的单稳态触发器的主要特征是引脚 2 要输入触发负脉冲。

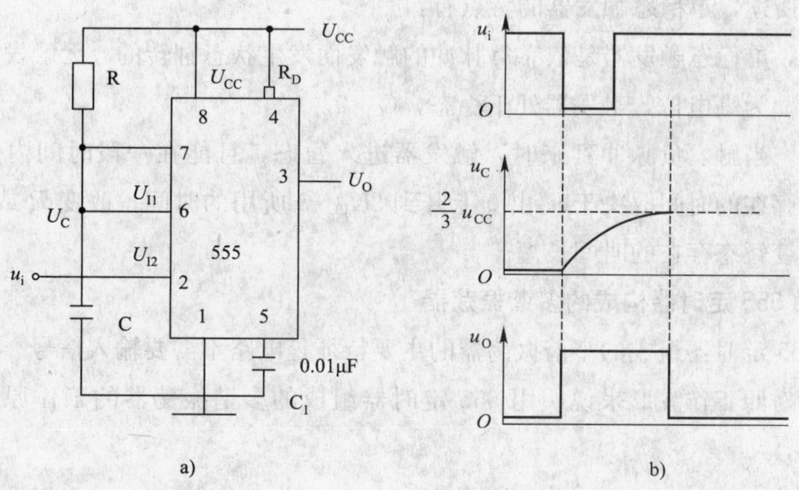


图 3—45　用 555 定时器组成的单稳态触发器及工作波形

单稳态触发器的稳态是 Q=0，暂态是 Q=1。

（1）单稳态触发器的稳态

触发输入 $u_i$是一负脉冲。当无负脉冲时，$u_i=1$，其电平值大于$U_{CC}/3$，故电压比较器 C2 的输出为 1。因为稳态时，Q=0，因而 VT 饱和导通。如果电容上有残余电压，电容 C 会通过 VT 迅速放电至 $u_C\approx 0$，使电压比较器 C1 的输出也为 1。由于基本 RS 触发器的 $R_D=S_D=1$，故能保持稳态 Q=0 不变。

（2）单稳态触发器的暂态

当触发输入 $u_i$的负脉冲到来时，触发器的状态经历如下过程：

1）由于电容上的电压不突变，所以电压比较器 C1 的输出仍为 1；由于 $u_i=0$，使得电压比较器 C2 的输出为 0，此时基本 RS 触发器的 $R_D=1$，$S_D=0$，故使 $Q=1$。即当有负脉冲输入时，触发器由稳态的 0 翻转为 1 而进入暂态。

2）当 Q=1 时，VT 截止，因而电容 C 停止放电并通过电阻 $R$ 开始充电，充电时间常数取决于 $R$ 和 $C$ 的乘积。电容充电期间，在某一时刻负脉冲消失，使电压比较器 C2 的输出变为 1。只要 $u_C$不大于 $2U_{CC}/3$，电压比较器 C1 的输出仍为 1。可见在暂态期间，由于基本 RS 触发器的 $R_D=S_D=1$，故能保持 Q=1 的暂态不变。

3）当电容充电至 $u_C$稍大于 $2U_{CC}/3$ 时，电压比较器 C1 的输出变为 0，而电压比较器 C2 的输出仍为 1，此时基本 RS 触发器的 $R_D=0$，$S_D=1$，故触发器又返回稳态 Q=0。至此，暂态过程结束。

需说明的是：在电容充电的过程中，如果又有负脉冲输入，则该脉冲不起作用，说明这种接法的单稳态触发器不能重复触发。

综上所述，单稳态触发器的特点有：

第一，单稳态触发器是依靠负脉冲的触发而发生状态翻转的。无触发脉冲输入时，输入 $u_i$ 为高电位，触发器处于稳态，Q=0。

第二，当触发负脉冲到来时，触发器进入暂态，且能在一段时间内保持住暂态。暂态存在的时间取决于 $u_C$ 由 0 上升到 $2U_{CC}/3$ 所用的时间。改变 $R$ 或 $C$ 的值，就可以改变暂态存在的时间长短。

**3. 由 555 定时器构成的多谐振荡器**

由 555 定时器组成的多谐振荡器的主要特征是电路不需要输入信号。

下面对照工作波形来说明用 555 定时器组成的多谐振荡器的工作原理，如图 3—46 所示。

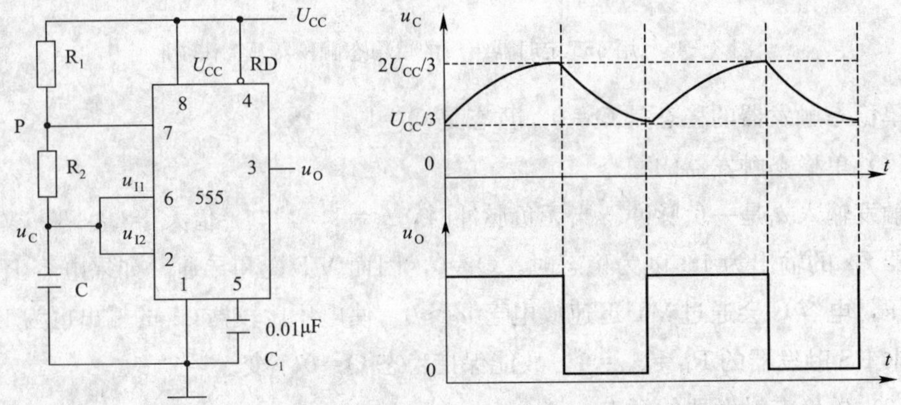


图 3—46　用 555 定时器组成的多谐振荡器及工作波形

（1）第一种暂态（Q=1）

当 Q=1 时，VT 截止，因而电容 C 通过电阻 $R_1$ 和 $R_2$ 开始充电，充电时间常数取决于（$R_1+R_2$）与 $C$ 的值的乘积。在电容充电期间，只要满足 $U_{CC}/3<u_C<2U_{CC}/3$，则 $R_D=S_D=1$，故能保持 Q=1 的状态不变。

当电容充电至 $u_C$ 稍大于 $2U_{CC}/3$ 时，电压比较器 C1 的输出变为 0，而电压比较器 C2 的输出仍为 1，此时基本 RS 触发器的 $R_D=0$，$S_D=1$，故触发器翻转为 Q=0 的状态，即进入第二种暂态。

（2）第二种暂态（Q=0）

当 Q=0 时，VT 饱和导通，因而电容 C 停止充电并通过电阻 $R_2$ 和 VT 开始放电，放电时间常数取决于 $R_2$ 与 $C$ 的乘积。在电容放电期间，只要满足 $U_{CC}/3<$

$u_C < 2U_{CC}/3$，则 $R_D = S_D = 1$，故能保持 Q=0 的状态不变。

当电容放电至 $u_C$ 稍小于 $U_{CC}/3$ 时，电压比较器 C2 的输出变为 0，而电压比较器 C1 的输出仍为 1，此时基本 RS 触发器的 $R_D = 1$，$S_D = 0$，故触发器翻转为 Q=1 的状态，即返回第一种暂态。

总之，由于电容处于不停地充电、放电状态，当电容充电电压达到 $2U_{CC}/3$ 时，触发器翻转为 Q=0；当电容放电电压达到 $U_{CC}/3$ 时，触发器翻转为 Q=1。触发器在 0 和 1 两个状态之间反复转换，其输出波形是周期性变化的矩形波。

## 六、应用举例

### 1. 抢答电路

例：四人抢答电路。四人参加比赛，每人一个按钮，其中一人按下按钮后，相应的指示灯亮。并且，其他按钮按下时不起作用。

电路的核心是 74LS175 四 D 触发器。它的内部包含了四个 D 触发器，各输入、输出以字头相区别。如图 3—47 所示。

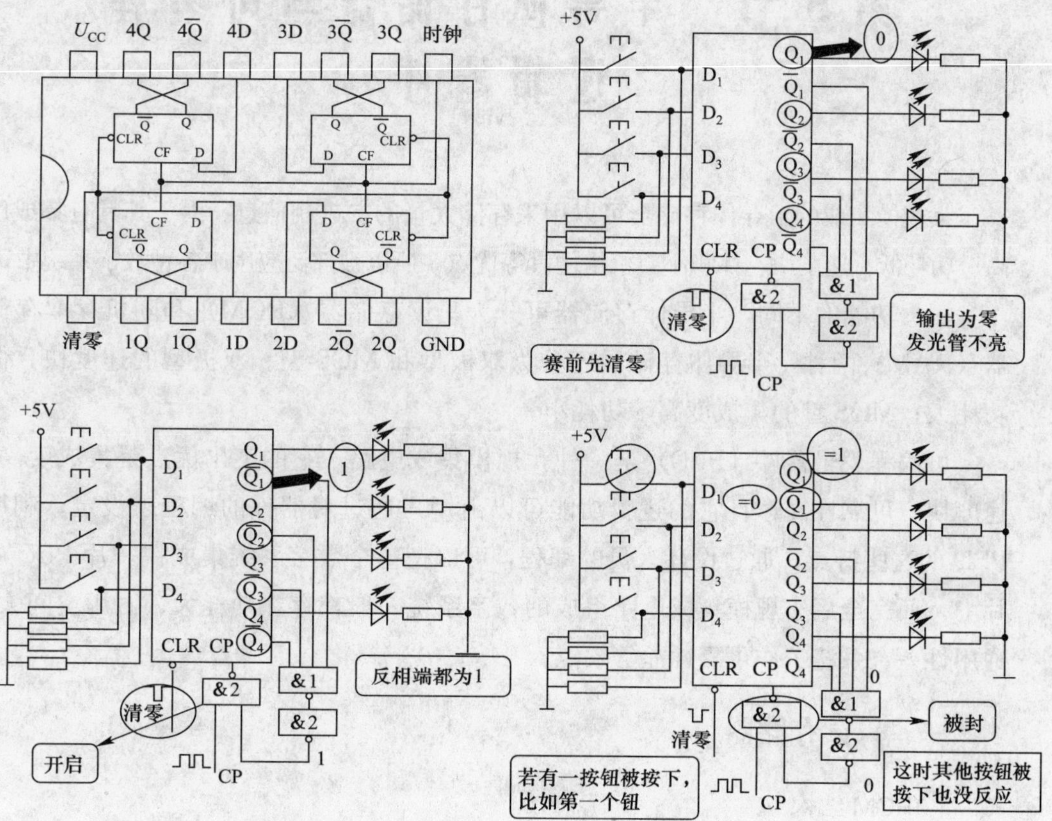


图 3—47　由 74LS175 组成的四人抢答电路

2. 路灯控制器

白天受到光照，光敏电阻阻值变小，555 定时器输出为低电平，不足以使继电器 KA 动作，照明灯熄灭；夜间无光照或光照减弱，R 光敏电阻增大，555 定时器输出为高电平，使继电器 KA 动作，照明灯接通，如图 3—48 所示。

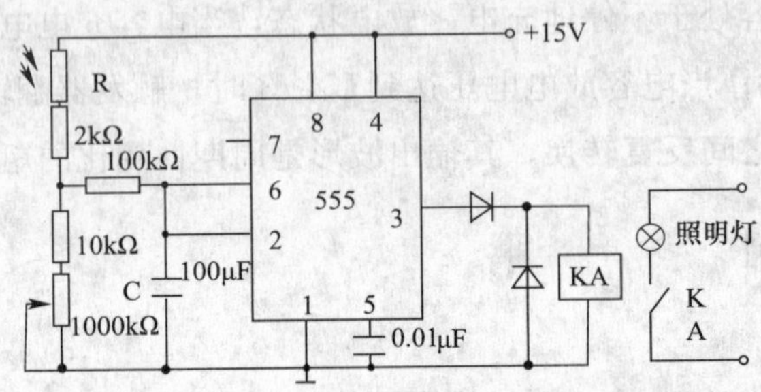


图 3—48　路灯照明自动控制电路

# 第 5 节　半导体存储器与可编程逻辑器件

大规模集成的半导体存储器可以用来存储大量的二进制信息。由于其具有集成度高、功耗低、速度快、体积小、价格便宜等优点，所以被广泛应用于各种数字系统中。

根据功能的不同，半导体存储器可分为只读存储器（ROM）和随机存取存储器（RAM）两种。半导体存储器还分为双极型和 MOS 型。双极型的速度快，但功耗大；MOS 型的集成度高、功耗小。

可编程逻辑器件（PLD）是一种大规模集成电路。它的突出优点是集成度高、速度快、可靠性高，且它的逻辑功能可以由用户通过对器件的编程来设定。利用 PLD 的这些特点，通过设计人员的编程，可以把整个数字系统集成在一片 PLD 芯片上。而完全用小规模集成电路组成的数字系统一般都存在功耗大、占用空间大、通用性差、系统工作可靠性差等缺点。

## 一、只读存储器

1. ROM 结构

在数字系统中，向存储器中存入信息常称为写入，从存储器中取出信息常称为读出。在用专用装置向 ROM 写入数据后，即使 ROM 掉电数据也不会丢失。ROM 只能读而不能写入信息，所以一般用它来存储固定不变的信息。ROM 的基本结构如图 3—49 所示。它是由存储矩阵、地址译码器和输出缓冲器三部分组成的。

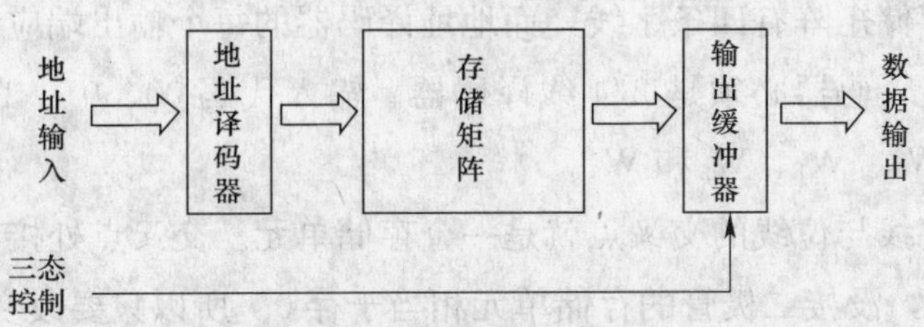


图 3—49　ROM 的基本结构框图

（1）存储矩阵

存储矩阵是 ROM 的主体，含有大量的存储单元，一个存储单元能存储一位二进制数码（1 或 0）。通常把 *M* 位二进制码称为一个字，一个字的位数称为字长。若存储矩阵中存有 *N* 个字，每个字有 *M* 位，则称该存储器有 $N \times M$ 个存储单元，$N \times M$ 也叫做 ROM 的存储容量。

一般数据或指令常以字为单位进行存储，存储一个字的单元可简称其为字单元。为了方便读/写数据，对每个字单元应确定一个标号，通常称这个标号为地址。

（2）地址译码器

为了方便进行读/写操作，ROM 必须设置地址译码器。若存储矩阵中存有 *N* 个字，就应有 *N* 个地址编号，地址译码器就必须有 *N* 个输出端与 *N* 个地址编号相对应。

（3）输出缓冲器

ROM 一般设有输出缓冲器。它的作用有两个，一是可以提高存储器的带负载能力，二是便于对输出状态进行三态控制。在字单元被选中后，*M* 位数码经位线（位线的长度取决于存储矩阵中的字长）传送到输出缓冲器。由三态门控制信号决定数据输出的时刻。

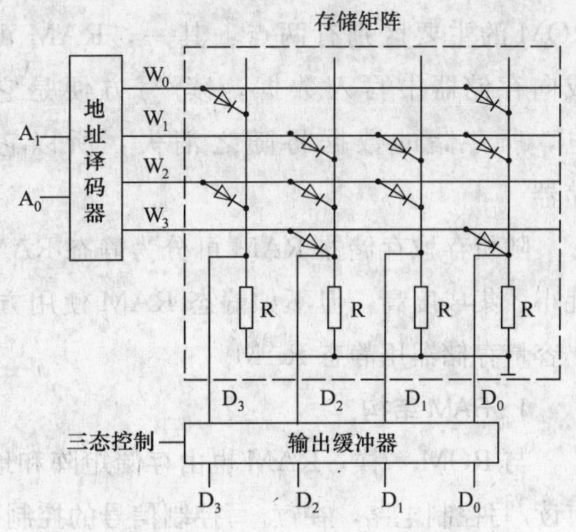


图 3—50　二极管 ROM 的结构

2. ROM 工作原理

下面以图 3—50 所示的二极管存储器为例来说明 ROM 的工作原理。

如图 3—50 所示，存储矩阵有四条字线（$N=4$），即存储 4 个字；4 条位线（$M=4$），即每个字是 4 位数码。所以该 ROM 的存储容量是 4×4=16 位，即存储矩阵有 16 个存储单元，每个存储单元存储一个二进制信息。

由于图中存储矩阵有四条字线，而地址译码器的每个输出端应该与一个字单元对应，所以地址译码器必须是 2/4 线译码器。输入代码 00、01、10、11 依次对应译码器输出的 $W_0$、$W_1$、$W_2$和 $W_3$。

在图中，字线与位线的交叉点就是一个存储单元。交叉点处接有二极管时存储单元相当于存 1，没接二极管的存储单元相当于存 0。所以只要改变二极管的位置，就可以改变字单元中存储的内容。例如，当译码器输入 $A_1=A_0=0$ 时，字节 $W_0$为高电位，与其相接的二极管的阳极为高电位，所以二极管导通。由于二极管的钳位作用，使位线 $D_3$、$D_0$为高电位，而其余的位线为低电位，即 $D_3=D_0=1$，$D_2=D_1=0$。当译码器输入 $A_1=A_0=1$ 时，字节 $W_3$为高电位，与其相接的二极管导通。即 $D_2=D_0=1$，$D_3=D_1=0$。

实际上，地址译码器是由门电路组成的与阵列，$W_0$～$W_3$的表达式中都包含了 $A_1$、$A_0$的原变量与反变量的“与”项；而存储矩阵中的位线 $D_0$～$D_3$可以看成是由二极管构成的或门的输出端。存储矩阵可看成是由二极管或门构成的“或”阵列。所以 ROM 的内部结构可以看成是一个与阵列和一个或阵列的组合。

## 二、随机存取存储器

随机存取存储器又叫读/写存储器，它具有与 ROM 类似的功能。与 ROM 的主要区别有两点：其一，RAM 可随时从任一存储单元中读取数据，或向存储器中写入数据，读/写方便是它最大的优点；其二，RAM 一旦掉电，所存储的数据将随之消失，所以它不适用做需要长期保存信息的存储器。

随机存取存储器 RAM 可分为静态 RAM 和动态 RAM 两类。动态 RAM 的功耗小、集成度高，但不如静态 RAM 使用方便。一般大容量存储器用动态 RAM，小容量存储器用静态 RAM。

### 1. RAM 结构

与 ROM 一样，RAM 也由存储矩阵和地址译码器组成。不同的是 RAM 必须有读/写控制电路，在读/写控制信号的控制下进行读或写的操作。RAM 的基本组成，如图 3—51 所示。

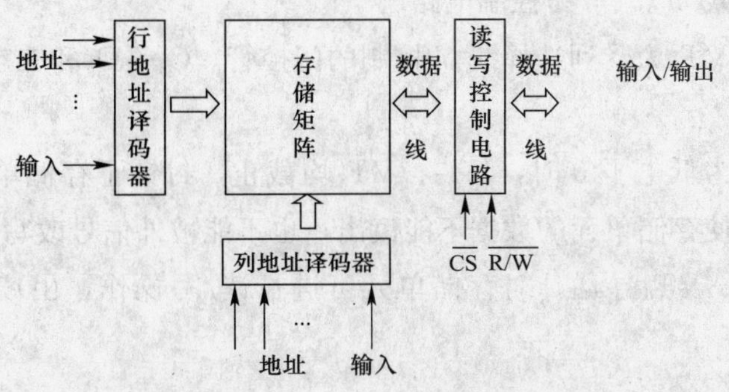


图 3—51　RAM 的基本结构框图

由图可以看出，RAM 需要有三类信号线，即地址线、数据线和控制线。

（1）地址译码器

RAM 地址译码器分成行地址译码器和列地址译码器，行、列地址译码器的输出作为存储矩阵的行、列地址选择线，行、列地址选择线共同决定选中存储单元。

RAM 以字为单位进行数据的读出与写入，每一个字有不同的号码，称为地址。存储器有多少个字就有多少个地址，地址数 $N$ 与二进制地址码的位数 $n$ 满足 $N=2^n$。

（2）存储矩阵

存储矩阵是由许多排成矩阵的存储单元组成的，每个存储单元存放 1 位二值数据。存储器中存储单元的数量叫存储容量，存储容量＝字数×字长，1 个字含有若干个存储单元，1 个字所含的位数叫做字长，存储器容量越大，则存储器存储的数据越多。

（3）读/写控制电路

读/写控制电路用于对电路的工作状态进行控制，包括读/写控制信号 $R/\overline{W}$ 和片选控制信号 $\overline{CS}$，当片选信号 $\overline{CS}$ 为低电平时，芯片被选中，可以进行读/写操作，否则芯片不工作；读写控制信号是在片选信号有效的前提下才能实现读/写操作。

**2. RAM 工作原理**

图 3—52 所示为 6 管 CMOS 静态存储单元原理图。

（1）存储单元

存储单元由 $VT_1 \sim VT_6$ 组成。两个稳定状态，分别存储数据 1 和 0。

（2）列选择线 Y 和读/写控制电路

图中 $VT_5$、$VT_6$ 为受列选择线 Y 控制的门控管，$G_4$、$G_5$ 和三态门 $G_1$～$G_3$ 构成读/写控制电路。

当列选择线为低电平 0 时，$VT_7$、$VT_8$ 均截止，封锁了存储单元位线与输入/输出端的通路，使存储单元的数据不能读出，也不能被外信号改写。当列选线为高电平 1 时，$VT_7$、$VT_8$ 导通，对存储单元可进行读/写操作，由读/写控制电路和 $R/\overline{W}$ 的状态控制。

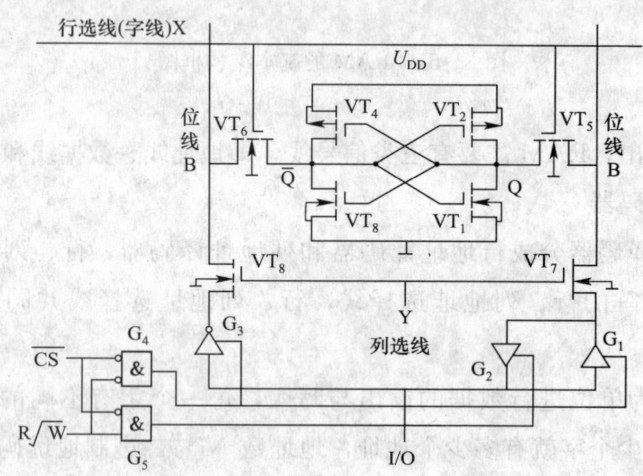


图 3—52　6 管 CMOS 静态存储单元原理图

# 第 6 节　模拟量与数字量的转换

在现代控制、通信和检测技术领域中，广泛采用计算机对信号进行运算、处理。实际的控制对大多数是模拟量，例如，利用各种传感器将压力、温度、湿度、速度等非电量转换而来的电信号都属于模拟量。为了使计算机或数字式仪表等能识别这些信号，必须通过模数转换器（简称 A/D 转换器或 ADC）把它们转换成数字量。经过处理的数字量还要再通过数模转换器（简称 D/A 转换器或 DAC）转换成模拟量，才能对被控制的模

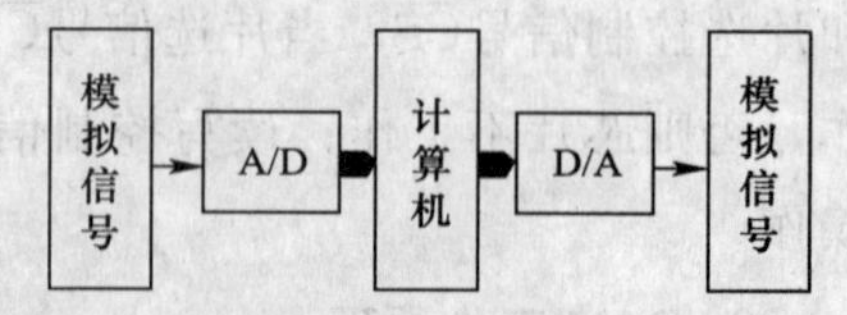


图 3—53　信号实际转换过程方框图

拟量系统进行控制。D/A 转换器和 A/D 转换器是联系模拟系统和数字系统的重要桥梁。上述过程如图 3—53 所示。

## 一、数/模转换器

DAC 通常由数控开关、电阻网络和运算放大器组成。由于电阻网络的不同，分为权电阻网络 DAC、T 型 R－2R 电阻网络 DAC 和倒 T 型 R－2R 电阻网络 DAC 等几种形式。

### 1. T 型电阻网络 DAC

由若干电阻组成的电阻网络称为 T 型电阻网络。要求 R 和 2R 具有相当高的精度。T 型电阻网络 DAC 结构图，如图 3—54 所示。

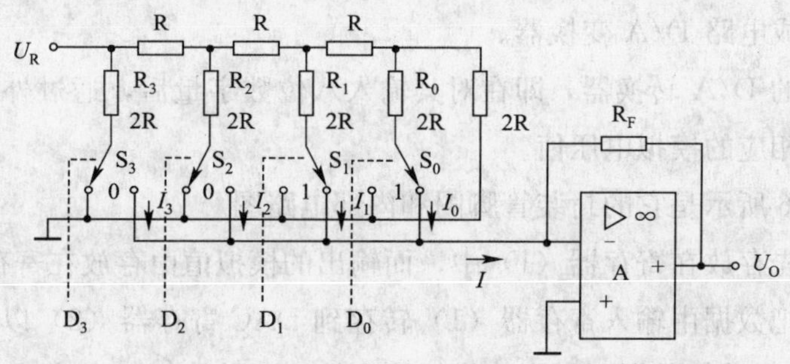

图 3—54　T 型电阻网络 DAC 结构图

$S_3$～$S_0$是模拟开关。模拟开关的导通压降要尽可能小且相等。模拟开关的状态受输入数字 $D_3$～$D_0$的控制，若某位数字为 1，则开关合向 1 侧；若数字为 0，则开关合向 0 侧；对于模拟开关 $S_3$～$S_0$，当开关合向 1 侧时，其所在支路的电流流向运算放大器的反相输入端（即成为 $I$ 的一部分）。$I$ 是数字量为 1 对应的几个支路电流的和。$I$ 与电阻 $R_F$ 的乘积就是 D/A 转换器输出的模拟电压。$U_R$是由具有极高稳定度的电源供电的，它是 D/A 转换器的基准电压。

T 型电阻网络的特点：

（1）T 型电阻网络由于只用了 R 和 2R 两种阻值的电阻，其精度易于提高，也便于制造集成电路。

（2）缺点：在工作过程中，T 型网络相当于一根传输线，从电阻开始到运放输入端建立起稳定的电流电压为止需要一定的传输时间，当输入数字信号位数较多时，将会影响 D/A 转换器的工作速度。

2. 倒 T 型电阻网络 DAC（见图 3—55）

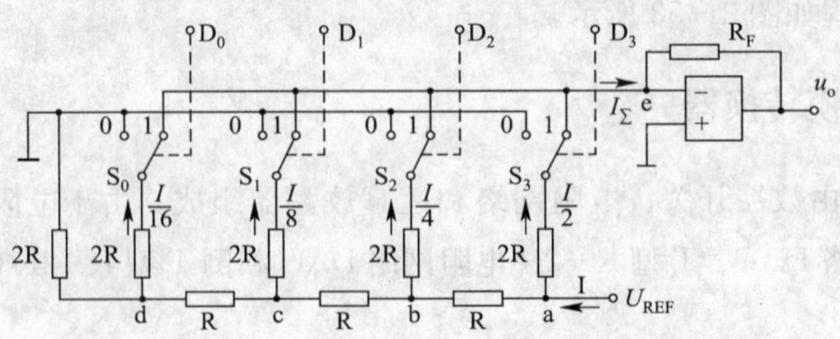


图 3—55　4 位倒 T 型电阻网络 D/A 转换器的原理图

3. 集成电路 DAC

根据 DAC 的位数、速度不同，集成电路可以有多种型号。下面仅以 DAC0832 为例来介绍集成电路 D/A 变换器。

它是八位的 D/A 转换器，即在对其输入八位数字量后，通过外接的运算放大器，可以获得相应的模拟电压值。

如图 3—56 所示是它的封装管脚图和内部电路图。

输入数据先存放在寄存器（1）中，而输出的模拟值由存放在寄存器（2）内的数据决定。当把数据由输入寄存器（1）转存到 DAC 寄存器（2）以后，输入寄存器（1）就可以接受新数据而不影响模拟输出值。该结构便于多路 DAC 同时工作。

4. 主要参数

（1）分辨率

D/A 转换器的分辨率是用其输出的最小模拟电压与最大模拟电压的比来表示的。最小输出模拟电压对应二进制数的 1，最大输出模拟电压对应二进制数的所有位全为 1。由于输出模拟量与输入的数字量成正比，所以也可以用两个数字量的比来表示分辨率。例如，10 位二进制数进行 D/A 转换的分辨率可表示为：

$$\frac{1}{2^{10}-1}=\frac{1}{1\ 023}\approx 0.001$$

分辨率用于表示 D/A 转换器对微小输入量变化的敏感程度，因此分辨率还可以被定义为其模拟输出电压可能被分离的等级。输入数字量位数越多，输出模拟电压的可分离等级越多，所以，在实际应用中，也可以用输入二进制数的位数来表示 D/A 转换器的分辨率。二进制的位数越高，分辨率越高。

（2）转换精度

D/A 转换器的转换精度是指其输出的模拟电压的实际值与理想值之间的差。D/A 转换器中各元件的参数值存在误差，基准电压的不稳定、运算放大器的零点

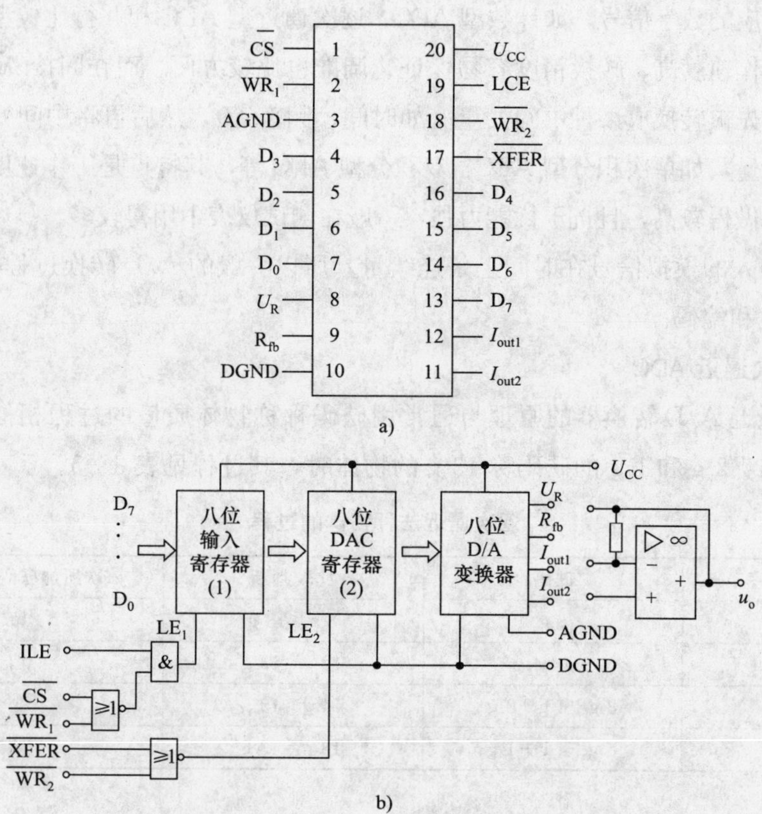


图 3—56 DAC0832 的封装管脚图和内部电路图

漂移等因素都会影响其转换精度。显然，要想获得高精度的 D/A 转换，不仅要选择位数较多的、分辨率高的 D/A 转换器及高稳定度的基准电压，还要选择低零点漂移的运算放大器。

（3）输出电压（电流）的建立时间

从输入数字信号起，到输出模拟电压或电流达到稳定值所用的时间，称为建立时间。当 D/A 转换器输入的数字量发生变化时，输出的模拟量并不能立即达到该数字量所对应的值，它需要一段时间。单片 D/A 转换器的建立时间最短可在 0.1 μs 以内。

（4）电源抑制比

输出电压的变化与相对应的电源电压的变化之比，称为电源抑制比。

此外，D/A 转换器还有线性度、温度系数、功率消耗等技术指标。

## 二、模/数转换器

ADC 可分为直接 ADC 和间接 ADC 两大类。在直接 ADC 中，输入模拟信号直接被转换成相应的数字信号，如计数型 ADC、逐次逼近型 ADC 和并行比较型 ADC 等，其特点是工作速度高、转换精度容易保证、调准也比较方便。而在间接 ADC 中，输入模拟信号先被转换成某种中间变量（如时间、频率等），然后再将中间变量转换为最后的数字量，如单次积分型 ADC、双积分型 ADC 等，其特点是工作速度低，但转换精度可以做得较高，且抗干扰能力强，一般在测试仪表中用得较多。

由于输入的模拟信号在时间上是连续量，所以一般的 A/D 转换过程为：取样、保持、量化和编码。

**1. 逐次逼近 ADC**

逐次逼近 A/D 转换器的原理与通常用砝码秤称物体质量的过程相似。例如使用 8 g、4 g、2 g 和 1 g 的砝码称 13 g 的物体时，其过程见表 3—5。

**表 3—5　　逐次逼近法秤物体的过程**

| 操作顺序 | 砝码 | 比较判断 | 该次所加砝码的留与去 |
|---|---|---|---|
| 1 | 8 g | 8 g<13 g | 留 |
| 2 | 8 g+4 g | 12 g<13 g | 留 |
| 3 | 8 g+4 g+2 g | 14 g>13 g | 去 |
| 4 | 8 g+4 g+1 g | 13 g=13 g | 留 |

从上表可以看出，在用逐次逼近的方法称物体的过程中，每次试探性地加一个砝码，根据实际情况决定该次加的砝码是留下还是移去，直到砝码与物体质量相等为止。

逐次逼近型 A/D 转换器就是仿照这个称量物的思路设计出来的。这种 A/D 转换器是把输入的模拟信号电压与不同数字量转换而来的模拟电压进行比较，使转换所得的数字量在数值上逐次逼近输入模拟电压的对应值。

这种转换器包括四部分：比较器、DAC、寄存器和控制逻辑。

比较是从高位到低位逐位进行的，并以此确定各位的数码是 1 还是 0。转换开始前，先将寄存器清 0，开始转换后，控制逻辑将寄存器的最高位置为 1，使其输出为 100…000 的形式，这个数码被 D/A 转换器转换成相应的模拟电压 $u_o$ 送至电压比较器作为比较基准，与模拟量输入 $u_x$ 进行比较，如图 3—57 所示。

当 $u_o > u_x$，说明寄存器输出的数码大了，应将最高位改为 0（去码），同时将次高位置为 1，使其输出为 010…000 的形式；若 $u_o < u_x$，说明寄存器输出的数码还不够大，因此，除了将最高位设置的 1 保留（加码）外，还需要将次高位也设置为 1，使其输出为 110…000 的形式。然后，再按上面同样的方法继续进行比较，确定次高位的 1 是去码还是加码。这样逐位比较下去，直到最低位为止，比较完毕

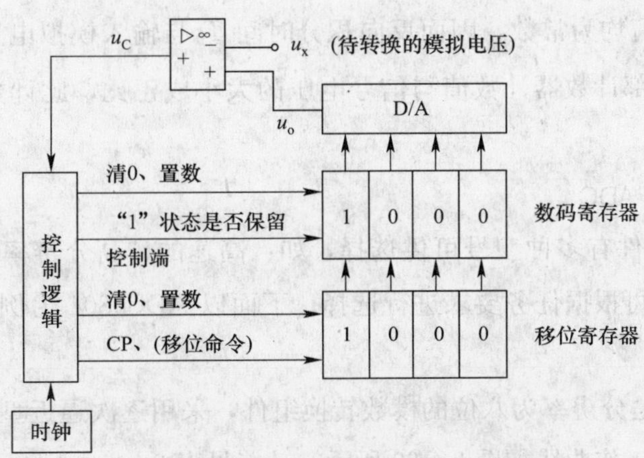


图 3—57　逐次逼近型 A/D 转换器的组成

后，寄存器中的状态就是转化后的数字输出。

逐次逼近型 ADC 的数码位数越多，转换结果越精确，但转换时间越长。这种电路完成一次转换所需时间为（$n+2$）$T_{CP}$，$n$ 为 ADC 的位数，$T_{CP}$为时钟脉冲周期。

### 2. 双积分式 ADC

双积分式 ADC 是一种间接的 ADC，其基本工作原理是先将输入的模拟信号转换成与其成正比的时间间隔，再在这个时间间隔内用计数器对频率不变的计数脉冲进行计数，所得的数字量正比于输入模拟电压的平均值。其特点是转换精度高、抗干扰能力强。

双积分式 ADC 的基本电路如图 3—58 所示，运放 A1、R、C 用来组成积分器，运放 A2 作为比较器。电路先对未知的模拟输入电压 $U_1$进行固定时间 $T_1$ 的积分，然后转为对标准电压 $U_0$进行反向积分，直到积分输出返回起始值，反向积分时间为 $T_0$。输入电压 $U_1$越大，则反向积分时间越长，如图 3—59 所示。

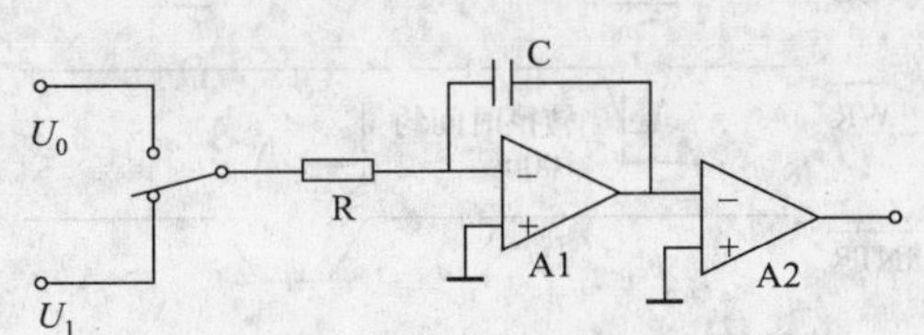


图 3—58　双积分式 ADC 的基本电路

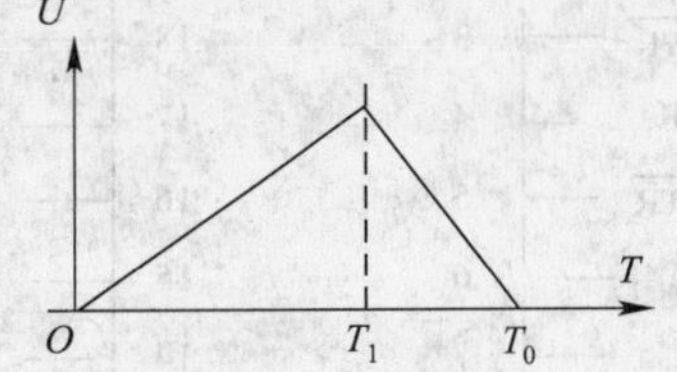


图 3—59　双积分式 ADC 的工作曲线

整个采样期间，积分电容 $C$ 上的充电电荷等于放电电荷，因而有：

$$\frac{U_1T_1}{RC}=\frac{U_0T_0}{RC}$$

即

$$T_0=T_1\frac{U_1}{U_0}$$

由于$U_0$及$T_1$均为常数，因而反向积分时间$T_0$与输入模拟电压$U_I$成正比，此期间单片机的内部计数器计数值与信号电压的大小成正比，此计数值就是$U_I$所对应的数字量。

3. 集成电路 ADC

A/D 转换组件有多种型号可供选择，如：高速的、高分辨率的、高速且高精度的等。使用者可根据任务要求进行选择。下面以 ADC0804 为例，介绍集成电路 A/D 变换器。

ADC 0804 是分辨率为八位的模数转换组件，采用逐次逼近型工作原理。其电路图、管脚图及工作曲线如图 3—60 所示，功能见表 3—6。

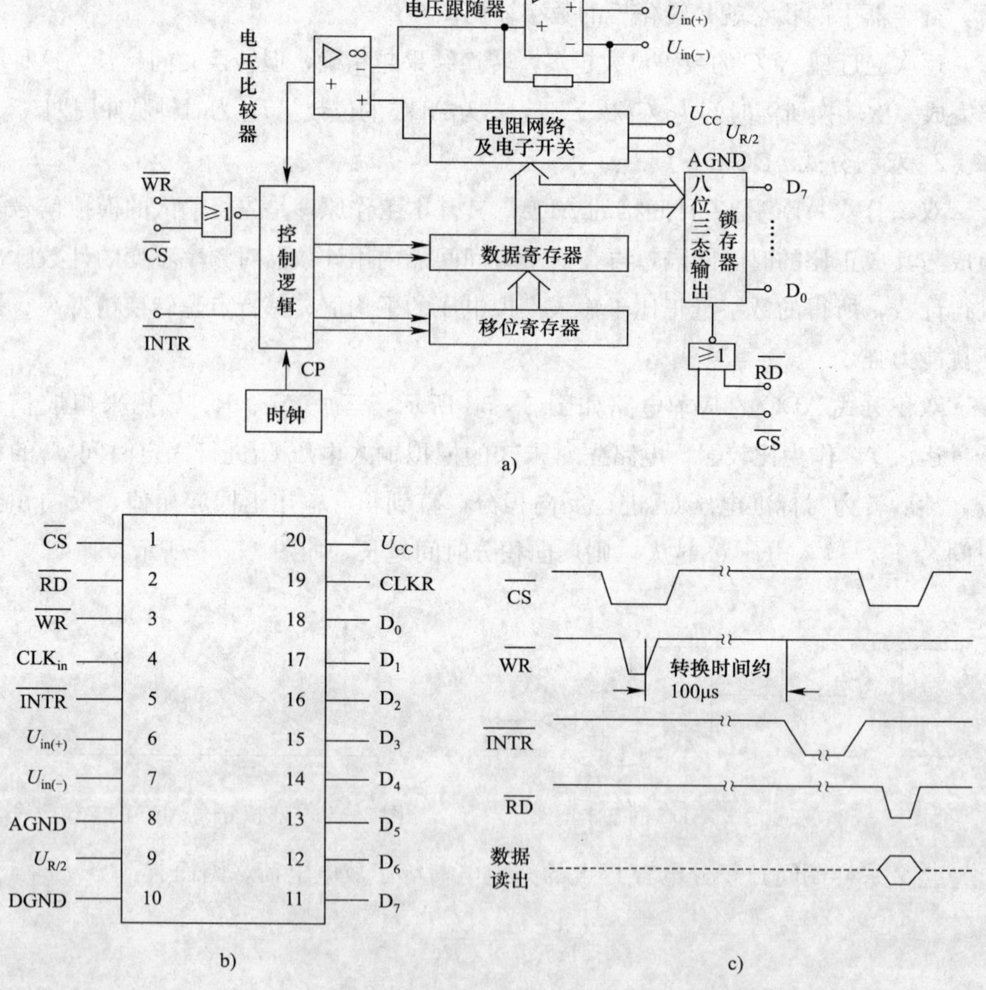


图 3—60 集成电路 ADC0804 的电路图、管脚图及工作曲线

表 3—6　　集成电路 ADC0804 的功能表

| 功能 | 控制端 | | | | 说明 |
|---|---|---|---|---|---|
| | $\overline{CS}$ | $\overline{WR}$ | $\overline{RD}$ | $\overline{INTR}$ | |
| 对输入模拟信号进行变换 | 0 | 负脉冲 | | | 在$\overline{WR}$上升沿后约 100 μs 变换完成 |
| 读出输出数字信号 | 0 | | 负脉冲 | | $\overline{RD}$=0 时三态门接通外部总线，$\overline{RD}$=1 时三态门处于高阻态 |
| 中断请求 | | | | 下降沿 | 当 A/D 变换结束时，$\overline{INTR}$自动变低以便通知其他设备（如计算机）取结果，在$\overline{RD}$前沿后$\overline{INTR}$自动变高 |

集成电路 ADC0804 的接法举例如图 3—61 所示，其工作特点见表 3—7。

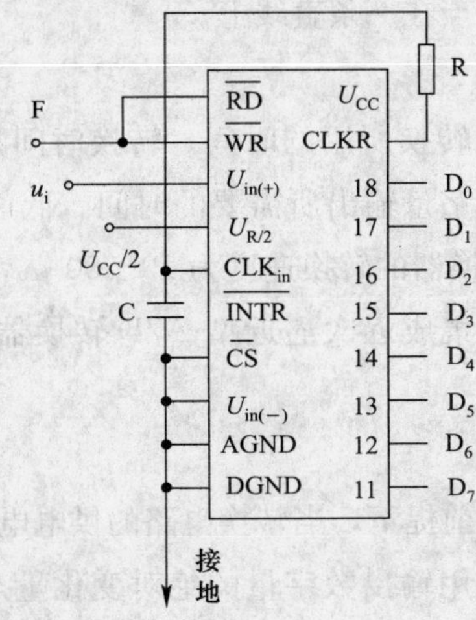


图 3—61　集成电路 ADC0804 的接法举例

表 3—7　　**ADC 0804 的工作特点**

| F | $\overline{WR}$ | $\overline{RD}$ | ADC 0804 的状态 |
|---|---|---|---|
| 0 | 0 | 0 | 采样模拟输入信号；输出三态门有效，该 0804 占有数据总线 |
| 1 | 1 | 1 | 进行从模到数的转换；输出三态门被禁止，该 0804 呈高阻态 |

#### 4. 主要参数

(1) 分辨率

A/D转换器的分辨率用其输出的二进制数的位数表示，它反映了A/D转换器对输入的模拟信号的分辨能力。$n$位二进制数能区分$2^n$个不同等级的输入模拟电压，所以在最大输入电压一定时，输出数字量位数越多，量化单位越小，分辨率越高。

例如，A/D转换器输出的数字量是8位二进制数，最大输入模拟电压是5 V，那么这个转换器输出的数字量应能区分出的输入模拟电压的最小电压为$\frac{5}{2^8}=19.53$ mV。若使用10位的A/D转换器，对同样的输入电压，则能区分出的输入模拟电压的最小电压为$\frac{5}{2^{10}}=4.88$ mV。显然，A/D转换器输出的数字量位数越多，其分辨率越高。

(2) 相对精度

A/D转换器的相对精度是指实际的各个转换点偏离理想特性的误差。在理想的情况下，所有的转换点应当在一条直线上。

(3) 转换速度

转换速度是指完成一次转换所用的时间。转换时间是从接到转换控制信号开始，到输出端得到稳定的数字量输出所需要的时间。低速A/D转换器的转换速度为1～30 ms，中速A/D转换器的转换速度为10～50 μs，高速A/D转换器的转换速度在50 ns以内。例如，集成逐次逼近型A/D转换器ADC0809的转换速度为100 μs。

(4) 电源抑制

在输入模拟电压不变的前提下，当转换电路的供电电源发生变化时，对输出也会产生影响。这种影响可以用输出数字量的绝对变化量来表示。A/D转换器中基准电压的变化会直接影响转换结果，必须保证电压的稳定。

除上述几项外，A/D转换器还有功率消耗、温度系数、输入模拟电压范围和输出数字信号的逻辑电平等指标。

---

D/A转换器和A/D转换器是数字系统中不可缺少的重要部件，它们的指标好坏直接影响系统的技术指标。目前，D/A和A/D转换器的发展趋势是高速度、高分辨率以及易于与计算机连接，以充分满足应用领域对信号处理的要求。

# 第 4 章

# 微计算机与网络通信基础知识

## 第 1 节　信号传输的基本知识

### 一、信号传输的基本概念

#### 1. 信号

信号是运载消息的载体，最常见的表现形式是随时间变化的电压或电流，可以通过数字表达式的方式来描述，也可以通过绘图的方式来描述。对于不同的信号，可以从不同的角度进行分类。

(1) 确定性信号与随机性信号

当信号由某数字表达式描述时，在任意时刻都可以通过该数字表达式确定出相应的信号，这种信号称为确定性信号或规则性信号。但实际传输的信号往往具有不可预知的性质，这种信号是随机信号。严格意义上，自然界不存在确定性信号。在信号的传输过程中，它不可避免地受到各种噪声和干扰的影响，从而变成不确定信号。

(2) 周期性信号和非周期性信号

确定性信号又可以分为周期性信号和非周期性信号。一个随时间变化的信号，如果每隔固定的时间间隔，就按完全相同的规律变化，这种信号称为周期性信号。如图 4—1a 所示。固定的时间间隔称为信号的周期，周期的倒数称为信号的频率。非周期性信号在时间上不具有周期性特征，如图 4—1b 所示。

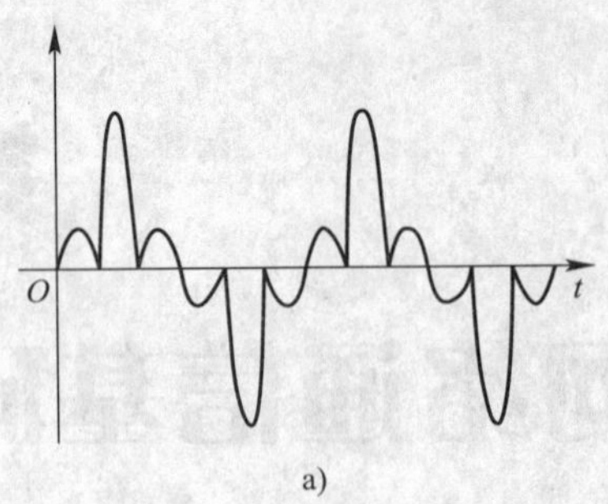


a)

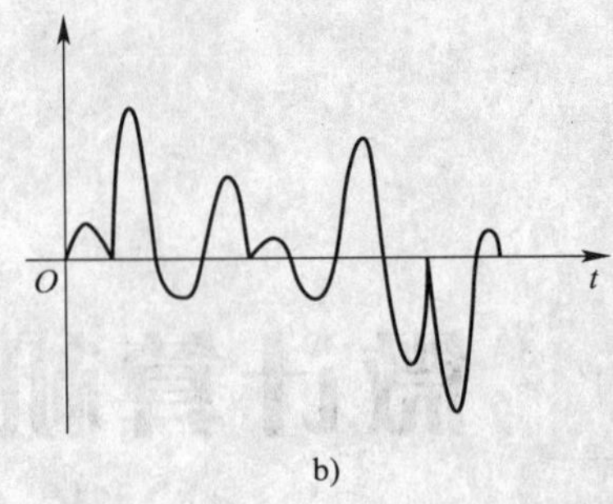


b)

图 4—1　周期性信号和非周期性信号

a）周期性信号　b）非周期性信号

（3）模拟信号和数字信号

在数值和时间上都是连续变化的信号，称为模拟信号。例如压力、温度、速度等。随着时间不断变化的信号称为数字信号，在数值和时间上都是离散的。例如在数字电路中的信号是二进制的信号，只有“0”和“1”两个基本数字信息，表示事物的两种对立状态，如电路的导通与截止。

在电子系统中，一般包含模拟电路和数字电路两类，但对于信号存储、分析和传输而言，常使用数字电路。

（4）直流信号和交流信号

按照信号的大小与时间关系，可将信号分为直流信号和交流信号。直流信号的大小和方向都不随时间变化，而交流信号的大小和方向均随时间而变化。直流信号和交流信号有时也一起使用，如图 4—2 所示。

**2. 信道**

信号传送的途径或媒介称为信道。信道主要分有线信道和无线信道两种。有线信道是由有形的介质构成的，如同轴电缆、光导纤维、双绞线等。信号在有线信道中受到的干扰小，传输特性稳定。无线信道是由看不到的大气空间构成的。信号在无线信道中很容易受到干扰，传输特性也较不稳定。

从系统的角度看，通信系统一般由信息源、发送设备、信道、接收设备受信者和噪声源组成，如图 4—3 所示。

发送设备是将信息源送出的信号变换或匹配成适合于特定信道介质传输信号的设备。接收端的接收设备是将从信道接收的信号相应地恢复、还原成终端设备能识别信号的设备。

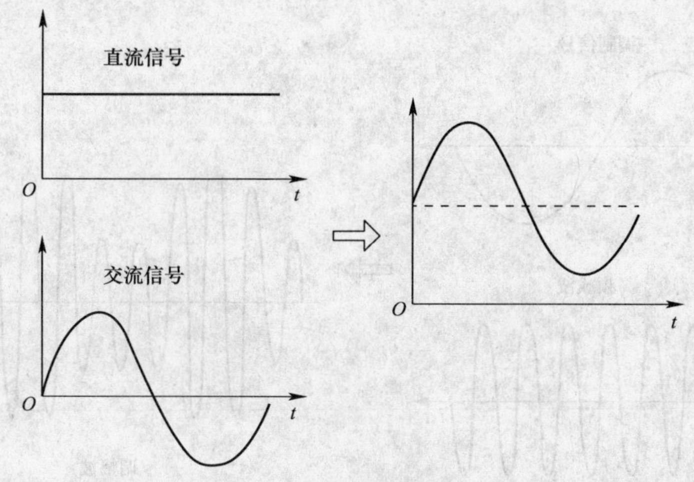


图 4—2　直流信号和交流信号

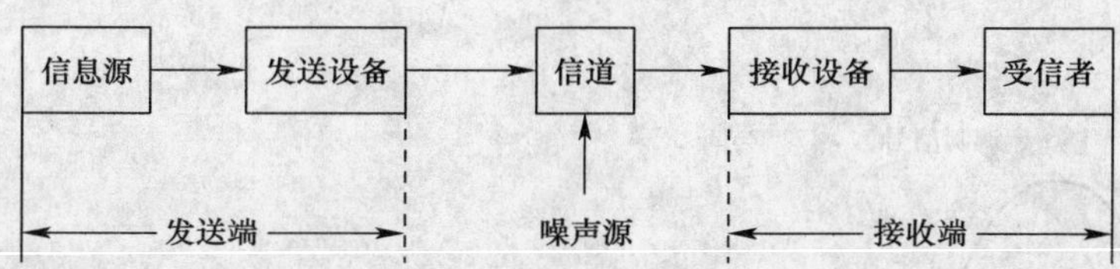


图 4—3　通信系统的基本模式

### 3. 调制与解调

要实现无线电信号的远距离传输，必须使用高频电信号。一般电信号的频率通常很低，不能直接进行远距离传输。利用调制将低频电信号“放到”高频电信号去处理的过程称为调制，低频的电信号被称为调制信号，高频的电信号被称为载波信号，调制后的信号称为已调信号。调制的方法有以下几种：

（1）幅度调制

使载波信号的幅值随调制信号的变化而变化的调制方式称为幅度调制，简称调幅（AM），其过程如图 4—4 所示。调幅通常在中波广播中使用。

（2）频率调制

使载波信号的频率随调制信号的幅度变化的调制方式称为频率调制，简称调频（FM），其过程如图 4—5 所示。调频通常在电视伴音和调频广播中使用。

（3）相位调制

使载波信号的相位随调制信号的幅度变化而变化的调制方式称为相位调制，简

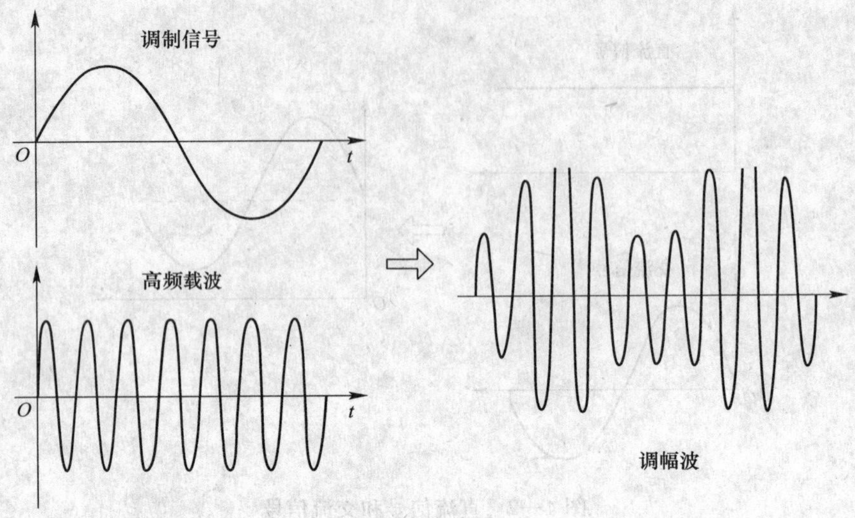


图 4—4　调幅

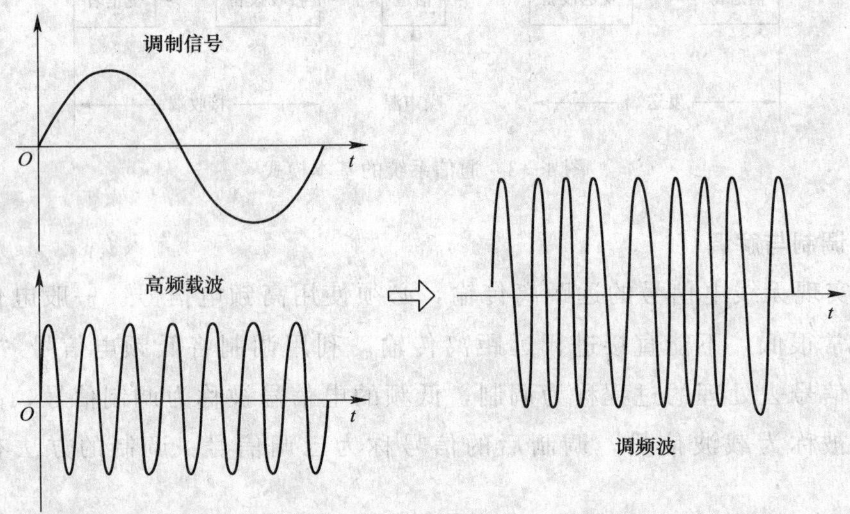


图 4—5　调频

称调相（PM）。

尽管信号在传输过程中需要调制，但是传送到接收端后所使用的仍然是原始信号。将高频载波信号上的低频信号还原出来的信号处理过程称为解调。对应于调幅、调频、调相三种调制方式的调节方法为检波、检频和检相。

调制和调解的过程用如图 4—6 所示的广播发射和接收原理图来说明。

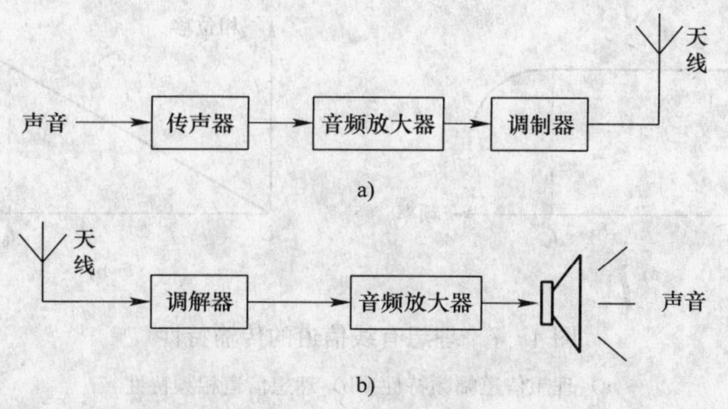


图 4—6　广播发射和接收原理图
a）发射端　b）接收端

4. 信道传输特性

根据传输介质是否有形，可以将信道分为有线信道和无线信道。

有线信道的电磁能量被约束在某种传输线上传输，包括平行导体传输线、同轴电缆传输线、微带传输线、波导传输线、光纤传输线等。

无线信道的介质是自由空间，电磁波在大气层、电离层或外层空间传送，如短波电离层、散射信道、微波视距信道、卫星远程自由空间的恒定参数信道等。

（1）有线信道的传输特性

1）幅频传输特性。信道在各频率下的衰耗与频率的关系曲线将影响信号的幅度衰减量。信道的理想幅频特性要求其通带内特性平稳，否则将导致信号幅度失真。

2）相频传输特性。信道在各频率下的相位移与频率的关系曲线将影响被传输信号的相位移。

理想有线信道的传输特性，如图 4—7 所示。

（2）无线信道传输特性

无线信道的传输媒介是自由空间，由电磁波携带信号。常用无线信道的通信方式有：调幅、调频广播、无线电视、微波通信、卫星通信、移动电话、无线寻呼等。无线信道也以幅频特性与相频特性来描述信道对通过信号的影响，与有线信道类同。

无线通信所用的电磁波，根据频率的高低，或波长的长短、频段划分。通常所说的微波是指频率在 0.3～3 GHz 范围的电磁波。

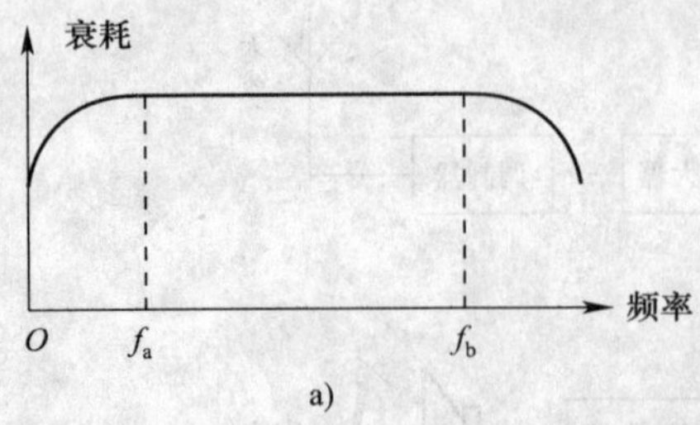


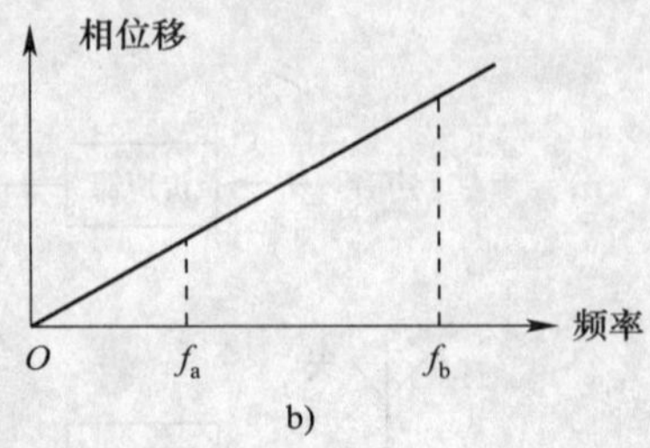


图 4—7　理想有线信道的传输特性

a）理想信道幅频特性　b）理想信道相频特性

各波长段的频率不同，波长不同，其空间传播特性就不一样，用途也就不同。

(3) 信道的衰减与失真

在信道中传递的信号，由于介质的特性，信号传输中必然会产生能量的损失，这种能量的损失，称为衰减或衰耗 。在通信工程中称为固有衰减，这种衰减随信道种类的不同而不同，传输信道距离越长衰减越大，其度量一般用（dB）电平表示，dB 的定义为：采用信号输入输出端功率比值取 10 倍常用对数来表示，称为分贝。

$$\mathrm{dB}=10\ \lg\frac{P_{入}}{P_{出}}$$

在通信系统中，信号的传输一般用相对电平来表示，如果上式中参考点为 $P_O$，输出点为 $P_i$，若 $P_O$ 的单位用 mW 表示，则电平为 $\mathrm{dB_m}$，称 dB 毫瓦，若 $P$ 单位用 W 表示，则电平为 $\mathrm{dB_w}$ 或称为 dB 瓦。

$$(\partial)_{\mathrm{dBm}}=10\ \lg\frac{P_i}{P_o}$$

通信信道由于干扰和噪声影响，常见的信号衰减与失真度量参数有：幅度衰减、幅度突变、相位抖动、群时延—频率失真、频率偏移等。

幅度衰减是指信道对不同频率信号的幅度衰减变化。

幅度突变是指接收信号幅度突然变化（增加或减小）的数值，一般要求门限值为 1～6 dB。

相位抖动也会引起信号的畸变和失真，是一种线性畸变，通信系统可以采用“均衡”措施来补偿。

信道的相位—频率特性也经常用群时延—频率失真来衡量，所谓群时延—频率失真是相位—频率特性对频率的导数，若相位—频率特性用 $\phi(\omega)$ 表示，则群时延—频率特性 $\tau(\omega)$ 为：

$$\tau(\omega)=\frac{d\varphi(\omega)}{d\omega}$$

(4) 信道的损伤

1) 信道中的噪声与干扰。信号在信道中传输时，会遇到各种情况的干扰和噪声，主要包括各种各样来自系统内部的噪声与外部的干扰。

① 系统内部噪声。主要有：系统内部半导体器件中的少数载流子的随机扩散与电子—空穴对的随机复合运动产生散弹噪声；通信设备中的元器件的热运动（绝对温度零度以上都有）产生白噪声。以上两种噪声是不可避免的，只能通过改良通信设备的工艺来避免或改善。

② 系统外部的干扰。通信设备工作时，处于强电磁环境中，一方面受到自然界雷电、太阳黑子活动等引起的电磁暴干扰；另一方面受其他无线电设备发射电磁波、市电 50 Hz 信号的干扰。这种外界干扰，可通过降低外界干扰源的干扰和增强通信设备的屏蔽能力来改善。

2) 数字传输系统性能指标。从数字信号传输的角度上看，数字通信系统的主要性能指标分为有效性指标和可靠性指标。其中有效性指标常用信息传输速率、码元传输速率（符号速率）、频带利用率等表示，可靠性指标常用误码率和抖动容限表示。

①信息传输速率。信息传输速率是指在单位时间（每秒）传送的信息量，也称传信率。

②码元（符号）传输速率。也称为符号传输速率或码元速率。它是指单位时间（每秒）所传输的码元数目，其单位为波特。码元速率可折合为信息速率进行计算。其转换公式为：

$$f_b=f_B\log_2 M$$

式中，$f_b$ 为信息传输速率（二进制传输速率）；$f_B$ 表示波特数（消息速率），其单位为波特；$M$ 为符号进制数（码元进制数）。

③频带利用率。是指单位频带内的传输速率。传输的速率越高，所占用的信道频带越宽。通常用 $\eta$ 来表示数字信道频带的利用情况，即频带利用率为：

$$\eta=\frac{传输速度}{频带宽度}$$

当传输速率是码元传输速率时，其单位为波特/赫兹（Baud/Hz）；当传输速率是信息传输速率时，其单位为比特/秒/赫兹（b/s/Hz）。

④误码率。在数字通信中是用脉冲信号，即用“1”和“0”携带信息。由于通信系统中噪声、串音及码间干扰以及其他突发因素的影响，当干扰幅度超过脉冲信号再生判决的某一门限值时，将会造成误判成为误码，如图 4—8 所示。

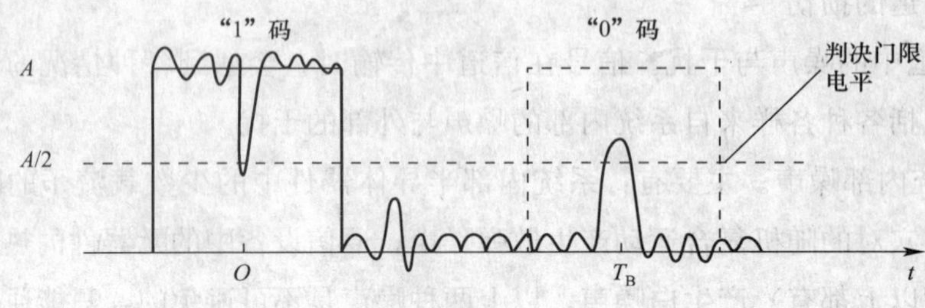


图 4—8　噪声叠加在数字信号上的波形

数字通信系统中在一定统计时间内，数字信号在传输过程中，发生错误的码元数与传输的总码元数之比，用符号 $P_e$ 表示。

$$P_e=\lim_{n\to\infty}\frac{\text{产生错误的码元（个数）}}{\text{传输的总码元（个数）}}$$

在实际的数字通信系统中，含有多个再生中继段，则一个传输系统的误码率，应与每个再生中继段的误码率相关，即具有累积特性。如一个传输系统有 $m$ 个再生中继段，则总误码率为：

$$P_{eB}=\sum_{i=1}^{m}P_{eBi}$$

式中，$P_{eB}$代表总误码率；$i$ 表示再生中继段序号；$P_{eBi}$ 表示第 $i$ 个再生中继段的误码率。

当每个再生中继段误码率相同时，即都为 $P_{eBi}$，则 $m$ 个再生中继段的误码率为：

$$P_{eB}=mP_{eBi}$$

⑤抖动容限。所谓抖动，是指数字信号有效瞬间与其理想时间位置的短时偏离。抖动现象如图 4—9 所示。

抖动容限一般是用峰—峰抖动 $J_{p-p}$ 来描述的。它是指某个特定的抖动比特的时间位置，相对于该比特抖动时的时间位置的最大部分偏离。

## 二、模拟传输技术基础

### 1. 模拟基带传输系统

模拟传输系统不对传输的信号进行任何频率变换（调制），则称该系统为基带传输系统。

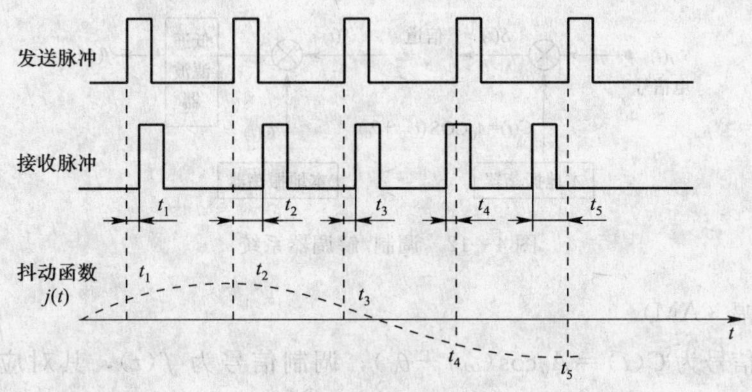


图 4—9　脉冲抖动示意图

任何非电量信息 $m(t)$，经过非电/电量变换后的通信信号为 $f(t)$，其频率分布在接近 0 Hz 频率到某一频率的有限频段范围内，称为基带信号。若某传输系统直接传输 $f(t)$ 信号，不再进行其他变换，该系统称为基带模拟传输系统，如图 4—10 所示。

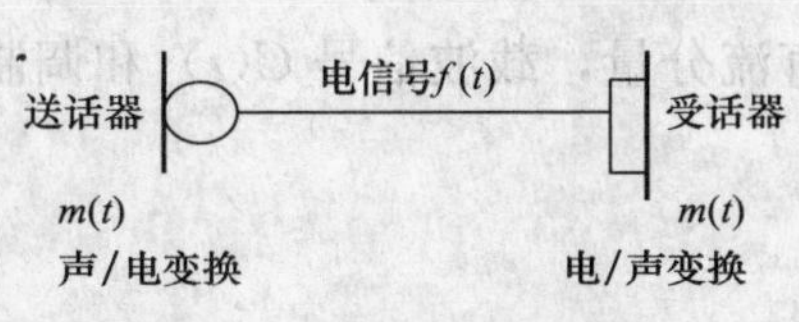


图 4—10　基带模拟传输系统

2. 高频窄带模拟传输系统

对信源端发出的电信号进行一些调制的变换，将频率搬移到某高频率载波附近，使 $f(t)$ 成为已调信号 $S(t)$ 的传输系统，称为高频窄带模拟传输系统，如图 4—11 所示。

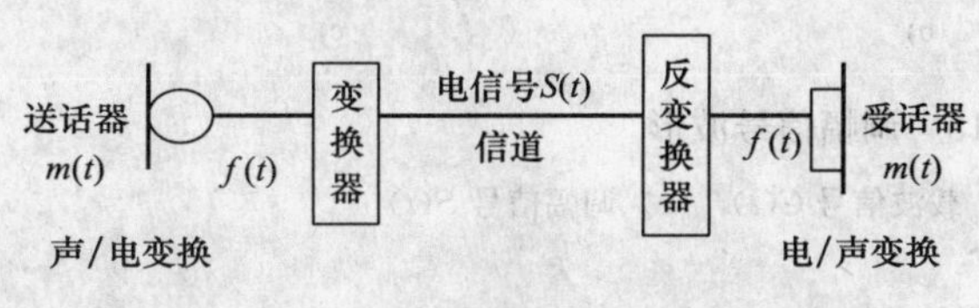


图 4—11　高频窄带模拟传输系统

高频窄带调制/解调技术所用的典型技术是调制/解调技术。调制/解调技术的基本部件是调制/解调器，结构如图 4—12 所示，由本地振荡器、正弦信号发生器、低通滤波器、乘法器组成。

设消息信号为 $m(t)$，经非电/电变换后信号为 $f(t)$，在调制/解调技术中，称 $f(t)$ 为调制信号。本地振荡器产生的正弦信号为载波信号 $C(t)=A_0\cos(\omega_c t+\theta_0)$，$C(t)$ 称为被调信号。其中 $A_0$、$\omega_c$、$\theta_0$ 分别为振幅、角频率和相位参数。

调幅：用电信号 $f(t)$ 去调制载波信号 $C(t)$ 的振幅 $A_0$ 的调制技术。

调频：用电信号 $f(t)$ 去调制载波信号 $C(t)$ 的角频率 $\omega_c$ 的调制技术。

调相：用电信号 $f(t)$ 去调制载波信号 $C(t)$ 的相位 $\theta_0$ 的调制技术。

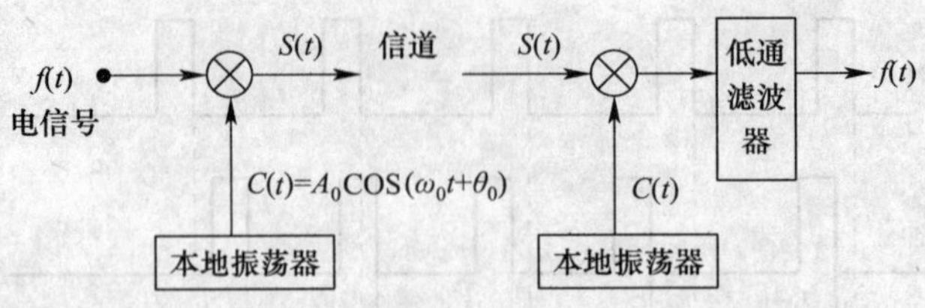


图 4—12　调制/解调器系统

（1）调幅（AM）

设载波信号为 $C(t)=A_0\cos(\omega_c t+\theta_0)$，调制信号为 $f(t)$，其对应的频谱为 $F(\omega)$，当这两个信号同时送到乘法器上相乘，所产生的输出信号称为已调信号 $S(t)$。

$$S(t)=C(t)\cdot f(t)=A_0 f(t)\cdot\cos(\omega_c t+\theta_0)$$

则音频信号 $f(t)=K+m(t)$，$K$ 为外加的直流分量，载波信号 $C(t)$ 和调制信号 $S(t)$ 的波形，如图 4—13 所示。

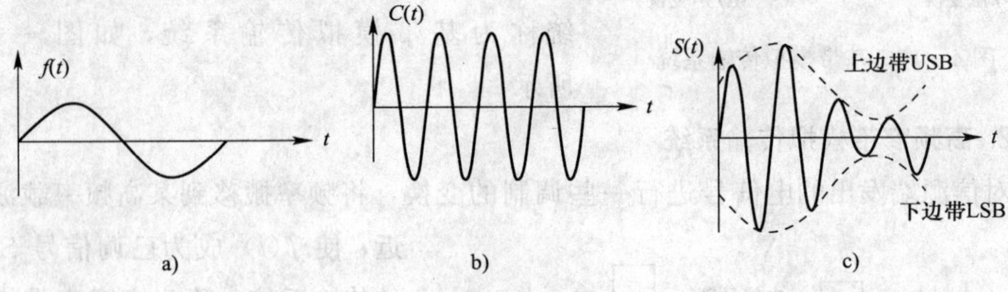


图 4—13　调幅信号波形

a）音频信号 $f(t)$　b）载波信号 $C(t)$　c）调幅信号 $S(t)$

从图 4—13 可知，在时域上已调信号 $S(t)$ 与 $f(t)$ 的波形变化一致，称为调幅。

对 $f(t)$ 和 $s(t)$ 分别作傅里叶变换分析，设 $S(t)$ 对应的频谱为 $S(\omega)$，信号 $f(t)$ 对应频谱为 $F(\omega)$，信号 $m(t)$ 对应频谱为 $M(\omega)$，根据信号傅里叶变换性质，在频域上有：

$$S_{AM}(\omega)=\pi A_1[\delta(\omega+\omega_c)+\delta(\omega-\omega_c)]+\pi A_0[M(\omega+\omega_c)+M(\omega-\omega_c)]$$

其中，直流部分分量 $A_1=KA_0$，因此，$S(t)$ 对应的频谱 $S(\omega)$ 是信号 $m(t)$ 对应频谱 $M(\omega)$ 在频域上的简单搬移，$M(\omega)$ 在频域被搬移到载波频率 $\omega_c$ 附近形成双边带，$S(\omega)$ 由集中于附近的上边带（见图 4—14 中加黑部分）和下边带组成，且下边带是上边带的反摺，如图 4—14 所示。

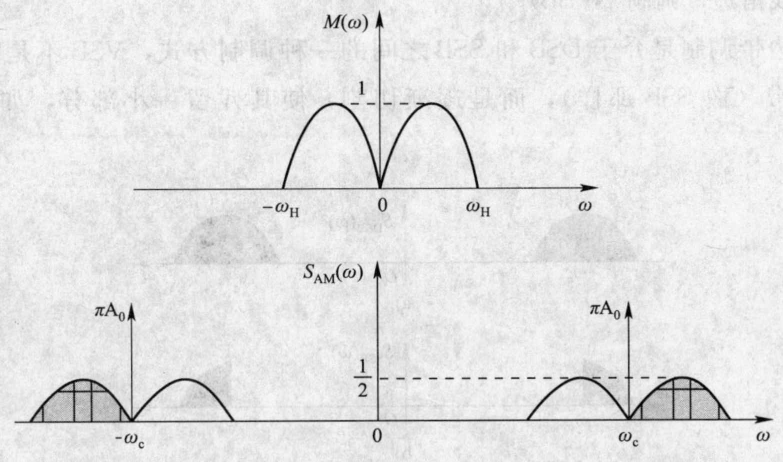


图 4—14　调幅信号频谱示意图

（2）抑制载波双边带调幅（DSB）

在调幅信号中，载波分量并不携带信息，信息完全由边带传送，如果将载波抑制掉，只需将 $f(t)$ 信号中的直流分量 $K$ 抑制掉，即可输出抑制载波的双边带调幅信号如图 4—15a 所示。

（3）单边带调幅（SSB）

在 DSB 调幅信号中包含两个边带，即上、下边带，这两个边带携带的信息相同，从信息传输的角度来考虑，传输一个边带就足够了，这种只传输一个边带的调幅方式就称为单边带调幅。单边带调幅可以通过 DSB 滤波法或移相法得到，单边带调幅信号如图 4—15b 所示。

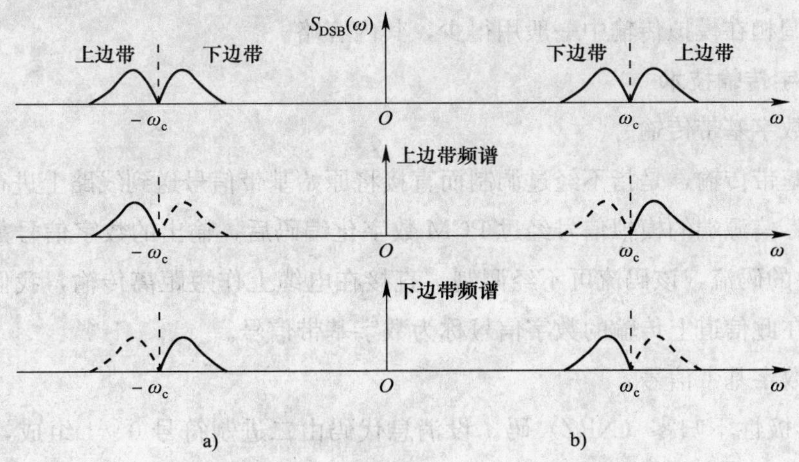


图 4—15　DSB 和 SSB 调幅信号

a）抑制载波双边带调幅（DSB）　b）单边带调幅（SSB）

（4）残留边带调制（VSB）

残留边带调制是介于 DSB 和 SSB 之间的一种调制方式，VSB 不是完全抑制另一个边带（像 SSB 那样），而是逐渐切割，使其残留一小部分，如图 4—16 所示。

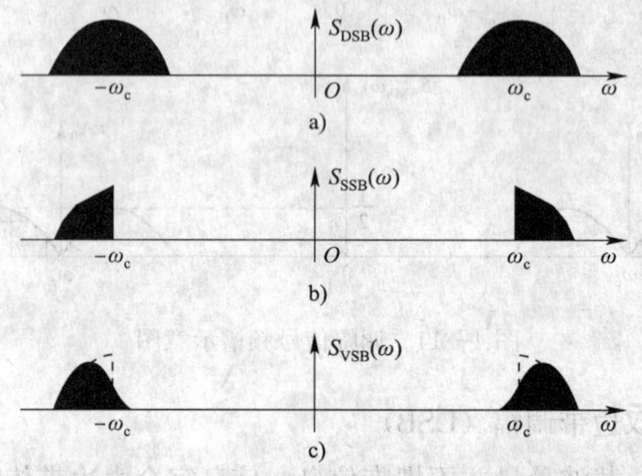


图 4—16　DSB SSB 和 VSB 调制波形

（5）调频

用载波的角频率 $\omega$ 来携带信源的信息。将信源端 $f(t)$ 幅度的变化用于压控振荡器控制载波频率的变化，其输出为调频波 $S(t)$，调频波的密和疏与 $f(t)$ 的幅度大小有关。

（6）调相

由载波的相位分量来携带信源的消息，以载波相位的变化表示信号 $f(t)$ 幅度的变化，调相在模拟传输中一般用得少，其内容略。

### 3. 数字传输技术

（1）数字基带传输

所谓基带传输，是指不经过调制而直接将原始基带信号送到线路上进行传输的一种方式。信源端的模拟信号经过 PCM 数字化编码后，输出的数字信号是以基群（低次群）的码流，该码流可不经调制，直接在电缆上作短距离传输，我们称为基带传输，在此信道上传输的数字信号称为数字基带信号。

（2）数字基带信号

1）单极性不归零（NRZ）码。设消息代码由二进制符号 0、1 组成，基带信号的 0 电位及正电位分别对应数字信号 0 和 1，NRZ 码的基带信号及频谱如图 4—17 所示。

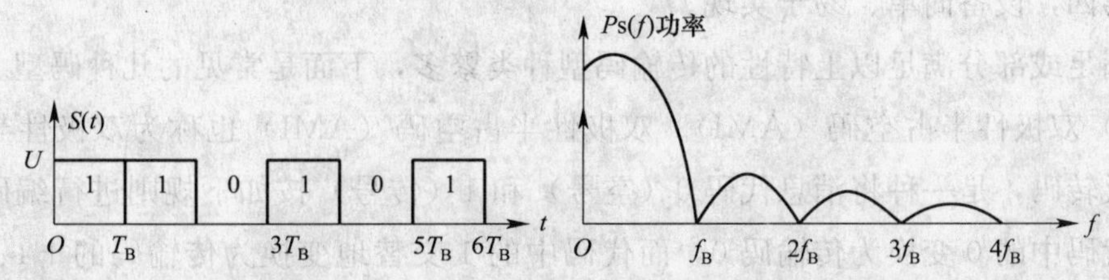


图 4—17　单极性（NRZ）不归零码及功率谱图

2）双极性不归零码。双极性波形就是二进制符号 0、1 分别与正、负电位对应的波形，如图 4—18 所示。

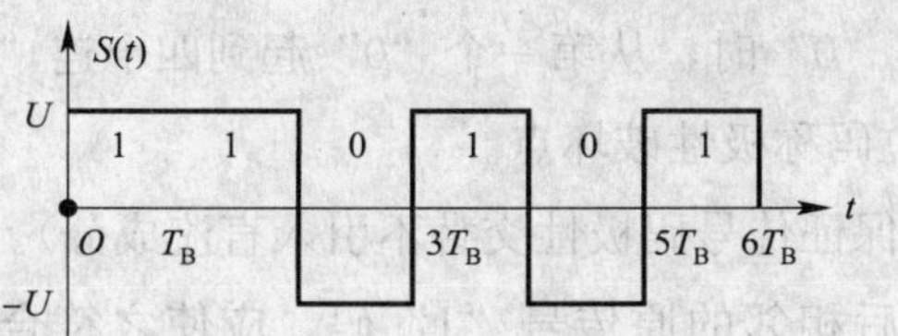


图 4—18　双极性不归零码

3）单极性归零码。单极性波形就是二进制符号 0、1 分别与零、正电位对应，且有电脉冲宽度比码元宽度窄的波形，每个脉冲都回到零电位，如图 4—19 所示。

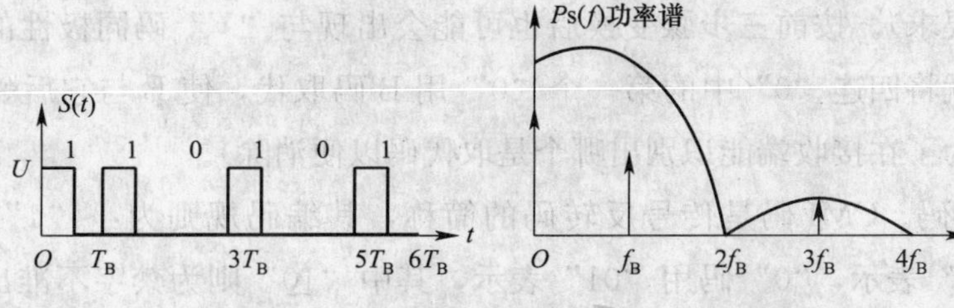


图 4—19　单极性归零码（RZ）及功率谱

4）双极性归零码。双极性波形就是二进制符号 0、1 分别与正、负电位对应的波形，如图 4—20 所示 。

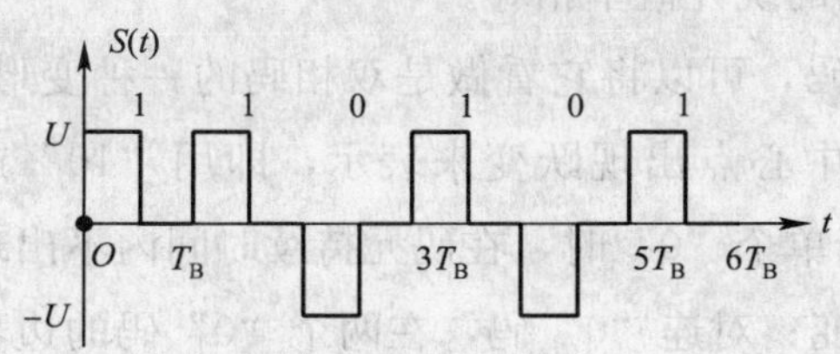


图 4—20　双极性归零（RZ）码

（3）常用的数字基带传输码型

根据电缆信道的特点及传输数字信号的要求，为了不使在信道中传输的数字信号产生严重畸变，选择的数字基带码要满足以下几个条件：

第一，码型中，高、低频成分少，无直流分量。

第二，在接收端便于定时时钟提取。

第三，码型应具有一定的检错（检测误码）能力。

第四，设备简单、易于实现。

满足或部分满足以上特性的传输码型种类繁多，下面是常见的几种码型。

1）双极性半占空码（AMI）。双极性半占空码（AMI）也称为双极性半占空交替反转码，是一种将消息代码 0（空号）和 1（传号）按如下规则进行编码的码型：代码中的 0 变换为传输码 0，而代码中的 1 交替地变换为传输码的＋1、－1、＋1、－1…。

2）HDB3 码。HDB3 码是三阶高密度双极性码的简称，是一种改进的 AMI 码。普通二进制码流变换为 HDB3 码的规则如下：

①在数码流中当连续出现四个以上连“0”时，从第一个“0”起到四个连“0”中，最后一个“0”用“V”码取代，此位码称极性破坏点。

②各“V”码必须进行极性交替（为保证传号码极性交替不引入直流成分）。

③相邻“V”码间，前一“V”码与后相邻的原传号“1”码，应使之符合极性交替原则（符合 AMI 码变换规律）。

④要使“V”码前面相邻一定出现一个与之极性相同的码位（满足“V”码为极性破坏点要求）。按前三步骤变换后也可能会出现与“V”码同极性的码，当没有出现时，就将四连“0”中的第一个“0”用 B 码取代，使 B 与它后邻的取代 V 码同极性（为了在接收端能识别出哪个是取代码以便消除）。

3）CMI 码。CMI 码是传号反转码的简称，其编码规则为：“1”码交替用“11”和“00”表示，“0”码用“01”表示，其中“10”则为禁字不准出现，接收端可据此判决为误码。

4）Manchester 码。Manchester 码又称双相码，它是对每个二进制代码分别利用两个具有不同相位的二进制新码去取代的码，编码规则之一是：“0”码用“01”表示，“1”码用“10”表示，编码后 0、1 的统计概率相等。

5）Miller（密勒）码。又称延迟调制码，可以将它看做是双相码的一种变形。编码规则如下：“1”码用码元持续时间中心点出现跃变来表示，即用“10”或“01”表示。“0”码分两种情况处理：对于单个“0”时，在码元持续时间内不出现电平跃变，且与相邻码元的边界处也不跃变；对连“0”码，在两个“0”码的边界处出现电平跃变，即“00”和“11”交替。

6）nBmB 码。nBmB 码是一类分组码，它将原信息码流的 $n$ 位二进制码作为一组，变换为 $m$ 位二进制码作为新的码组。

（4）数字基带传输系统

基带信号呈现低通型频谱特性，基带传输系统具有低通特性，其基本模型，如

图 4—21 所示。

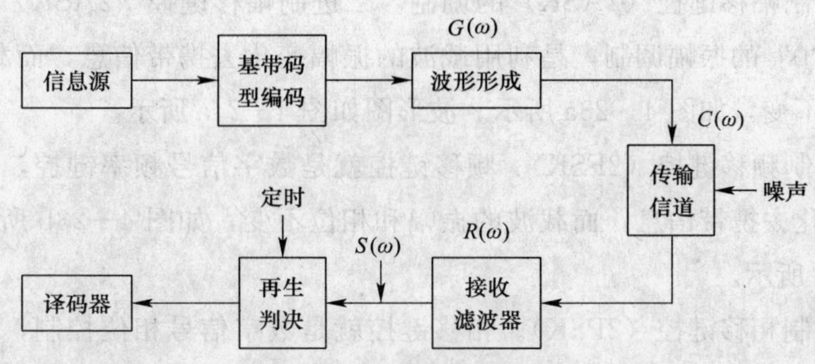


图 4—21　数字基带传输系统

如图 4—21 所示，接收滤波器输出频谱信号为：

$$S(\omega)=G(\omega)\cdot C(\omega)\cdot R(\omega)$$

显然，要在接收端得到无失真的波形 $S(\omega)$，必须满足下列条件：

$$\begin{cases}|C(\omega)\cdot R(\omega)|=K,\ |\omega|\leqslant\omega_c\\|G(\omega)|=0,|\omega|>\omega_c\end{cases}$$

**4. 数字频带传输**

所谓频带传输，是指原始电信号在发送端先经过调制后，再传输，接收端则要进行相应解调才能恢复出原来的基带信号。

(1) 数字信号的无线传输

数字信号通过空间以电磁波为载体传输到对方，称为无线传输。

(2) 数字信号的基本调制与解调

调制是通过改变一个更高频率信号的某些特征物理量或参数（如幅度、频率、相位等）的过程，这一高频信号常被称为载波。一般由载波振荡器（如振荡电路、激光器等）产生。如图 4—22 所示是频带通信系统的简化方框图，其显示了调制信号、高频载波及已调波间的关系。

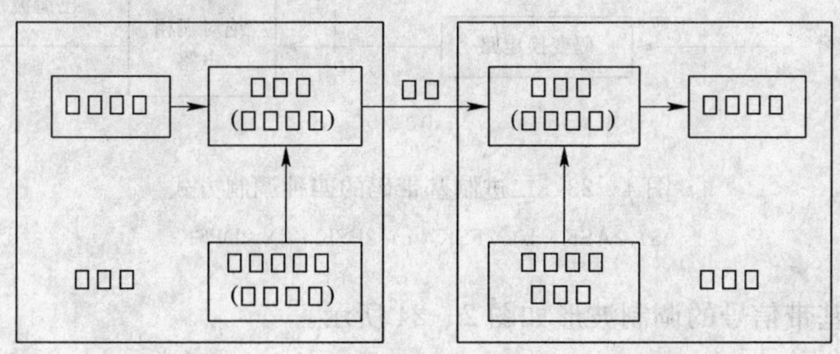

图 4—22　频带传输系统简化框图

1）数字调制方式的几种基本方式如下：

① 二进制幅移键控（2ASK）的调制。二进制幅移键控（2ASK）就是数字信号“1”和“0”的振幅调制，是利用载波的振幅变化去携带信息，而载波的频率、相位都保持不变，如图 4—23a 所示。波形图如图 4—24a 所示。

② 二进制频移键控（2FSK）。频移键控就是数字信号频率键控，是利用已调波的频率变化去携带信息，而载波的振幅和相位不变，如图 4—23b 所示。波形图如图 4—24b 所示。

③ 二进制相移键控（2PSK）。相移键控就是数字信号相位控制，是利用已调载波信号的相位去携带数字信息。而载波的振幅和频率都不变化，如图 4—23c 所示。波形图如图 4—24c 所示。

④ 二进制相对相移键控（2DPSK）。所谓相对调相，不是像绝对调相那样对应数字信号“1”和“0”以固定的相位关系，而是一种相对的关系，其调制规律是：当遇到基带信号“1”码时，载波的相位相对于前一个码元相位改变 π（即倒相），当遇到“0”码时，载波的相位相对于前一个码元相位不变，当然此规律也可反而用之。2DPSK 调制原理方框如图 4—23d 所示，此相对调相的波形如图 4—24d 所示。

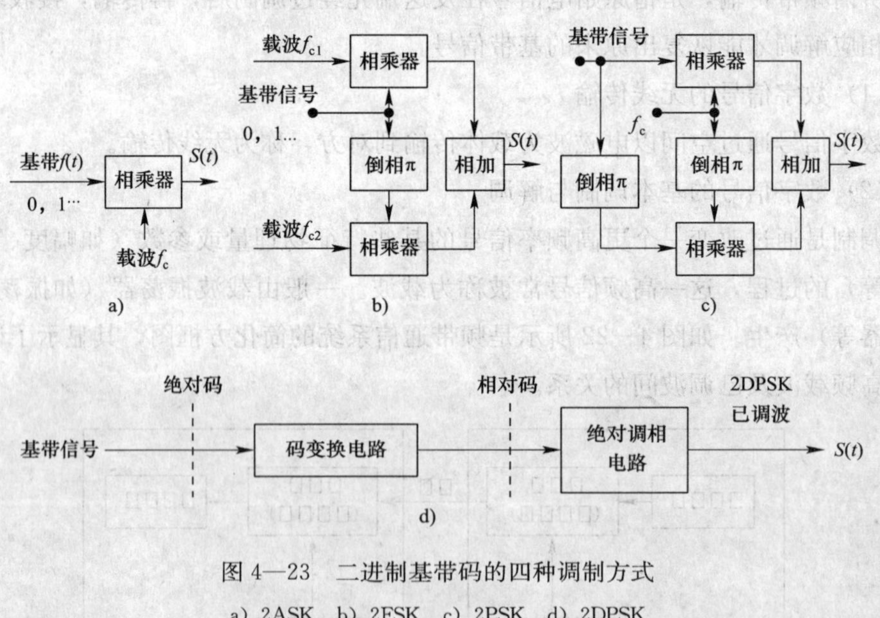


图 4—23　二进制基带码的四种调制方式

a）2ASK　b）2FSK　c）2PSK　d）2DPSK

二进制基带信号的调制波形如图 2—24 所示。

2）基本调制方式的解调

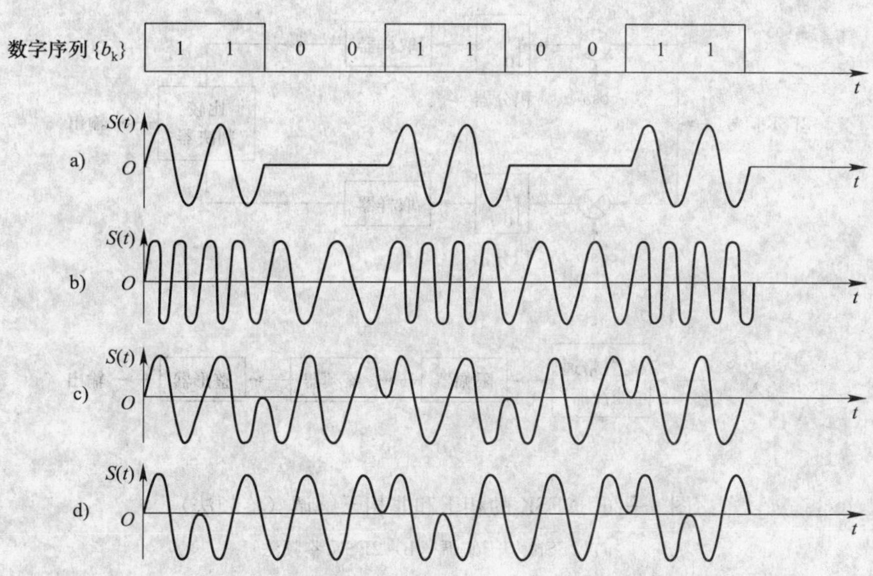


图 4—24　二进制基带信号的调制波形

a）2ASK　b）2FSK　c）2PSK　d）2DPSK

①2ASK 调制信号的解调。二进制振幅键控信号的解调与模拟调幅信号解调一样，分为非相干解调（包络检波）和相干解调（同步检波）两种，2ASK 的解调系统框图如图 4—25 所示。

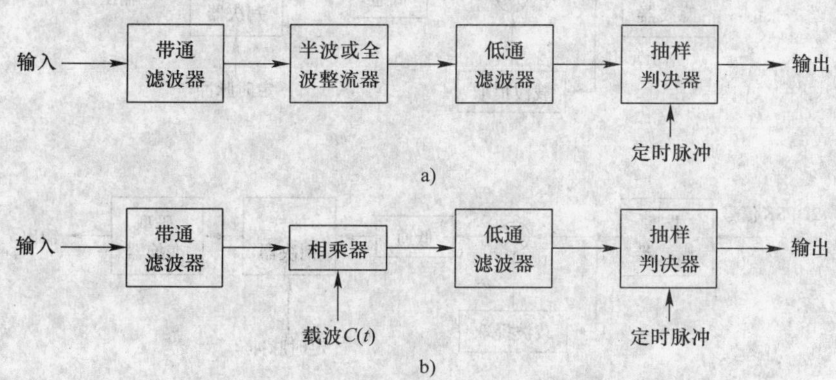


图 4—25　2ASK 的非相干和相干解调

a）2ASK 非相干解调　b）2ASK 相干解调

②2FSK 调制信号的解调。2FSK 信号的相干解调也称为最佳接收法，如图 4—26 所示。

③2PSK 调制信号的解调。2PSK 信号的解调方法为相干解调法，其框图如图

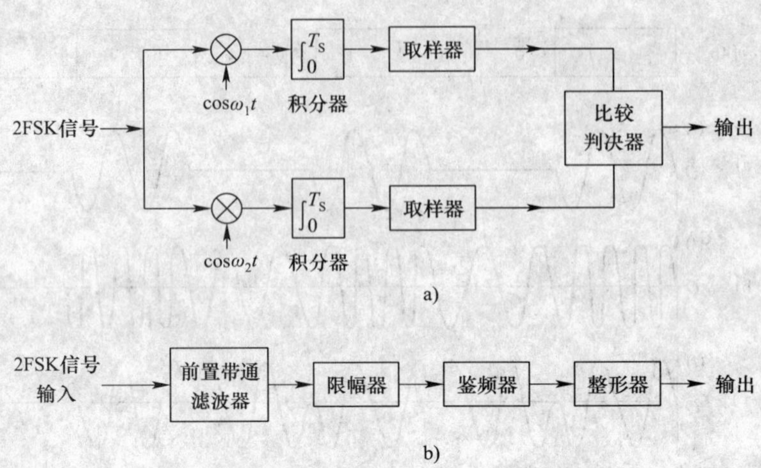


图 4—26　2FSK 的相干和非相干解调（鉴频法）

a）2FSK 相干解调　b）2FSK 鉴频法

4—27a 所示。

④2DPSK 调制信号的解调。2DPSK 的相干解调与 2PSK 的相干解调过程类似，但得到的是相对码序列，需要变换成绝对码序列，其原理框图如图 4—27b 所示。

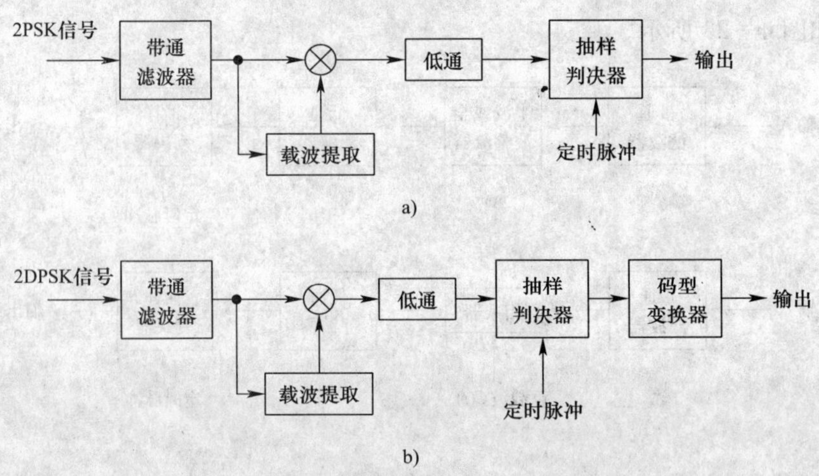


图 4—27　2PSK 和 2DPSK 的相干解调

a）2PSK 相干解调　b）2DPSK 相干解调

（3）四相相对调相与解调

在数字微波通信中 PDH 系列的 8 Mb/s，34 Mb/s 等中等速率的数字基带信号，经常采用四相相对调制（QPSK）。如图 4—28 和图 4—29 所示。

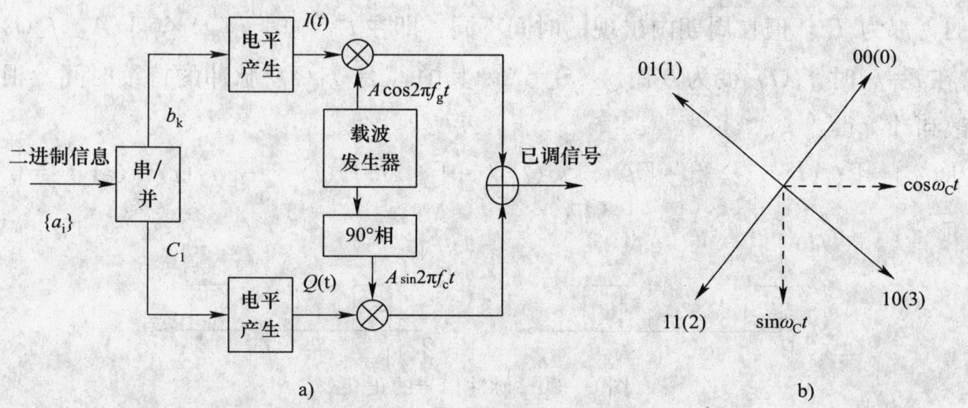


图 4—28　QPSK 调制器

a）4PSK 框图　b）相量图

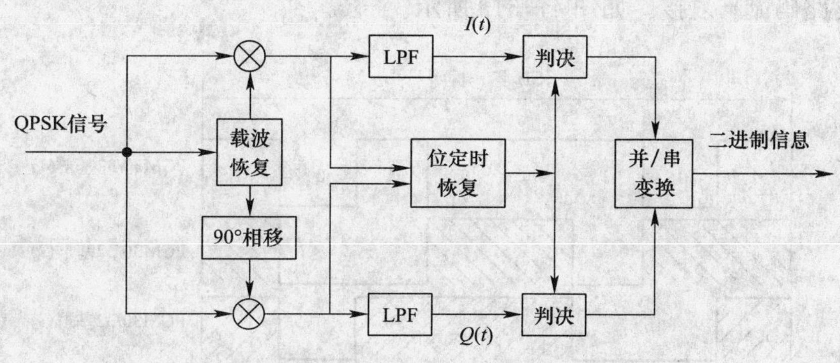


图 4—29　QPSK 相干解调器

注：LPF—低通滤波器　$I(t)$—同相支路　$Q(t)$—正交支路

## 三、信号多路传输的基本概念

### 1. 数字多路通信原理

数字多路通信也叫做时分多路通信，所谓时分多路通信，是利用多路信号（数字信号）在信道上占有不同的时间间隙来进行通信。多路通信的原理源于数学上信号的正交性。

$$F=\int_{t_1}^{t_2} f_1(t) f_2(t)\,\mathrm{d}t=0$$

对于不是连续信号，如时分制中的脉冲信号，只能用离散和来代替以上积分，即：

$$R(T)=\sum_{t=0}^{T_0} f_1(t) f_2(t)$$

$f_1(t)$、$f_2(t)$ 为周期性的矩形脉冲信号，如图 4—30 所示。它们的周期是相同的，都为 $T_0$，但在周期内出现的时间不同，即在 $t=0$ 时 $f_1(t)$ 等于 A，$f_2(t)=0$，在 $t=t_1$ 时 $f_1(t)$ 变为 0 而 $f_2(t)=A$，其中 $t_1$ 是 $f_1(t)$ 脉冲的持续时间。根据离散和计算得：

$$R(T)=[f_1(t)f_2(t)]_0^{t_2}+[f_1(t)f_2(t)]_{t_1}^{t_2}+[f_1(t)f_2(t)]_{t_2}^{t_3}+[f_1(t)f_2(t)]_{t_3}^{T_0}=0$$

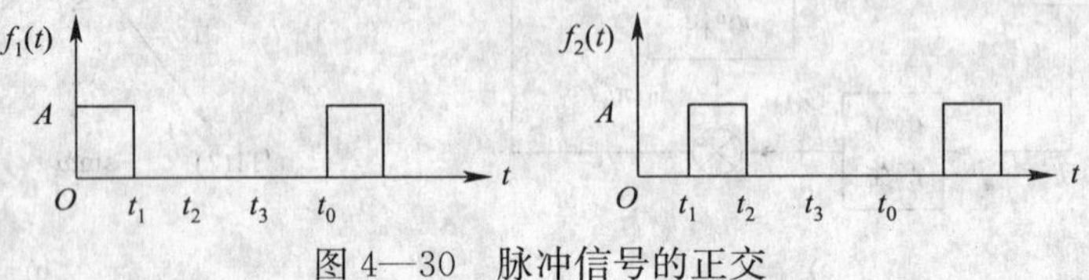


图 4—30　脉冲信号的正交

## 2. 数字信号复接技术

数字复接，就是利用时间的可分性，采用时隙叠加的方法，把多路低速的数字码流（支路码流）复接。如图 4—31a 所示。

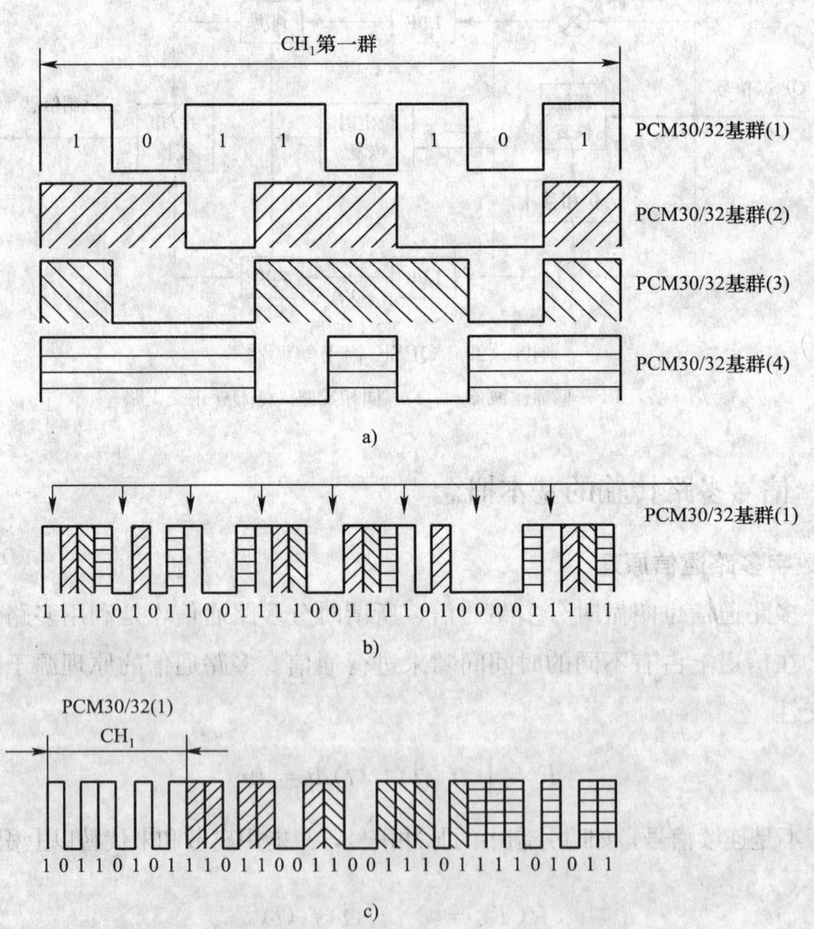


图 4—31　按位复接和按字复接示意图

a）一次群（基群）　b）二次群（按位复核）　c）二次群（按字复核）

数字复接主要有：按位复接、按字复接、按帧复接等三种方式。按一个码位时隙宽度进行时隙叠加称为按位复接，如图 4—31b 所示。图 4—31c 所示为按字复接，一般一个码字在 PCM 中即为一个抽样值所编的 8 位码。因此一个码字通常称为 8 位码，在一个码字宽度里将四个码字叠加在一起，其每个码字时间宽度减小到原来的 1/4，码率提高了四倍。

**3. 数字传输信号帧结构**

帧结构一般都由世界电信组织建议统一格式，为保证数字通信系统正常工作，在一帧的信号中应有以下基本信号：

(1) 帧同步信号（帧定位信号）及同步对端告警信号。

(2) 信息信号。

(3) 其他特殊信号（地址、信令、纠错等信号）。

(4) 勤务信号。

# 第 2 节　单片机与微计算机基础

## 一、单片机

所谓单片机（Single Chip Microcomputer），是指在一块芯片中，集成有中央处理器（CPU）、存储器（RAM 和 ROM）、基本 I/O 端口以及定时器/计数器等部件并具有独立指令系统的智能器件，即在一块芯片上实现一台微型计算机的基本功能，其基本结构如图 4—32 所示。

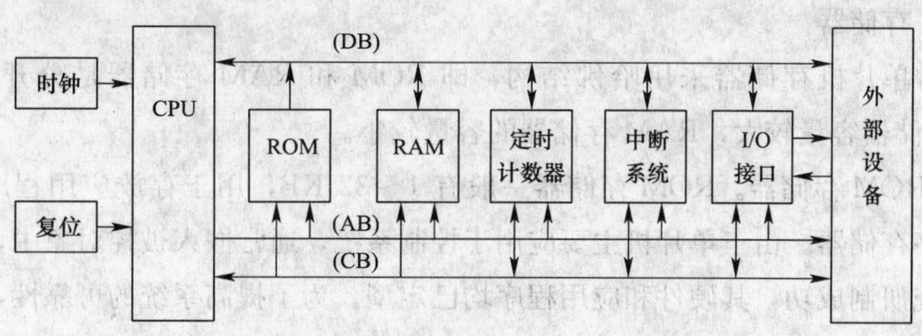


图 4—32　单片机系统的硬件结构框图

**1. 单片机的工作过程**

单片机自动完成赋予它的任务的过程，即单片机执行程序的过程。所谓指令就是把要求单片机执行的各种操作以命令的形式写下来，这是设计人员赋予它的指令系统所决定的，一条指令对应着一种基本操作；单片机所能执行的全部指令，就是该单片机的指令系统，不同种类的单片机，其指令系统也不同。为使单片机能自动完成某一特定任务，必须把要解决的问题编成一系列指令（这些指令必须是选定单片机能识别和执行的指令），这一系列指令的集合就成为程序，程序需要预先存放在具有存储功能的部件——存储器中。存储器由许多存储单元（最小的存储单位）组成，指令就存放在这些单元里，每一个存储单元也必须被分配到唯一的地址号，该地址号称为存储单元的地址，这样只要知道了存储单元的地址，就可以找到这个存储单元，其中存储的指令就可以被取出，然后再被执行。

程序通常是顺序执行的，所以程序中的指令也是一条条顺序存放的，单片机在执行程序时要能把这些指令一条条取出并加以执行，必须有一个部件能追踪指令所在的地址，这一部件就是程序计数器 PC（包含在 CPU 中），在开始执行程序时，给 PC 赋以程序中第一条指令所在的地址，然后取得每一条要执行的命令，PC 中的内容就会自动增加，增加量由本条指令长度决定，可能是 1、2 或 3，以指向下一条指令的起始地址，保证指令顺序执行。

**2. 单片机的基本结构**

单片机由运算器、控制器、存储器、输入输出设备构成。

（1）中央处理器 CPU

CPU 是单片机的核心部件，由运算器和控制器组成，完成算术运算和逻辑操作，单片机的字长有 4 位、8 位、16 位和 32 位之分，字长越长运算速度越快，数据处理能力也越强。

（2）存储器

通常单片机存储器采用哈佛结构，即 ROM 和 RAM 存储器是分开编址的。ROM 存储器容量较大，RAM 存储器的容量较小。

1）ROM 存储器。ROM 存储器一般有 1～32 KB，用于存放应用程序，故又称为程序存储器。由于单片机主要应用于控制系统，通常嵌入被控对象中，因此一旦该系统研制成功，其硬件和应用程序均已定型。为了提高系统的可靠性，应用程序通常固化在片内 ROM 中。根据片内 ROM 的结构，单片机又分为无 ROM 型、ROM 型、EPROM 型和 EEPROM 型。近年来，又出现了 Flash 型 ROM 存储器。

无 ROM 型的单片机片内不集成 ROM 存储器，故应用程序必须固化到外部

ROM 存储器芯片中，才能构成有完整功能的单片机应用系统。ROM 型单片机内部程序存储器是采用掩膜工艺制成的，程序一旦固化进去便不能修改。EPROM 型单片机内部程序存储器是采用特殊 FAMOS 管构成的，程序写入后，可通过紫外线擦除，重新写入。而 EEPROM 型单片机内部程序存储器可以直接用电信号编程和擦除，使用起来十分方便，深受开发设计人员欢迎。

2）RAM 存储器。通常，单片机片内 RAM 存储器容量为 64～256 B，有的可达 48 KB。RAM 存储器主要用来存放实时数据或作为通用寄存器、堆栈和数据缓冲器之用。

（3）I/O 接口和特殊功能部件

I/O 接口电路有串行和并行两种。串行 I/O 用于串行数据传输，它可以把单片机内部的并行数据变成串行数据向外传送，也可以串行接收外部送来的数据，并把它们变成并行数据送给 CPU 处理。并行 I/O 端口可以使单片机和存储器或外设之间实现并行数据传送。

通常，特殊功能部件包括定时器/计数器、A/D、D/A、DMA 通道、系统时钟、中断系统和串行通信接口等模块。定时器/计数器用于产生定时脉冲，以实现单片机的定时控制；A/D 和 D/A 转换器用于模拟量和数字量之间的相互转换，以完成实时数据的采集和控制；DMA 通道可以使单片机和外设之间实现数据的快速传送；串行通信接口可以很方便地实现单片机系统与其他系统的数据通信。总之，确定了某一单片机内部究竟包括哪些特殊功能部件，以及特殊功能部件的数量，便确定了其应用领域。

**3. 单片机及应用系统特点**

在单片机应用系统中，如果是简单的控制对象，只需利用单片机作为控制核心构成最小系统，不需另外增加外部电路就能完成。对于较复杂的系统，需要对单片机进行某些扩展，使用十分方便。单片机及应用系统归纳起来有以下特点：

（1）单片机具有独立的指令系统，可以将我们的设计思想充分体现出来，使产品智能化。

（2）系统配置以满足控制对象的要求为出发点，使得系统具有较高的性能价格比。

（3）应用系统通常将程序驻留在片内（外）ROM 中，抗干扰能力强，可靠性高，使用方便。

（4）单片机本身不具有自我开发能力，一般需借助专用的开发工具进行系统开发和调试，但最终形成的产品简单实用、成本低、效益高。

（5）应用系统所用存储器芯片可选用 EPROM、EEPROM、OTP 芯片或利用掩膜形式生产，便于批量生产和应用。大多单片机如 51 系列，开发芯片和扩展应用芯片相互配套，降低了系统成本。

（6）由于系统小巧玲珑，控制功能强、体积小，便于嵌入被控设备内，大大推动了产品的智能化。如数控机床、机器人、智能仪器仪表、洗衣机、电冰箱、电视机等都是典型的机电一体化设备和产品。

**4. 单片机的分类**

按照 CPU 对数据处理位数来分，单片机通常可以分为以下四类：

（1）4 位单片机

4 位单片机的控制功能较弱，CPU 一次只能处理 4 位二进制数。这类单片机常用于计算器、各种形态的智能单元以及作为家用电器的控制器等。

（2）8 位单片机

8 位单片机的控制功能较强，品种最为齐全。和 4 位单片机相比，8 位单片机不仅有较大的存储容量和寻址范围，按字节处理十分方便，而且具有丰富的中断源、并行 I/O 接口、定时器/计数器、全双工串行通信接口等。在指令系统方面，普遍增设了乘除指令和比较指令。特别是 8 位机中的高性能增强型单片机，除片内增加了 A/D 和 D/A 转换器以外，还集成有定时器捕捉/比较寄存器、监视定时器（Watchdog）、总线控制部件和晶体振荡电路等。

这类单片机由于其片内资源丰富和功能强大，主要应用于工业控制、智能仪器仪表、家用电器和办公自动化系统等领域。

（3）16 位单片机

这类单片机的特点是：CPU 为 16 位，运算速度普遍高于 8 位机，有的单片机的寻址能力高达 1 MB，片内含有 A/D 和 D/A 转换电路，支持高级语言等。16 位单片机主要用于过程控制、智能仪器仪表、家用电器、智能控制器以及 8 位单片机不能满足技术要求的场合。

（4）32 位单片机

32 位单片机的字长为 32 位，是目前单片机的顶级产品，具有极高的运算速度。近年来，随着微电子技术的快速发展，32 位单片机的市场前景看好。

**5. 单片机的硬件特性**

（1）单片机集成度高。单片机包括 CPU、4KB 容量的 ROM（8031 无）、128 B 容量的 RAM、2 个 16 位定时/计数器、4 个 8 位并行口、全双工串口行口。

（2）系统结构简单，使用方便，实现模块化。

（3）单片机可靠性高，工作寿命长。

（4）处理功能强，速度快。

**6. 单片机的应用**

单片机广泛应用于仪器仪表、家用电器、医用设备、航空航天、专用设备的智能化管理及过程控制等领域，大致可分如下几个范畴：

（1）在智能仪器仪表上的应用

单片机具有体积小、功耗低、控制功能强、扩展灵活、微型化和使用方便等优点，广泛应用于仪器仪表中，结合不同类型的传感器，可实现诸如电压、功率、频率、湿度、温度、流量、速度、厚度、角度、长度、硬度、元素、压力等物理量的测量。采用单片机控制使得仪器仪表数字化、智能化、微型化，且功能比起采用电子或数字电路更加强大。例如精密的测量设备（功率计，示波器，各种分析仪）。

（2）在工业控制中的应用

用单片机可以构成形式多样的控制系统、数据采集系统。例如工厂流水线的智能化管理、电梯智能化控制、各种报警系统、与计算机联网构成二级控制系统等。

（3）在家用电器中的应用

现在的家用电器基本上都采用了单片机控制，从电饭煲、洗衣机、电冰箱、空调机、电视机、其他音响视频器材，再到电子秤量设备，五花八门，无所不在。

（4）在计算机网络和通信领域中的应用

现代的单片机普遍具备通信接口，可以很方便地与计算机进行数据通信，为在计算机网络和通信设备间的应用提供了极好的物质条件，现在的通信设备基本上都实现了单片机智能控制，从手机、电话机、小型程控交换机、楼宇自动通信呼叫系统、列车无线通信，再到日常工作中随处可见的移动电话、集群移动通信、无线电对讲机等。

（5）单片机在医用设备领域中的应用

单片机在医用设备中的用途也相当广泛，例如医用呼吸机、各种分析仪、监护仪、超声诊断设备及病床呼叫系统等。

（6）在各种大型电器中的模块化应用

某些专用单片机设计用于实现特定功能，从而在各种电路中进行模块化应用，而不要求使用人员了解其内部结构。如音乐集成单片机，看似简单的功能，微缩在纯电子芯片中（有别于磁带机的原理），就需要复杂的类似于计算机的原理。如：音乐信号以数字的形式存于存储器中，由微控制器读出，转化为模拟音乐电信号。

在大型电器中，这种模块化应用使其体积极大地缩小了，还简化了电路，降低了损坏、错误率，也方便于更换。

（7）单片机在汽车设备领域中的应用

单片机在汽车电子中的应用非常广泛，例如汽车中的发动机控制器、基于CAN总线的汽车发动机智能电子控制器、GPS导航系统、ABS防抱死系统，制动系统等。

此外，单片机在工商、金融、科研、教育、国防航空航天等领域都有十分广泛的用途。

## 二、微型计算机

### 1. 微型计算机基本组成

微型计算机硬件系统由微处理器、存储器、输入/输出接口电路和一些必不可少的外部设备组成，并通过系统总线连接成有机整体，如图4—33所示。

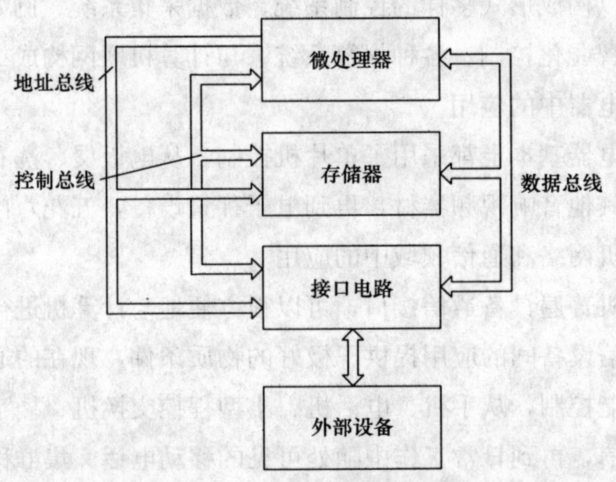


图4—33 微型计算机的硬件组成

（1）中央处理器CPU

CPU（Central Processing Unit）是计算机的核心部件，它由运算器和控制器组成，完成计算机的运算和控制功能。

运算器又称算术逻辑部件（ALU），主要完成对数据的算术运算（加、减、乘、除等操作）和逻辑运算（与、或、非、异或等操作），是CPU的核心。

控制器是整个计算机的指挥中心，它负责从内部存储器中取出指令并对指令进行分析、判断，并根据指令发出控制信号，使计算机的有关部件及设备有条不紊地协调工作，保证计算机能自动、连续地运行。

CPU 中还包括若干寄存器，其作用是存放运算过程中的各种数据、地址或其他信息。寄存器种类很多，主要有：

1）通用寄存器。向 ALU 提供运算数据，或保留运算中间或最终的结果。

2）累加器 A。这是一个使用相对频繁的特殊的通用寄存器，有重复累加数据的功能。

3）程序计数器 PC。指向将要执行的下一条指令的位置，具有自动增 1 功能，以决定程序的执行顺序。

4）时序与控制逻辑部件。主要负责对整机的控制，包括对指令的取出、译码、分析，确定指令的操作，使 CPU 内部和外部各部件协调工作。

5）指令存储器 IR。存放根据 PC 的内容从存储器中取出的指令。

在微型计算机中，CPU 一般集成在一块被称为微处理器（MPU，Micro Processing Unit）的芯片上。

（2）存储器

存储器（Memory）是具有记忆功能的部件，用来存储数据和程序。存储器由许多存储单元组成，每个单元的位数可以是 1 位、4 位、8 位、16 位等，其中 8 位为一个字节（Byte）。

存储器的容量是指存储器所能存储的二进制位数，通常用能存储的字节数来衡量，单位有 KB、MB、GB 等。

存储器根据其位置不同可分为两类：即内存储器和外存储器。

内存储器（简称内存）和 CPU 直接相连，存放当前要运行的程序和数据，故也称主存储器（简称主存）。它的特点是存取速度快，基本上可与 CPU 处理速度相匹配，但价格较贵，能存储的信息量较小。

外存储器（简称外存）又称辅助存储器，主要用于保存暂时不用但又需长期保留的程序和数据。存放在外存的程序必须调入内存才能进行。外存的存取速度相对较慢，但价格较便宜，可保存的信息量大。

（3）输入/输出接口（I/O 接口）

输入/输出（I/O）接口由大规模集成电路组成的 I/O 器件构成，用来连接主机和相应的 I/O 设备（如键盘、鼠标、显示器、打印机等），使得这些设备和主机之间传送的数据、信息在形式上和速度上都能匹配。包括外部存储器、键盘、显示器等。不同的 I/O 设备必须配置与其相适应的 I/O 接口。

（4）总线

总线（BUS）是 CPU 向存储器和输入/输出接口传送地址、数据和控制信息的公共通路。

计算机中有内部总线和外部总线两类。内部总线是 CPU 内部之间的连线。外部总线是指 CPU 与其他部件之间的连线。外部总线有三种：数据总线 DB（Data Bus）、地址总线 AB（Address Bus）和控制总线 CB（Control Bus），如图 4—34 所示。

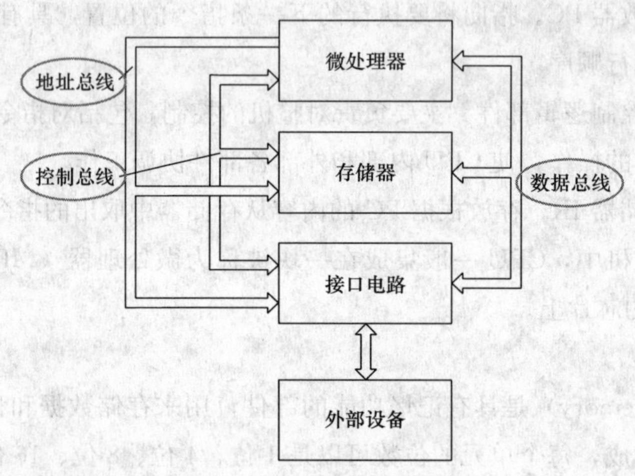


图 4—34　系统总线

2. 微型计算机的分类

微型计算机是体积最小的计算机，从应用形态上，微机可以分成三种：单片机、单板机和多板机三类。

(1) 单片机

单片机是指在一块芯片上集成了中央处理器 CPU、随机存储器 RAM、程序存储器 ROM 或 EEPROM、定时/计数器、中断控制器以及串行、并行 I/O 接口等部件，构成的一个完整的微型计算机系统。

(2) 单板机

单板机是指将微处理器芯片和 1～60 块其他支持芯片安装在同一块印制电路板上的微型计算机。除存储器芯片通用外，接口、时标和其他支持芯片，一般都是为特定的微处理器芯片而配套设计的。具有 60 块芯片的单板机可有近 300 条不同的指令，每秒运算 10～1 000 万次，最多能访问 8 个输入输出设备，存储器容量为 4 096～65 536 个字节。单板机常“嵌入”各种数字系统中使用。

(3) 多板机

多板机是指将单板机模块、附加存储器模块和输入输出接口模块等插到带电源的机箱底板上，通过底板上的总线互相连接而成的微型计算机（简称系统机）。工业 PC 机也属于多板机。

总线一般由三部分组成：

1）数据总线用于传送数据，可以来回两个方向传送。

2）地址总线用于传送数据的地址，由微处理器给出，按一个方向传送到存储器等其他模块上。

3）控制总线用于管理这些数据的传送。

总线上信号的逻辑意义与电气要求、模块所用印制电路板的尺寸大小以及引线多少，都有具体规范。有些总线规范已成为标准总线规范，为许多厂家所采用。

**3. 微型计算机系统的性能指标**

（1）计算机内部一次可以处理的二进制数的位数

字长越长，计算机所能表示的数据精度越高，在完成同样精度的运算时数据的处理速度越快。字长一般是字节的整数倍。

（2）存储器容量

存储器容量是衡量计算机主存储器能存储二进制信息量大小的一个重要指标。它反映了主存储器的数据处理能力，存储容量越大，其处理数据的范围就越大，并且运算速度一般也越快。

微型计算机中通常以字节为单位表示存储容量：

字节 1 B（Byte）＝8 位

1 KB（Kilobyte）＝210 B

1 MB（Megabyte）＝210 KB

1 GB（Gigabyte）＝210 MB

1 TB（Terabyte）＝210 GB

1 PB（Petabyte）＝210 TB

（3）运算速度

计算机的运算速度以每秒钟能执行的指令条数来表示。由于不同类型的指令执行时所需的时间长度不同，因而有几种不同的衡量运算速度的方法。

1）MIPS（百万条指令/秒）法。根据不同类型指令出现的频度，乘上不同的系数，求得统计平均值，得到平均运算速度，用 MIPS 作单位衡量。

2）最短指令法。以执行时间最短的指令（如传送指令、加法指令）为标准来计算速度。

3）实际执行时间法。给出 CPU 的主频和每条指令执行所需要的时钟周期，可以直接计算出每条指令执行所需的时间。

4）时钟频率。时钟频率又称为系统主频，指微处理器在单位时间（秒）内发出的脉冲数。

计算机的操作都是分步进行的，一个时钟周期完成一个操作，因此时钟频率是衡量微型计算机运算速度的重要指标。一般时钟频率越高，其运算速度越快。时钟频率现多使用 MHz、GHz 为单位。

**4. 微型计算机的应用**

微型计算机是应用最广的计算机，可分为通用与专用两类。通用微型计算机的指令系统，一般可用于数值计算和信息处理等许多方面，配有比较完善的系统软件和外围设备。专用微型计算机的逻辑结构根据具体算法特点而进行设计，用以满足快速响应要求。这两类机器用于信息作业的物理形式转换、存储、处理和传输等各个环节。

（1）信息的转换

为了能应用计算机技术，必须把输入信息从其他物理形式转换成计算机用的代码形式，而对输出信息进行相反的转换。办公室自动化用的微型计算机，利用多用键盘机械将字符转换成代码，或用字符识别设备把印刷字符或手写字符转换成数字代码。再进一步地发展，就是将口述的话直接转换成代码。将图像、语音、电信号等用各种物理形式表示。这些是微型计算机应用的重要组成部分。

（2）信息的保存和处理

利用微型计算机，借助编码的文件存储能力，用数据库取代档案柜，可以减少各种文件记录的体积，实现寻找和检索的自动化。信息的保存需要足够容量的文件存储器，主要是用磁盘设备。信息的处理包括识别、变换、计算、逻辑推理和判断等，其复杂程度取决于用途。

（3）信息的传输

微型计算机和各种信息技术通过数据网互相联系，完成信息交换。数字通信具有保真、保密、清楚、距离远、与计算机兼容等许多优点。在通信应用中，微型计算机完成控制和转换功能。使用专用的加密微处理器芯片，可用电子方式传送个人信件、秘密金融信息和签字等，不必担心窃听或伪造。电子办公室的文件分发、商业上的销售点终端以及家用计算机等，都是和信息的传输相辅相成的。

（4）研制系统

能为用户系统的软件和硬件提供综合调试的工具。一般包含有一个主处理器，用来控制和管理整个研制系统的资源；一个从处理器，用来仿真目标系统的功能；足够容量的存储器，用来存放数据和程序、各种基本软件。设计者利用此系统设计、调试、优化现成的微处理器、相应的外围设备和附件；设计研制目标系统的软件和相应的硬件等。

# 第 5 章 电器安全规程、安全操作与环保知识

## 第 1 节 电器维修作业安全操作规程

在家用电器维修作业过程中，遵循安全用电规程安全操作，是维修作业人员人身安全最基本的保障，防止和及时处理可能发生的事故。

### 一、安全用电常识

维修作业人员应充分认识到安全用电的重要性，严格按安全规程操作，一旦违规操作，轻则损坏用电设备、电气线路，重则会造成火灾、人身伤亡等严重事故。

#### 1. 触电危害

触电一般是指电流流过人体，对人体造成伤害，也叫做电击。

当通过人体的电流较小时，人体会有针刺、打击、疼痛感，会引起肌肉痉挛收缩；当通过人体的电流较大时，会引起呼吸困难、血压升高、心脏跳动不规则、昏迷等症状，甚至会造成呼吸停止和心脏停止跳动，导致死亡。

决定触电伤害程度的因素主要有两个：触电电流的大小和触电时间的长短。

通过人体 1 mA 左右电流，就会引起人的感觉，如针刺感。电流大到 15 mA 时，人就无法自己摆脱握在手中的带电导体。电流超过 30 mA 时就会导致死亡。

触电电流的大小主要取决于电压和人体综合电阻。人体电阻只有 2 kΩ 左右，而且人的表皮电阻较大，体内电阻只有 600～800 Ω，但是由于人总是穿着衣服鞋

袜，综合电阻可以达到几十千欧。所以，维修操作者在操作时，应穿绝缘良好的电工鞋，增大人体综合电阻。

触电时间短，电流小，不会对人体造成很大伤害，但触电时间加长，由于人体的生理反应，紧张出汗，减小了表皮电阻，使触电电流进一步增大，达到伤害电流的程度，就会造成死亡事故。可以用触电电流和触电时间的乘积来鉴定触电伤害程度，当乘积大于 50 mA・s 时，就会造成较严重的伤害，甚至死亡。我国规定 30 mA・s 为极限值。

### 2. 触电类型

当人体接触带电设备，或接触有不同电位的两点时，就会有电流流过人体，危及生命安全。经常发生的触电类型如下：

(1) 单相触电

人站在大地上，接触到一相带电导体时，电流经人体流入大地，流回电源，这种触电方式称为单相触电。这时加在人体上的是电源相电压，如图 5—1 所示。目前，大部分触电死亡事故是这种触电类型。一般是由于电器或导线等有缺陷，使用者不小心触及造成的。

(2) 两相触电

人体同时接触两个不同相的带电体，线电压直接加在人体上，电流从人体流过，造成触电，如图 5—2 所示。这时，加在人体上的电压比单相触电时高，后果更严重，这种情况一般发生在电工进行某种操作时。

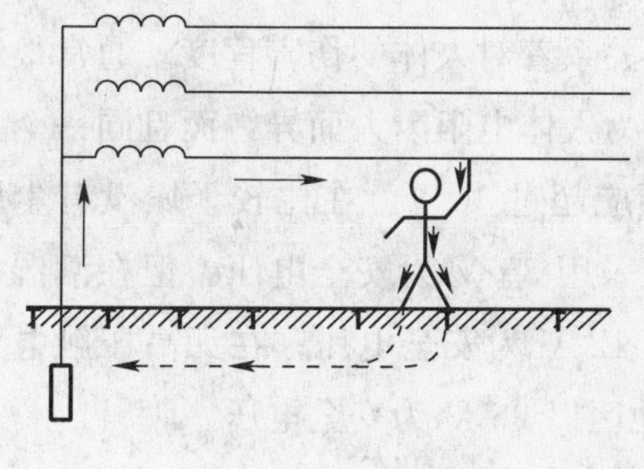

图 5—1　单相触电

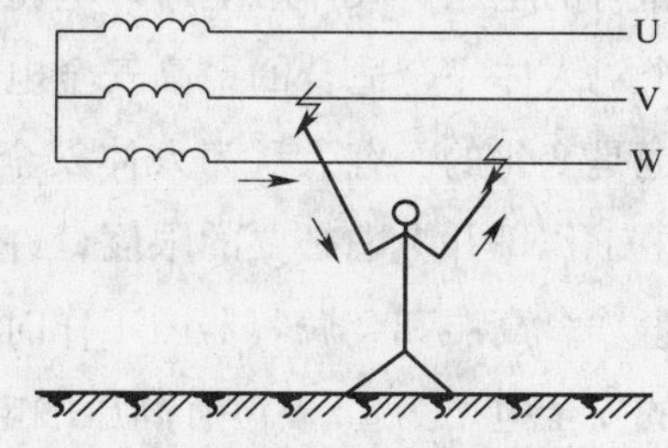


图 5—2　两相触电

(3) 跨步电压触电

当带电设备发生接地故障，电流在地面处成一半球形流入大地（球半径为 20 m）。在地面上由于土壤电阻的作用，电流流过土壤电阻会形成不同的电位分布。地面不同两点间会有电位差，如果人在接地短路点附近行走，两脚间（人体跨距按 0.8 m 计算）的电位差，称为跨步电压，由跨步电压造成的触电称为跨步电压触电。

## 二、安全用电的措施

为了确保电工设备的安全和使用人员的人身安全而采取的措施，是安全用电的一项主要内容。

用电安全措施主要分为技术措施和组织措施。技术措施是指按规定使用安全电压、采取安全防护、使用安全用具。组织措施指用电人员在进行操作、检修、试验电气设备时，要有一定的联系制度、监护制度、操作制度以及工作许可证、技术培训等，要制定用电安全规程。

### 1. 技术措施

技术措施主要包括：使用安全电压；对建筑物和电工设备采取一定的保护措施，例如电工设备的接地、保护接零，带电导体的遮拦、挂安全色标等；对工作人员的防护措施，例如，在不停电情况下进行工作时，须使用安全工具，保持一定的安全距离和保证人体不触电的安全电压；对高压电设备及附近的工作人员采取的保护措施，例如采用接地、屏蔽等措施，防止静电感应和高压电场对人体的影响；对生产中的各种设备产生的静电的防护措施；防雷、防火技术；触电紧急救护方法等。

(1) 使用安全电压

安全电压是指人体接触到的对人体各部分组织（皮肤、心脏、神经等）没有任何损坏时的电压。人体触电时，电压的高低关系着对人体的伤害程度。通常很难确定一个对人体完全适合的最高安全电压，因为人体电阻因人而异，而且同一个人的电阻也是变化的。有人认为人体安全电压不应超过 40 V。在比较干燥没有尘埃的环境中工作，并考虑必要的限度，许多国家采用 36 V 为安全电压。但在潮湿、有导电尘埃、高湿和金属容器内工作时，则以 12 V 为安全电压；在无高压触电危险地区的安全电压为 24 V；有高压触电危险地区以 36 V 为安全电压。

(2) 使用电气安全用具

电气安全用具是防止触电、坠落、灼伤等危险，保障工作人员安全的电工专用工具，包括绝缘安全用具、电压检测安全用具、防护和警告安全用具等，如装有绝缘手柄的工具、绝缘手套、橡胶绝缘垫、低压验电器（试电笔）等。

(3) 安全色标

为了保证人身安全和设备不受损坏、提醒工作人员对危险或不安全因素的注意、预防发生意外事故而采用的标志。安全色标是一门科学技术，属于人机工程学范畴。安全色标采用的标准，分为安全色和安全牌两种。

1）安全色。用不同颜色表示不同信息，使人们能迅速发现或分辨出安全标志和不安全因素，预防发生事故。红色：表示禁止，如紧急停机按钮，禁止触动，禁止靠拢。黄色：标志注意危险，如“当心触电”“注意安全”等。绿色：标志安全无事，运行正常，如“在此工作”“已接地”等。黑色：标志文字、图像、符号和警告的几何图形。

电网中母线和引下线规定 A 相为黄色，B 相为绿色，C 相为红色，也是为了防止运行和检修人员的误操作。

2）安全牌。由不同几何图形和安全色构成，并加上相应的图像、符号和文字（见图 5—3）。安全牌提醒人们“当心触电”“注意安全”“禁止烟火”“禁止开动”等。

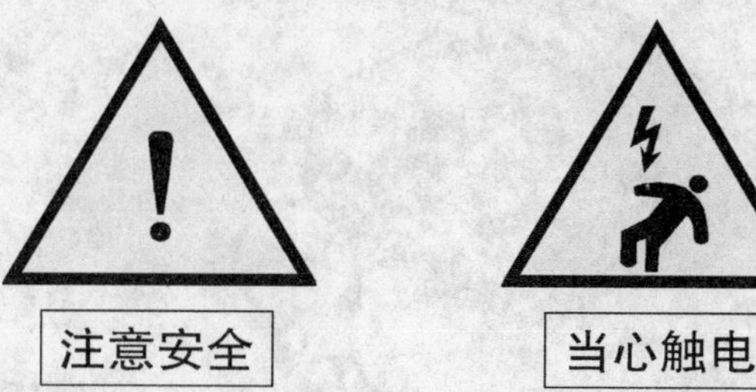

图 5—3　安全牌

2. 组织措施

安全组织措施主要内容有：制定安全规程、建立安全工作制度、进行安全教育和培训、组织事故分析等。

（1）安全规程

安全规程又称安全法规，是电气设计、安装、运行和检修人员必须共同遵循的准则。中华人民共和国颁布的《电业安全工作规程》和《电力工业技术管理法规》是各电业单位和用电单位制定各自安全规程的依据。操作者应严格按安全操作规程的规定进行操作，提高安全意识，防患未然。建立健全电气安全监督检查工作制度。

（2）安全教育、培训和考核

通过电气安全教育、培训，不断提高操作者的技能水平、安全意识。建立健全上岗证制度，必须通过严格的理论和实践考核，考核通过，方能颁发上岗证，持证上岗。对于安全事故的典型案例，应经常组织学习，分析事故发生的原因，总结安全隐患、安全意识的薄弱环节，使操作者引以为戒。

## 三、携带式电工常用仪表及安全用具

为确保人身安全，在进行电工设备操作、检修时，操作者需携带常用电工仪表及安全用具。

1. **万用表**

万用表是一种应用范围很广的测量仪表，是电气检修中最常用的工具。使用万用表可以测量交流或直流电压、直流电流、电阻等，如图 5—4 所示。

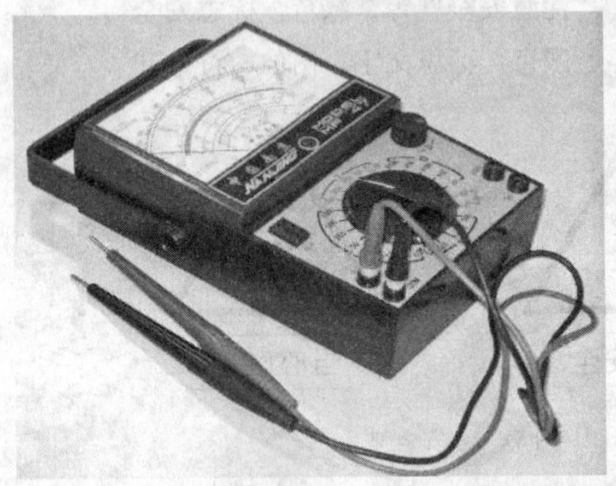

图 5—4　万用表

使用万用表测量时，应先看指针是否指在“0”位，如有偏离可用旋具调整表头上的校正螺钉，使指针对准在“0”位。将红、黑表笔分别插入万用表的“+”、“—”插孔内。

测量交流、直流电压。先将转换开关旋到交流电压挡或直流电压挡，并选择大于被测电压的量程。比如测量 220 V 交流电压，应将转换开关旋至交流电压 0～500 V 的量程上，然后将红、黑表笔分别插入被测插孔内，表针将指向 220 V 刻度。如需测量直流电压，则应把转换开关旋到直流电压挡上，并应注意选择大于被测电压的量程，并确认被测电压的极性，防止表笔的极性和被测电压极性相反而使表针打坏。如果测量前不能确定被测电压的电压值，则应先将转换开关打到最大电压量程挡上，根据测量数值大小，再调小量程，精确读数。

测量电阻。将转换开关旋到电阻挡的适当量程，先将两表笔短接，指针向满刻度偏转，轻轻调动 0 Ω 调节旋钮，使指针指到 0 Ω 刻度，然后将两表笔接触待测电阻两端，此时指针指示的数值乘上转换开关指示的倍率即为被测电阻的阻值。测量结束后，应将万用转换开关拨到交流电压的最高挡位，这样可以防止表笔不慎短接时，造成电池电能的异常消耗。

2. **钳形电流表**

钳形电流表是一种在不切断电路的情况下测量电路中交流电流的仪表，主要由电流互感器和电流表组成，如图 5—5 所示。测量前，应将钳形电流表的转换开关拨到合适的量程挡位（如果被测电流数值不确定，应将量程从高挡至低挡逐级测试到合适的量程挡）。测量电路中的电流时，捏紧钳形电流表的扳手，电流互感器的铁心张开，将有电的被测导线卡在钳口的中心位置，就可以读出被测导线中的电流。

目前，一般将钳形电流表和万用表组合成一体，形成多功能的指针或数字显示仪表，如图 5—6 所示。当被测导线中有电流通过时，互感器二次线圈中产生感应电流，二次线圈与万用表的电极相连，可从万用表的刻度盘上或电子显示屏上直接读出被测导线中的电流。

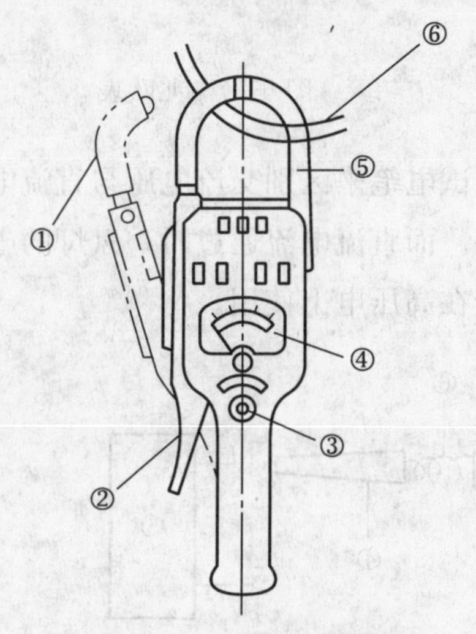


图 5—5　钳形电流表

1—可开合钳口　2—手柄　3—量程转换开关　4—表盘
5—铁心　6—被测载流导线

图 5—6　组合式电流表

### 3. 兆欧表

兆欧表又称摇表，是用来测量电动机绕组、变压器绕组、电器、电缆等绝缘电阻的高阻仪表，有 500 V、1 000 V、5 000 V 等几种，外形如图 5—7 所示。表头为指针式显示。整个仪表由金属外壳封装。

使用前，要对兆欧表进行开路和短路检查。测量时应先将被测设备的电源切断，并进行短路放电，然后，将兆欧表的 L 线端接到被测设备的电路上，E 线端接到被测设备的金属外壳上。测量电缆芯与电缆外皮的绝缘电阻时，除将 L 线端接电缆芯、E 线端接电缆外皮外，还应将电缆芯与电缆外皮之间的绝缘材料接 G 端。测量中，手柄摇动速度应由慢逐步加快，直到转速保持在 120 r/min 左右。

测量完毕后，在没有放电前，切勿用手直接触及被测部分和兆欧表的表笔，以防电击。

4. 试电笔

试电笔又称低压验电器，主要由触头、碳晶电阻、氖泡、弹簧及绝缘笔形外套组成，结构原理如图 5—8 所示。试电笔使用时必须使触头与带电体接触。同时手握住握柄并触及其金属部分，这样即形成对地的回路，如果有电，氖泡发红光，否则不发光。发光越亮，电压越高；发光暗，电压低。还可以用试电笔来区别交流电压与直流电压，当交流电流过试电笔时，氖灯的两端同时发亮。而直流电流通过时，氖灯的电极只有一端发亮。试电笔只能用在低压范围，严禁在高压电上使用。

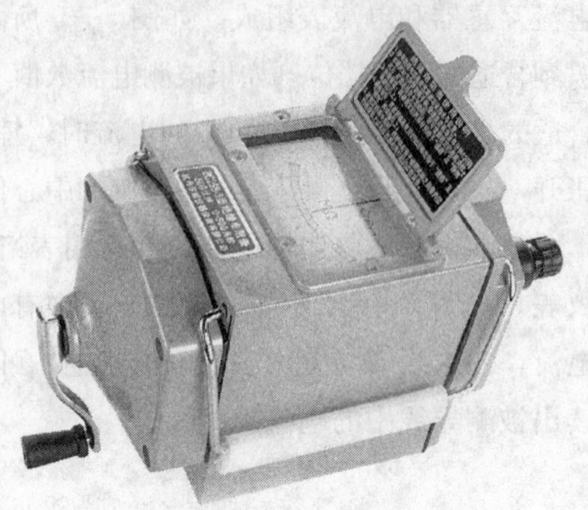

图 5—7　兆欧表

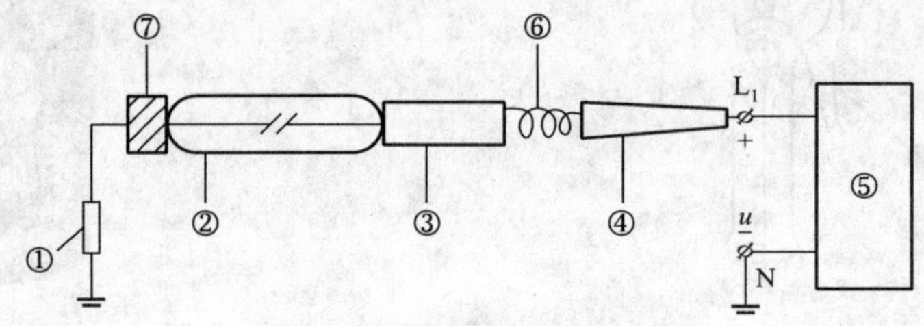


图 5—8　试电笔

1—人体电阻　2—氖泡　3—碳电阻（大于 10 mΩ）　4—笔尖（导体）

5—电源　6—弹簧　7—笔帽（导体）

# 第 2 节　制冷剂排放环保知识

## 一、制冷剂定义及其要求

1. 制冷剂定义

制冷剂是制冷机中的工作介质，它在制冷机系统中循环流动，通过自身热力状态的变化与外界发生能量交换，从而实现制冷的目的。习惯上又称制冷剂为制冷工质。

**2. 制冷剂要求**

（1）在热力性质方面

1）临界温度高，在常温或普通的低温下能够实现液化。

2）凝固温度低，可在制取较低的蒸发温度时不产生凝固。

3）饱和压力适中，蒸发压力不低于大气压力，避免制冷系统低压部分出现负压，使外界空气渗入系统；冷凝压力不要过高，以免设备过于笨重；冷凝压力与蒸发压力之比也不宜过大，以免压缩终了的温度过高或使压缩机的输气系数过低。

4）单位制冷量和单位容积制冷量应尽量大，对于总制冷量一定的装置，单位制冷量大，可减少制冷剂的循环量，单位容积制冷量大可减少压缩机的输气量，缩小压缩机尺寸。

5）等熵压缩的终了温度不能太高，以免润滑条件恶化或制冷剂自身在高温下分解。

6）导热系数大，可提高传热设备的传热系数，减少传热面积，使系统结构紧凑。

（2）在物理化学性质方面

1）黏度低、密度小，这样可减少制冷剂在系统中的流动阻力和充注量。

2）有一定溶解水的能力，避免低温下产生冰堵。

3）不燃烧、不爆炸、无毒、无刺激性，使用安全。

4）化学稳定性和热稳定性好，使用中不变质，不与润滑油反应，不腐蚀制冷机构件，压缩终了的高温下不分解。

（3）其他方面

原料来源充足，制造工艺简单，价格适中。

## 二、制冷剂种类及其特点

**1. 制冷剂种类及型号**

制冷剂的种类很多，随着现代科技快速发展，目前使用较多的制冷剂多达数十种，如果按照其化学组成来分类，可分为无机化合物制冷剂、卤碳化合物制冷剂、碳氢化合物制冷剂、混合制冷剂。

（1）无机化合物制冷剂

此类物质是人类最早使用的制冷剂，比如氨（$NH_3$）、水（$H_2O$）、二氧化碳

（$CO_2$）等。这类制冷剂的简写符号规定，用字母“R”和后面的3个数字表示，用字母“R”表示制冷剂，第1个数字“7”表示无机化合物，其余2个数字表示该物质相对分子质量的整数，即用R（　）（　）表示。例如：

| | $NH_3$ | $H_2O$ | $SO_2$ | $CO_2$ | $N_2O$ |
|---|---|---|---|---|---|
| 相对分子质量的整数部分： | 17 | 18 | 64 | 44 | 44 |
| 符号表示： | R717 | R718 | R764 | R744 | R744a |

上例中，$CO_2$和$N_2O$相对分子质量的整数部分相同，为了区别起见，规定用R744表示$CO_2$，用R744a表示$N_2O$。

（2）卤碳化合物制冷剂

卤碳化合物（氟利昂）类制冷剂，主要是甲烷、乙烷和丙烷的衍生物，是用氟、氯、溴的原子代替原来化合物中全部或一部分原子。此类制冷剂是目前制冷设备的常用制冷工质，比如R12、R22、R600a、R134a、R13、R23等，见表5—1。

**表5—1　部分氟利昂制冷剂数据**

| 应用领域 | 工质名称 | 分子式 | 蒸发温度（℃） | 冷凝温度（℃） | 蒸发压力（kPa） | 冷凝压力（kPa） |
|---|---|---|---|---|---|---|
| 冷藏 | R134a | $C_2H_2F_4$ | −20 | −35 | 123 | 797 |
| | R22 | $CHClF_2$ | | | 245 | 1 354 |
| 冷冻 | R22 | $CHClF_2$ | −40 | −35 | 105 | 1 354 |
| | R134a | $C_2H_2F_4$ | | | 53 | 797 |
| | R12 | $CCl_2F_2$ | | | 64 | 847 |
| 超低温 | R13 | $CClF_3$ | −80 | −30 | 109 | 846 |
| | R23 | $CHF_3$ | | | 114 | 1 013 |

（3）碳氢化合物制冷剂

此类制冷剂多数为烷烃类物质，分子式为$C_mH_{2m+2}$，常用的制冷剂有甲烷R50（$CH_4$）、乙烷R170（$C_2H_6$）、丙烷R290（$C_3H_8$）、异丁烷R600a（$C_4H_{10}$）等，这些制冷工质具有环保性能好、成本低、运行压力低等优点，但其易燃、易爆，所以应用上必须采取一定的工艺控制和安全措施。R600a已在欧洲和一些发展中国家被广泛用于冰箱制冷剂。

（4）混合制冷剂

混合制冷剂是由两种或两种以上的单一制冷剂按照一定比例混合而成。根据它在气液相平衡时气相和液相的组成是否相等，又分为共沸混合制冷剂、近共沸混合制冷剂、非共沸混合制冷剂。

共沸混合制冷剂发生相变时，每个组分在液相和气相中的浓度不变，通常共沸混合制冷剂的标准蒸发温度比构成它的纯组分的标准蒸发温度低；在相同工况下，单位容积制冷量比构成它的纯组分的单位容积制冷量大；共沸混合制冷剂比构成它的纯组分制冷剂的排气温度低。共沸混合制冷剂有 R500、R501、R502 等。国内应用较多的共沸混合制冷剂 R502，它是由 R22 和 R115 组成的，属中温制冷剂，但近年来由于环保的要求，主要采用 R404a 作为 R502 的主要替代制冷工质。

近共沸混合制冷剂就是有相近沸点的混合制冷剂，在气相和液相的平衡状态下沸点只有很小的差异。近共沸混合制冷剂有极大的发展潜力，但是在制冷系统有泄漏的情况下，可能会改变它们的组成，近共沸混合制冷剂对于 CFC 是理想的灌注替代物。

非共沸混合制冷剂不存在共沸点。在定压下蒸发或凝结时，气相和液相的组成成分不同，并且不断变化，温度也随之不断变化。由于相变过程不等温，非共沸混合制冷剂更适宜于变温热源。例如小型热泵系统全年应用，工况变化比较大，负荷变化与温度形成函数关系，通过应用非共沸混合制冷剂可能会更好地与之匹配，通常热泵制冷系统，希望该系统在夏季空调工况下保持较高效率，在冬季热泵工况应该有较高的容积制热量，由于非共沸混合制冷剂在相变过程中它的组成是可变的，所以有可能达到以上效果。

**2. 常用制冷剂特点**

(1) 氟利昂 12（R12）

按《蒙特利尔议定书》限定 2010 年淘汰，但考虑市场上还保留有一定量的这种冰箱冰柜，在此简介一下。

R12 是一种无色、无味、不燃烧、不爆炸、无毒的制冷剂，R12 在空气中浓度超过 20%时，人才开始有感觉，浓度超过 30%才能有可能使人窒息。R12 与明火接触或温度达 400℃以上时，分解出对人体有害的氟化氢、氯化氢和光气。

R12 在水中的溶解度很小，其溶解度随温度的高低而变化。温度越低，水的溶解度越小，容易结冰堵塞管道，形成“冰堵”现象，规定 R12 的产品中含水量不得大于 0.002 5%。

R12 极易溶解于润滑油，由于这一特性，它在制冷系统的各部分中产生不同的影响：在冷凝器中，由于 R12 与油互溶，换热器表面不会产生油膜而影响传热；在储液器中 R12 与油不能分层，不能分离；在蒸发器中，由于 R12 不断蒸发，润滑油容易积存，浓度越来越高，使蒸发温度升高，并降低传热系数，所以制冷系统设计时应考虑润滑油的分离和解决回油问题。

R12的渗透性极强，很容易泄漏，要求系统有严格的密封措施。R12对大气臭氧层的破坏性很强，是禁用的“CFC”制冷剂之一，R12将逐步被限用和替代，直至禁止生产R12。

（2）氟利昂22（R22）

R22是无色、无味、不燃烧、不爆炸、毒性小的一种安全型制冷剂，它的标准沸点为−40.8℃，通常冷凝压力不超过1.6 MPa；R22溶水性比R12稍大，仍属于不溶于水的物质，单位容积制冷量比R12约高60%；R22能部分与润滑油溶解，其溶解性随温度降低而减小；R22的ODP和GWP比R12小得多，属于HCFC类物质，对臭氧层仍有破坏作用。由于R12已逐步禁用，R22正作为某些CFC制冷剂的过渡替代物在使用。

（3）氟利昂134a（R134a）

R134a是一种新型制冷剂，安全性好、无色、无味、不燃烧、不爆炸、基本无毒性、化学性质稳定；它的标准沸点为−26.5℃，R134a汽化潜热大、具有较好制冷能力；热导率较高、热传导性能好；黏度低、流动性好；对臭氧层没有破坏作用、温室效应比R22小。

R134a水的溶解性高，具有很强的水解性能，因此要求制冷系统保持绝对干燥；R134a不溶于矿物润滑油，需用POE或PAG润滑油。

（4）混合制冷剂

常用的混合制冷剂有R404A、R407C、R410A等。其物理性质均不可燃，属HFC类制冷剂，压缩机须充注聚酯类（POE）润滑油。

R404A是由R125、R134a和R143a三种工质按44%、52%和4%的质量分数混合而成，可作为R22和R502的替代工质。R404A的标准压力下沸点温度为−46.45℃，相变温度滑移较小，约为0.8℃，汽化潜热为143.48 kJ/(kg)，液体的比热容为1.64 kJ/(kg·K)，气体的比定压热容为1.03 kJ/(kg·K)。该制冷剂的ODP为0，GWP为4 540。

R407C是由R32、R125和R134a三种工质按23%、25%和52%的质量分数混合而成。标准压力下沸点温度为−43.8℃，相变温度滑移为7.2℃。该制冷剂的ODP为0，GWP为1980，R407C的热力性质与R22最为相似，两者的工作压力范围、制冷量都十分相近。原有R22机器设备改用R407C后，需要更换润滑油、调整制冷剂的充注量及节流元件。R407C机器的制冷量和能效比比R22机器稍有下降。R407C的缺点是温度滑移较大，在发生泄漏、部分室内机不工作的多联系统，以及使用满液式蒸发器的场合时，混合物的配比就可能发生变化而达不到预期效果。另外，非共沸混合物在传热表面的传质阻力增加，可能会造成蒸发、冷凝过程的热交换效率降低，这在壳管式换热器中制冷剂在壳侧时尤为明显。R407C 的温度滑移能否对系统带来好处，关键在于能否使传热介质流动安排与其温度滑移相匹配。

R410A 是由 R32 和 R125 两种工质按 50％和 50％的质量分数混合而成的 HFCs 类制冷剂。R410A 的标准压力的沸点温度为－51.6℃，相变温度滑移小于 0.2℃，属近共沸混合物，其热力学性能十分接近单工质。同 R22 相比，R410A 的冷凝压力增大约 50％，是一种高压制冷剂，需要提高系统耐压强度。由于 R410A 的高压、高密度允许制冷剂管径减小许多，压缩机尺寸及排量也可大大降低；同时 R410A 液相的热导率高、黏度低，使其具有明显优于 R22 的传输特性。该制冷剂不可燃，ODP 为 0，GWP 为 2340。

## 三、制冷剂环保

自 20 世纪 30 年代以来，以 R12、R22、R11 等为代表的氟利昂以其优良的理化性质和热力循环性能，迅速在制冷空调系统中获得广泛的应用。氟利昂一方面对推动制冷空调产业及相关经济的发展、提高人类生活质量起到了重要作用；另一方面，由于氟利昂包含氯或溴原子、分子高度稳定，对生态环境造成了严重破坏，其中，臭氧层被破坏和全球变暖是最主要的问题。

大气层可以根据离地面高度划分成几个层次：0～15 km，对流层；15～50 km，平流层；50～85 km，散逸层；＞85 km，热电离层。太阳能的一部分是作为紫外线（UV）辐射而放射的。人类已经证实了 UV 辐射中的某种波段中波长较短的射线在很多方面对地球上的生命有害，同时也证实了在这种有害的 UV 辐射到达地表之前，已经被平流层中的臭氧层过滤了一大部分。人们认识到正是由于使用的大量化学物质中的氯和溴原子导致了具有保护作用的臭氧层的破坏。1987 年 9 月 16 日 24 个工业国（包括欧共体）联合签署了《蒙特利尔协议》，限制使用对臭氧层有破坏作用的物质，所有的 CFC 和哈龙的主要生产和消费国都在此协议上签了字。1992 年 11 月有 100 个国家参加的哥本哈根会议上，对《蒙特利尔协议》进行了重大的调整和修改，使更多的化合物被列入需逐步禁用的物质中。

### 1. 制冷剂安全性术语与指标

(1) 臭氧层破坏效应（英文 ozone depression potential，ODP）

ODP 是一种物质消耗臭氧潜能值。某种化学物质破坏臭氧的能力取决于这种物质中所含的卤素原子的类型、数目以及它在大气中所存活的时间。每种化学物质可以根据 ODP 计算公式得到它的一个 ODP 值。ODP 是一个相对指数，用来表示某种化学物质对臭氧破坏的程度，CFC11 对臭氧造成破坏的可能性作为参考标准 1，假如一种物质的 ODP 为 0.5，表明在同样质量和时间的情况下，这种物质破坏臭氧分子的数目是 CFC11 破坏臭氧分子的一半。

ODP 是经过数学模型计算出来的，它考虑了物质的稳定性、扩散和对流、每个分子中具有破坏作用的原子数目以及对于该分子紫外辐射和其他辐射的影响。部分物质的 ODP 值，见表 5—2。

**表 5—2　　部分物质的 ODP 值**

| 工质 | 生存年限 | ODP |
|---|---|---|
| CFC11 | 69.0 | 1.0 |
| HCFC123 | 1.53 | 0.012 3 |
| HCFC134A | 15.68 | 0.008 0 |
| HCFC141B | 8.54 | 0.073 9 |
| HCFC142B | 24.16 | 0.050 0 |
| HFC152 | 1.72 | 0.000 7 |

（2）全球变暖效应（英文 Global Warming Potential，GWP）

全球变暖效应即温室效应，大气能使太阳短波辐射到达地面，但地表向外放出的长波热辐射线却被大气吸收，这样就使地表与低层大气温度增高，因其作用类似于栽培农作物的温室，故名温室效应。如果大气不存在这种效应，那么地表温度将会下降。反之，若温室效应不断加强，全球温度也必将逐年持续升高。自工业革命以来，人类向大气中排入的二氧化碳等吸热性强的温室气体逐年增加，大气的温室效应也随之增强，已引起全球气候变暖等一系列严重问题，引起了全世界各国的关注。

GWP 从分子角度评价温室气体，包括分子吸收与保持热量的能力，以及能在自然环境中存在多久而不被破坏或分解（atmospheric lifetime，大气存留时间）。如此这般，就能评价每种温室气体对温室效应的影响比重。GWP 是一种物质产生温室效应的潜能指标值。二氧化碳被作为参照气体，二氧化碳的 GWP 值为 1，其余气体与二氧化碳的比值作为该气体 GWP 值（见表 5—3）。从制冷的角度来讲，值得注意的是每个 CFC 分子在导致全球变暖的能力方面被认为比二氧化碳强几千倍。地球上的生态系统对温度的要求十分严格。即使平均温度变化一点也会从根本上影响农作物和动物的分布，天气和风向流动也会发生一些不可预测的变化，并将严重威胁到人类的生存环境。

表 5—3　　常见制冷剂在不同时间框架下的 GWP 值

| 制冷剂 | 20 年 | 50 年 | 100 年 | 200 年 | 500 年 |
|---|---|---|---|---|---|
| $CO_2$ | 1 | 1 | 1 | 1 | 1 |
| CFC11 | 4 500 | 4 100 | 3 400 | 2 400 | 1 400 |
| CFC12 | 7 100 | 7 400 | 7 100 | 6 200 | 4 100 |
| CFC113 | 4 600 | 4 700 | 4 500 | 3 900 | 2 500 |
| CFC114 | 6 100 | 6 700 | 7 000 | 7 000 | 5 800 |
| HCFC123 | 330 | 150 | 90 | 55 | 30 |
| HFC134a | 3 100 | 1 900 | 1 200 | 730 | 400 |
| HCFC22 | 4 200 | 2 600 | 1 600 | 970 | 540 |

(3) 总当量温室效应（英文 Total Equivalent Warming Impact，TEWI）

评价温室效应的另一种方法是采用总当量温室效应指数 TEWI，国际上用总当量温室效应指数 TEWI 来综合考虑制冷剂排放的直接效应和能源利用的间接效应。直接效应取决于制冷剂的全球变暖潜值 GWP、气体释放量和考虑的时间框架长度。间接效应取决于运行过程的效率（即需要多少能量）以及能量来自何处（即每千瓦小时产生多少二氧化碳）。

2. 制冷剂安全等级和标准

国际组织和某些国家的学术性团体和政府部门对制冷剂的安全等级和分类，均以标准的形式作出了详细的规定，如国际标准化组织（ISO）、国际电工委员会（IEC）、欧洲标准委员会（EN）、美国供暖制冷空调工程师学会（ASHRAE）、美国 Underwrites Laboratories（UL）和美国交通部（DOT）等。但由于各组织的服务目的和宗旨不尽相同，对制冷剂的安全分类也不完全相同，而且为了能更好地对制冷剂进行分类和应用，各组织关于制冷剂安全分类的标准也在不断完善和补充。下面列出了它们制定和批准的相应标准。

(1) 国际标准化组织（ISO）制定的安全等级和标准

国际标准化组织于 1993 年 9 月 15 日制定的国际标准 ISO5149《用于制冷和供热的机械式制冷系统的安全要求》（第 1 版），对于制冷剂进行了如下分类。

等级 1：对人类健康没有较大危害的不可燃制冷剂。

等级 2：与空气混合的可燃性试验中，最低可燃体积分数不小于 3.5%的有毒或有腐蚀性制冷剂。

等级 3：与空气混合的可燃性试验中，最低可燃性体积分数小于 3.5%的制冷剂。

ISO 5149 标准对制冷剂安全等级分类方法，已被另一个国际组织国际电工委员会（IEC）所采用。

（2）欧洲标准委员会制定的安全等级和标准

欧洲标准委员会于 1999 年 11 月 11 日制定的欧洲标准 EN 378－1《制冷和热泵系统——安全和环境要求》，根据制冷剂的可燃性和毒性进行分类。

可燃性分类：

等级 1：气相时任意比例与空气混合均不可燃。

等级 2：与空气的混合物，其最低可燃体积分数大于或等于 3.5%。

等级 3：与空气的混合物，其最低可燃体积分数小于 3.5%。

这种可燃性分类与 ISO5149 基本相同。

毒性分类：

等级 A：当制冷剂的时间加权平均浓度大于或等于 400 $mL/m^3$ 时，对长期在此环境中每天工作 8 h、每周工作 40 h 的工人身体没有不利影响的制冷剂。

等级 B：当制冷剂的时间加权平均浓度小于 400 $mL/m^3$ 时，对长期在此环境中每天工作 8 h、每周工作 40 h 的工人身体没有不利影响的制冷剂。

对于制冷剂混合物，分馏过程中其可燃性或者毒性可能会发生变化，需把名义配比和最不利分馏成分时的分类特性表示出来，中间用“/”分开。

此欧洲标准被欧洲很多国家接受并采纳，如英国标准 BSEN378—1：2000 等。

（3）美国国家标准中关于制冷剂的安全分类

由美国国家标准技术研究所和美国供暖制冷空调工程师学会组织制定和批准的 ANSI/ASHRAE 34—1992 和其修订版 ANSI/ASHRAE 34—1997《制冷剂的编号标志和安全分类》是美国国家标准。现在该标准 1997 年版本已正式替代了 ANSI/ASHRAE 34—1992 版本。在该标准的第 6 节中对制冷剂的安全分类作了下述规定，即毒性分为 A、B 两个等级，可燃性分为 1、2、3 三个等级，安全分类应由字母及数字两个特征符号组成，这样就把制冷剂分成了 6 个独立的安全等级。

毒性分类：

等级 A：基于安全阈值－时间加权平均（TLV－TWA）值或相应指标的数据，在体积分数小于或等于 $400\times10^{-6}$时，制冷剂无毒性。

等级 B：基于安全阈值一时间加权平均（TLV－TWA）值或相应指标的数据，在体积分数小于 $400\times10^{-6}$时，制冷剂有毒性。

可燃性分类：

等级 1：制冷剂在气压为 101.3 kPa 和温度为 21℃（注：ANSI/ASHRAE 34—1992 中规定的温度为 18℃，其修订版 ANSI/ASHRAE 34—1997 改为 21℃）的空气中试验时无火焰传播。

等级 2：制冷剂在 21℃和 101.3 kPa 时燃烧下限（LFL）高于 0.10 kg/m³，且燃烧热低于 19 000 kJ/kg。LFL 值应按照美国试验和材料协会 ASTM 制定的 E681—85［4］的方法测定。燃烧热的计算是假设燃烧生成物都是气相，并处于它们的最稳定状态（例如碳、氮、硫生成二氧化碳、氮气、三氧化硫；如果分子中有足够的氢、氟和氯生成氟化氢和氯化氢，否则生成氟和氯，过剩的氢生成水）。

等级 3：制冷剂在 21℃和 101.3 kPa 时高度易燃，其燃烧下限（LFL）小于或等于 0.10 kg/m³ 及燃烧热大于或等于 19 000 kJ/kg。燃烧热的计算如等级 2 定义中所作说明。

### 3. 替代制冷剂

由于含氯制冷剂对臭氧层的破坏和温室效应，更多国家在联合起来制定逐步禁用有害物质时刻表的同时，积极研究新型环保制冷剂以替代原有制冷剂。

（1）HFC 类制冷剂

HFC 类制冷剂包括了 R23、R32、R125、R134a、R152a 等制冷剂。这些碳氢化合物分子中包括氟而不含氯和溴，不破坏臭氧层，但 HFC 类制冷剂存在的一个问题就是它们的化学性质稳定，释放后可以聚集，这最终可能加速导致全球变暖。

（2）碳氢化合物

碳氢化合物包括链烷烃、酮类、酒精、醚类等。碳氢化合物在 20 世纪初就已经在某些工业场合作为制冷剂使用，但令人关心的问题是大多数碳氢化合物是可燃的。研究合理的安全保护措施，是碳氢化合物得到广泛应用的有效途径。

（3）其他替代工质

曾经在半个世纪前被 CFC 类制冷剂代替的物质，如氨（R717）、水（R718）、空气（R7 29）和二氧化碳（R744），现在重新成为可选的替代工质。比如目前二氧化碳作为替代制冷剂的研究和市场应用备受关注，用二氧化碳进行跨临界循环的制冷系统和热泵系统在市场上初步应用，表现出良好的使用效果。

（4）混合工质

由于适合作为 CFC 替代物的纯工质有限，所以混合工质就成为解决这一问题的有效途径。混合工质可以通过改变各组分的摩尔浓度配比得到所期望的特性。混合工质一般分为三类：共沸混合物、近共沸混合物、非共沸混合物。常见的混合制冷剂，如 R404A、R407C、R410A 等已广泛应用于冷冻、冷藏、空调、热泵等领域。

## 四、载冷剂定义及其作用

在蒸汽压缩式或吸收式制冷系统中，可以把蒸发器置于冷室中，通过制冷剂蒸发直接冷却被冷却对象。如果被冷却对象离蒸发器较远，可以用载冷剂来传递冷量。

**1. 载冷剂定义**

载冷剂又称为传热剂或冷媒，是制冷系统中借以传递冷量的中间媒介物质。其工作原理是载冷剂在制冷系统的蒸发器中被冷却，获得冷量，然后在被输送到需冷设备中，载冷剂在需冷设备中吸收热量，返回蒸发器并将吸收的热量传递给制冷剂，如此循环不断对需冷设备进行冷却。

**2. 载冷剂作用**

通过使用载冷剂进行中间传热，可以将制冷剂限制在一个小的制冷系统范围内，制冷系统简单；使制冷剂循环系统的管道、接头减少，从而减小泄漏的可能性；便于制冷设备的生产制造，用户只需在现场安装载冷剂管道即可；便于解决冷量的控制和分配问题。大容量、集中供冷的制冷装置都采用载冷剂。

## 五、载冷剂的要求

**1. 载冷剂种类**

载冷剂的种类很多，按其工作温度大致可分为 3 类。

（1）高温载冷剂

高温载冷剂（如水）适用于 0℃以上的制冷循环，被广泛应用于空调装置、工业冷却等场合。

（2）中温载冷剂

中温载冷剂适用于−50～5℃的制冷循环装置中，如氯化钠、氯化钙的水溶液等都属于中温载冷剂。

（3）低温载冷剂

低温载冷剂适用于低于−50℃的制冷装置，如 R11、三氯乙烯等。

### 2. 载冷剂性质的要求

(1) 载冷剂蒸气与空气混合后，不会燃烧或爆炸；无毒；化学稳定性好，不分解、不氧化，不改变其物理性质，无腐蚀性。

(2) 沸点高，凝固温度低，在使用温度范围内不汽化、不凝固。

(3) 比重小、黏度小、比热容大、传热性能好。比重小、黏度小，可以减少载冷剂的流动阻力；比热容大、传热性能好，对于一定的载冷量，所需载冷剂的流量小。

(4) 价格低廉，容易获取。

### 3. 常用载冷剂

根据不同的载冷温度，载冷剂可以是水、无机盐水溶液或有机物。各种载冷剂能够载冷的最低温度受其凝固点的限制。

(1) 水

水是一种理想的载冷剂，具有比热容大、密度小、放热系数高、传热性能好、安全无毒、来源充足、价格低廉等优点，被广泛采用。水作为载冷剂只适用于载冷温度在 0℃以上的场合。

(2) 无机盐水溶液

无机盐水溶液具有较低的凝固温度，适用于中、低温制冷装置中使用。常用的盐水溶液主要有氯化钠水溶液、氯化钙水溶液、氯化镁水溶液等。盐水溶液的比重和比热都比较大，因此传递一定冷量所需的容积循环量小。需要注意的是，盐水溶液对金属材料有较强的腐蚀作用，所以在其循环系统中多采用闭式盐水循环系统，减少盐水溶液和空气的接触。

(3) 有机物载冷剂

有机物载冷剂主要有醇类有机物及其水溶液如甲醇、乙醇、乙二醇、丙二醇、丙三醇，以及纯有机液，如二氯甲烷、三氯乙烯等。甲醇、乙醇具有燃烧性，使用时应注意防火措施。甲醇的冰点为－97℃，乙醇的冰点为－117℃。乙二醇与丙二醇水溶液的特性相似，它们的共晶温度可达－60℃左右。丙三醇（甘油）是极稳定的化合物，其水溶液无腐蚀性、无毒，可以和食品直接接触，是良好的载冷剂。二氯甲烷、三氯乙烯凝固点分别为－97℃和－86℃，特点是比重大、黏性小、比热小，可以满足更低的载冷温度要求。

## 六、润滑油定义及其作用

### 1. 润滑油定义

润滑油是用于机械运转部件之间，以减少摩擦，保护运转零部件的液体润滑剂。用于制冷压缩机内各运动部件润滑的专用润滑油，称为冷冻油。

### 2. 润滑油作用

润滑油在制冷压缩机的运行中起着重要作用，是压缩机能够长期高速安全运行的保证，主要有如下几个方面的作用：

（1）润滑作用

冷冻油在压缩机运转时起润滑作用，以减少压缩机运转部件的摩擦和磨损，延长压缩机的使用寿命。

（2）降低温度

冷冻油在压缩机各运动部件间润滑时，可带走压缩机工作过程中所产生的热量，使各运动部件保持较低的温度，从而提高压缩机的效率和使用的可靠性。

（3）密封作用

冷冻油在压缩机中各轴封及活塞与汽缸间起密封作用，以防止制冷剂泄漏。

（4）用做能量调节机构的动力

带有能量调节机构的制冷压缩机，利用冷冻油的油压作为能量调节机构的动力。

## 七、润滑油种类及其性能

### 1. 润滑油种类

按照石油化学工业部的标准，目前我国国产润滑油牌号有 13 号、18 号、25 号、30 号四种，其中，13 号润滑油又有凝点为－40℃以下和－25℃两种。凝点为－25℃的 13 号润滑油主要用于蒸发温度较高的冷藏、空调制冷系统。18 号润滑油用于制冷剂为 R12 的压缩机，制冷剂 R22 的压缩机一般选用 25 号润滑油。

为保护臭氧层，国际上对制冷空调设备制冷剂的使用都作出明确规定，出现了各种替代制冷剂，其冷冻油也相应发生了变化。对制冷空调替代制冷剂如 R134A、R410A、R407C，其对应的冷冻油分别采用 PAG、POE。

POE 是 Polyol Ester 的缩写，又称聚酯油，它是一类合成的多元醇酯类油。PAG 是 Polyalkylene Glycol 的缩写，是一种合成的聚（乙）二醇类润滑油。其中，POE 油不仅能良好地用于 HFC 类制冷剂系统中，也能用于烃类制冷。PAG 油则可用于 HFC 类、烃类和氨作为制冷剂的制冷系统中的润滑油。

### 2. 润滑油性能

由于制冷设备中的润滑油随制冷剂在制冷系统中循环流动，这就要求润滑油不仅应具备一般机械润滑油的特性，而且对制冷系统还不会产生不良影响。用于制冷设备的润滑油应具备如下基本性能：

（1）凝固点低

凝固点（凝点）表示在一定条件下油品完全失去流动性的最高温度。如果润滑油的凝固点高，将造成润滑油低温流动性差，润滑油会在蒸发器等低温处失去流动能力，形成沉积，影响制冷效率和制冷能力。此外，当制冷压缩机的曲轴箱内汽缸温度很低时，会影响压缩机运动部件的润滑，造成零部件磨损。一般家用电冰箱和家用空调器采用凝固点低于－30℃的润滑油。

（2）适当的黏度

黏度是指液体的黏稠程度。温度升高或降低时，液体的黏度值会随之变小或增大。冷冻油的黏度过大或过小都会引起汽缸温度的升高，造成排汽温度升高，影响正常运行。

（3）闪点足够高

油温上升时，一部分油不断蒸发，蒸汽逐渐增加，当达到某一温度时，其蒸汽与空气混合物与火焰接触后，即发生闪火现象时的最低温度称闪点。油温达到闪点时，重则有着火、爆炸的危险，轻则会使油变质碳化。

（4）良好的化学稳定性和抗氧化能力

在制冷系统中，冷冻油和制冷剂处于混合状态，在全封闭式制冷压缩机内是长期不换油（一般为 10～15 年），所以冷冻油一定要有良好的化学稳定性和抗氧化能力。

（5）良好的电绝缘性能

在半封闭式和全封闭式制冷压缩机中，冷冻油与电动机绝缘体直接接触，因此，要求其既不能破坏电动机的绝缘体，还要求有良好的绝缘性能。

## 八、安全防火防冻知识

### 1. 制冷剂的使用注意事项

制冷空调设备在生产、安装、维修过程中，都会涉及制冷剂的使用，所以应熟悉掌握制冷剂的特性和安全操作注意事项，避免发生安全事故。

（1）制冷剂的易燃、易爆危险特性

制冷剂的燃烧性用燃点表示，它是制冷剂蒸汽与空气混合后能产生闪火并继续燃烧的最低温度。制冷剂的爆炸性用爆炸极限表示，它是制冷剂蒸汽在空气中含量比例的范围，在该范围，制冷剂与空气的混合物遇到明火就会发生爆炸。

操作易燃、易爆制冷剂时，首先应保证房间内通风良好，并注意制冷系统管道、检修接口、维修仪表等部位的密封性，避免制冷剂泄漏。在维修操作或制冷剂充注时，注意防护，避免人体皮肤、眼睛直接接触到制冷剂液体或高浓度制冷剂气体，防止灼伤、冻伤。

（2）常用制冷剂的使用注意事项

氨是一种无色但具有强烈的刺激性气味的制冷剂，低浓度的氨蒸汽就会强烈刺激人的眼睛和呼吸器官。当氨蒸汽在空气中的体积浓度达到 0.5%～0.6%时，人在此环境中停留 30 min 就会中毒。氨液或高浓度氨蒸汽进入眼睛或接触皮肤就会引起严重的灼伤，所以维修操作时，人体五官等处必须注意做好防护。氨在空气中的体积浓度达到 11%以上时可以点燃，体积浓度达到 16%～25%时，将发生爆炸。

常用卤代烃类制冷剂如 R22、R134a，无色、无味、不燃烧不爆炸、使用安全，但应注意 R22、R134a 遇明火将分解并产生剧毒光气，所以制冷剂泄漏时，室内在未充分通风换气的情况下严禁明火。另外在充注制冷剂时，应戴手套防护，随着制冷剂不断加注，钢瓶外壁温度不断降低，避免使用带有水分的手指触摸钢瓶，以免发生冻伤。

烷烃类制冷剂如 R290、R600a 等易燃、易爆，应注意保证系统良好密封，既要防止空气进入系统，也要防止制冷剂泄漏。

**2. 制冷剂的储存和存放**

制冷剂通常使用高压容器（制冷剂钢瓶）储存，储存时应远离火种、热源、避免阳光直接暴晒，通常储放于阴凉、干燥和通风的仓库内；搬运时应轻装、轻卸，防止制冷剂钢瓶以及阀门等附件破损，禁止剧烈碰撞，否则将有爆炸的危险。

维修操作时，制冷剂钢瓶在使用完毕，应及时关闭钢瓶阀门。检修系统时，如果将制冷剂从系统中抽出压入钢瓶，则应注意充分冷却制冷剂，并严格控制注入钢瓶的制冷剂重量，一般不超过钢瓶容积的 60%，使其在常温时有一定的膨胀余地。

## 九、急救知识

制冷剂在使用过程中出现异常情况，如发生中毒、冻伤、灼伤，应立即采取措施进行急救，并应迅速去医院接受治疗。

1. 对于制冷剂中毒事故，急救时应使中毒人员迅速脱离现场至空气新鲜处，保持呼吸道通畅。如呼吸困难时应尽快输氧，如呼吸及心跳停止，立即进行人工呼吸和心脏按压术，并立即送入医院治疗。

2. 如制冷剂溅入眼睛要立即用大量清洁冷水冲洗，至少 15 min，并立即去医院治疗；当皮肤接触大量液体制冷剂发生冻伤时，要马上用大量冷水冲洗，用清洁的凡士林涂在皮肤上，并到医院治疗，千万不可用手乱搓。

# 第6章

# 热工学基础知识

## 第1节　工程热力学基础知识

### 一、工质的状态参数

自然界中物质的基本状态分为气态、液态和固态三种，它们在一定条件下可以相互转化。

把实现热能和机械能相互转化的媒介物质称为工质。为了描述工质的各种特性，必须用某些物理量来确定和描述工质的性质，这些物理量称为工质的状态参数，如温度、压力、质量体积、焓、熵、内能等，其中，温度、压力、质量体积是工质的基本状态参数。

**1. 工质的基本状态参数**

（1）温度

任何物质都是由分子组成的，无论物质处于何种状态，分子之间始终存在着一定的间距及相互作用力，而且在不断地运动着。温度反映了物质大量分子热运动的强烈程度，是表示物质冷热程度的物理量。

温度标准的表示方法称为温标，由于规定和划分的方法不同，常用的有摄氏温标、华氏温标和热力学温标。

1）摄氏温标。摄氏温标又称为国标百度温标，摄氏温度用符号“$t$”表示，单位用符号“℃”表示。摄氏温标规定，纯净的水，在1个标准大气压下的冰点为

0℃，水的沸点温度为100℃，在0～100℃，平均分为100等分，每一等分定为摄氏1度。相应的温度计为摄氏温度计。

2）华氏温标。华氏温标规定，纯净的水，在1个标准大气压下的冰点为32℉，水的沸点温度为212℉，其间分为180等份，每一等分定为华氏1度。华氏温度用符号“$F$”表示，单位用符号“℉”表示。相应的温度计为华氏温度计。

3）热力学温标。热力学温标规定，以纯净水的三相点作为基点，在1个标准大气压下的冰点定为273℃，水的沸点温度为373℃，其间分为100等分，每一等分定为开氏1度。华氏温度用符号“$T$”表示，单位用符号“K”表示。在热力学中规定，当物质内部分子的运动终止，其热力学温度为0℃，即$T=0$ K。

4）三种温标的换算。国内通常使用摄氏温标和热力学温标，一些进口设备的技术指标中使用华氏温标，相互的换算关系如下：

$$F=1.8t+32 \quad (℉)$$

$$t=(F-32)/1.8 \quad (℃)$$

$$T=273+t \quad (K)$$

$$t=T-273 \quad (℃)$$

（2）压力

1）压力的基本概念。垂直作用在物体表面上的力称为压力。用符号“$F$”表示。物体单位面积上所承受的垂直作用力称为压强，用符号“$P$”表示，单位为帕斯卡，简称帕（Pa）。压力与压强的关系为：

$$P=F/S$$

式中　$S$——物体受力作用的表面积。

工程上，习惯把液体或气体的压强称为压力。在国际单位制中，力的单位是牛顿，用符号N表示，面积的单位是平方米，用$m^2$表示，压强的单位是帕斯卡，则有：

$$1\ Pa=1\ N/m^2$$

压力的单位还有以下几种表示方法：第一种是用千克力表示，如千克力/平方厘米（$kgf/cm^2$）；第二种是以液柱高度表示，如毫米水银柱（mmHg）或毫米水柱（$mmH_2O$）；还有标准大气压（atm）、千帕（kPa）、巴（bar）、兆帕（MPa）等。

各种压力单位的换算关系如下：

$$1\ kPa=1\ 000\ Pa$$

$$1\ bar=10^5\ Pa$$

$$1\ \text{MPa}=10^6\ \text{Pa}$$

$$1\ \text{bar}=750.1\ \text{mmHg}$$

$$1\ \text{bar}=10\ 197\ \text{mmH}_2\text{O}$$

$$1\ \text{atm}=101\ 325\ \text{Pa}$$

2）绝对压力、表压力、真空度。地球表面覆盖有一层厚厚的由空气组成的大气层，由于大气受重力而作用在物体上的压强称为大气压力，简称大气压。大气压分为当地大气压和标准大气压，当地大气压指在测量地实际测得的大气压，标准大气压是指在纬度 45°海平面上（即海拔高度为零）大气的平均压力。

在实际应用中，压力有绝对压力、表压力、真空度之分。绝对压力是液体或气体作用于密闭容器内表面的真实压力，用符号 $P_j$ 表示。大气压力用符号 $P_0$ 表示。用弹簧管式压力表、U 形管压力计等测量压力得到的压力读数称为表压力，用符号 $P_b$ 表示。当密闭容器内的绝对压力低于大气压时，大气压力与容器内绝对压力之差在工程上习惯称为真空度，用符号 $P_z$ 表示。

绝对压力是表示气体实际的压力值，等于表压力和大气压力之和，即

$$P_j=P_0+P_b$$

（3）质量体积和密度

单位质量的工质所占空间体积称为质量体积，用 $v$ 表示，单位为立方米/千克（$m^3$/kg）或升/千克（L/kg）。设容器内有均质流体质量为 $m$，单位为 kg，所占空间体积为 $V$，单位为 $m^3$，则该工质的质量体积为：

$$v=\frac{V}{m}$$

质量体积是表示物质分子之间密集程度的物理量。对于气体而言，分子距离大，质量体积也大，密集程度就小，可压缩性就大；反之，质量体积小，则分子间的密集程度大，可压缩性就小。

固体气体或液体物质自身质量与它所占有的空间体积的比值称为该物质的密度，用符号 $\rho$ 表示，单位是 kg/$m^3$。密度和质量体积互为倒数，即

$$\rho=\frac{1}{v}$$

**2. 工质的组合状态参数**

（1）内能

内能是储存在系统工质内部的能量。从微观分子学角度来看，内能是工质分子热运动动能和分子间相互作用而产生的内位能的总和。温度的高低反映了内动能的

大小，内动能大，工质的温度就高；反之就低。工质的分子之间存在着作用力，因此，气体内部还具有因克服分子之间的作用力所形成的分子位能，也称气体的内位能。分子位能的大小与分子间距离有关，即与工质的质量体积有关。

通常用 $U$ 表示 $m$ kg 质量工质的内能，单位是 J 或 kJ；单位质量工质的内能用 $u$ 表示，单位是 J/kg 或 kJ/kg。

工质的内动能与工质的温度有关，工质的内位能与工质的质量体积有关，因此，内能是其温度和质量体积的函数，即 $u=f(T, v)$。

对于理想气体，因分子间不存在相互作用力，没有内位能，所以内能仅包括分子内动能，理想气体内能只是温度的单值函数，即 $u=f(T)$。

（2）焓

焓是系统的组合状态参数，焓具有能量意义，对于流动工质，焓等于内能与流动功之和。单位质量工质的焓称为比焓，用 $h$ 表示，单位为 J/kg 或 kJ/kg。

$$h=u+pv$$

$m$ kg 质量工质的焓用 $H$ 表示，单位为 J 或 kJ。

$$H=U+PV$$

对于理想气体，$h=u+pv=f(T)$，可见，理想气体的焓和内能一样也仅由温度决定。

（3）熵

熵是系统的一个导出状态参数，热力学熵用它在微小的可逆状态变化过程中的微小变化量来定义。在微元可逆过程中，1 kg 工质的传热量为 $\delta q$，$m$ kg 质量工质的传热量为 $\delta Q$，工质的温度为 $T$，则：

1 kg 工质熵的微小变化量 $\mathrm{d}s=\dfrac{\delta q}{T}$

$m$ kg 工质熵的微小变化量 $\mathrm{d}s=\dfrac{\delta Q}{T}=m\mathrm{d}s$

## 二、物质的相态

### 1. 物质的相态种类及特点

物质的相态也就是物质的状态（简称相，也称物态），即物质在一定温度、压强下所处的相对稳定的状态。物质聚集状态的简称也称聚集态。气态、液态、固态是物质三态，相应的物质分别称为气体、液体、固体。它们是以分子或原子为基元的三种聚集态。水汽、水、冰是常见的同一物质的三种状态；氧、氢、氦等在常温下是气态，只有在极低的温度下才是液态或固态。

(1) 固态

固态物质的分子间距离最小，相互之间的引力最大，固态物质的分子只能围绕各自的平衡位置做振幅微小的振动，而不能相互移动。因此，固态具有一定的形状和强度。

(2) 液态

液态物质的分子间距离较大，相互之间的引力较小，液态物质的分子没有固定的平衡位置，但还不能分散远离，液体有一定体积，形状随容器而定，具有流动性而无一定形状，不易压缩。

(3) 气态

气态物质的分子间距离最大，气态物质的分子做无规则热运动，既无平衡位置，也不能维持在一定距离，气体没有固定的体积和形状，自发地充满容器，易流动，易压缩。

**2. 物质相变**

物质不同相之间的相互转变称为“相变”或“物态变化”。自然界中存在的各种各样的物质绝大多数都是以固、液、气三种聚集态存在着的。不同相之间相互转变一般包括两类，即一级相变和二级相变。相变总是在一定的压强和一定的温度下发生的。

相变是很普遍的物理过程，在物质形态的互相转换过程中必然要有热量的吸入或放出。物质三种状态的主要区别在于它们分子间的距离、分子间相互作用力的大小和热运动的方式不同。因此在适当的条件下，物质能从一种状态转变为另一种状态。其转换过程是从量变到质变。例如，物质从固态转变为液态的过程中，固态物质不断吸收热量，温度逐渐升高，这是量变的过程；当温度升高到一定程度，即达到熔点时，再继续供给热量，固态就开始向液态转变，这时就发生了质的变化。虽然继续供热，但温度并不升高，而是固液并存，直至完全熔（融）解变为液态。

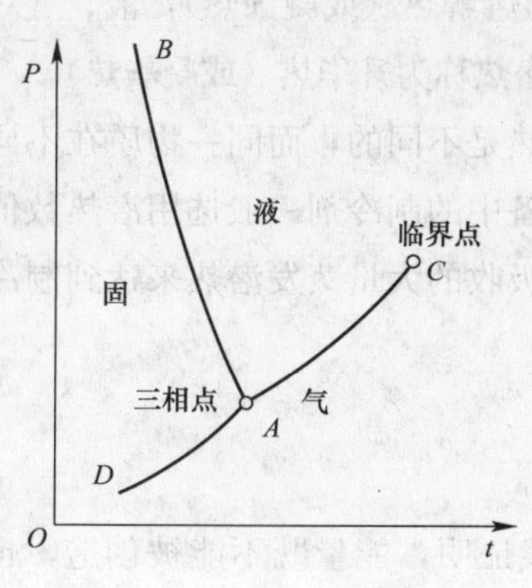

图 6—1　水的相图

以水的三相变化为例，在一定压力下，对处于固态的水（冰）加热，出现以下物理现象：冰被加热至熔点，在熔点融化为水；水被加热至沸点，在沸点汽化；再继续加热，最后变为过热蒸汽。这些过程可以在 $p—t$ 图上表现出来，如图 6—1 所示为水的相图。在 $AB$ 线上存在着固、液两相。$AB$ 线划分了固态与液态的区域，称为熔解曲线。$AB$ 线显示了压力与熔点的关系。

在曲线 $AC$ 上存在液、气两相。$AC$ 线上方端点 $C$ 是临界点，$AC$ 线显示了沸点与压力的关系，并在 $p—t$ 图上划分了液态与气态的区域，称为汽化曲线。所有纯物质的汽化曲线斜率为正，说明饱和压力随饱和温度升高而增大。

当压力降低时，$AB$ 线与 $AC$ 线逐渐接近，并交于 $A$ 点。$A$ 点是固、液、气三态共存的状态，叫做三相态。三相态是气液共存曲线的最低点，也称三相点。

在低于三相点的压力下对水（冰）定压加热，水由固态直接变为气态，这个过程称为升华。曲线 $AD$ 称为升华曲线。由气态直接变为固态称为凝华。在 $AD$ 线上存在着固、气两态，它表示升华温度与压力的关系。

在 $p—t$ 图中，$AB$、$AC$ 和 $AD$ 称为相平衡曲线。在曲线上两相平衡共存，曲线划分的三区中都是单相状态。

**3. 物质的显热和潜热**

（1）显热

在物质吸热或放热的过程中，仅使物质分子的动能增加或减少，即使物质的温度升高或降低，仍没有物质形态的变化，它所吸收或放出的热能称为显热。例如，水吸热后温度由 20℃升高至 35℃，其温度变化所吸收的热即为显热。

（2）潜热

在物质吸热或放热的过程中，仅使物质分子的位能增加或减少，即使物质的形态改变，而其温度并不变化时，它所吸收或放出的热能称为潜热。例如，在常压下把水加热到沸点 100℃，这时水吸收的热量为潜热。同样，100℃的水蒸气在常压下液化为同温度的水所放出的热量也称为潜热。潜热是物质在固、液、气三相之间相互转变时具有的特点之一。固、液之间的潜热称为熔解热（或凝固热），液、气之间的潜热称为汽化热（或凝结热），而固、气之间的潜热称为升华热（或凝华热）。

同一物质在不同压力下汽化时所需要的蒸发潜热是不同的，而同一物质在不同温度下汽化时所需要的蒸发潜热也不同。在制冷设备中的制冷剂一般选用潜热数值大的物质，制冷设备就是利用制冷剂液体蒸发时所吸收的大量蒸发潜热来达到制冷的目的。

**4. 热力学基本定律**

（1）热力学第一定律

1）热力学第一定律的基本表达式。理论与实践证明，能量既不能被创造，也不能被消灭，它只能从一种形式转换成另一种形式，或从一个系统转移到另一个系统，总量保持恒定，这一自然界普遍规律称为能量守恒定律。把这一定律应用于伴有热现象的能量转换和转移过程，即为热力学第一定律，工程热力学中，热力学第一定律主要说明热能与机械能在传递或转换过程中的能量守恒，无论何种热力过程，在机械能与热能的转换或热能的转移中，系统和外界的总能量守恒，即

输入系统的能量－输出系统的能量＝系统储存能量的增量

上式中输入、输出系统的能量包括随工质流动时的动能、位能、内能和流动功，还包括通过外界传递的热量和所做的功。采用微元分析方法，不难证明下式成立：

$$\delta Q = \mathrm{d}E + (e_2\mathrm{d}m_2 - e_1\mathrm{d}m_1) + \delta W_{总}$$

上式对于任何工质的各种热力过程都适用，它是热力学第一定律的普遍表达式。其物理意义是：外界加给系统的热量（$\delta Q$），一部分用于增加系统储存的能量（$\mathrm{d}E$），一部分通过质量交换传给外界（$e_2\mathrm{d}m_2 - e_1\mathrm{d}m_1$），一部分用于系统对外做功（$\delta W_{总}$）。上述表达式揭示了热力过程内在的性质，利用它可以建立适用于闭口系统的能量方程。

2）闭口系统能量方程与稳定流动能量方程

①闭口系统能量方程。闭口系统与外界无质量交换，即（$e_2\mathrm{d}m_2 - e_1\mathrm{d}m_1$）＝0；闭口系统对外做功或外界对系统做功只能是容积功，即 $\delta W_{总} = \delta W$；系统工质的动能与位能不会变化，因而闭口系统工质储存能量的变化只有内能变化，即 $\mathrm{d}E = \mathrm{d}U$。于是，可转化得到闭口系统的能量方程：

$$\delta Q = \mathrm{d}U + \delta W$$

对闭口系统的有限热力过程，则有：

$$q = \Delta u + w \text{ 或 } Q = \Delta U + W$$

以上两式称为闭口系统能量方程的一般表达式，它对闭口系统内进行的一切（可逆或不可逆）过程都适用。应用时还应遵守下述符号规定：系统吸热 $q$（或 $Q$）为正，放热 $q$（或 $Q$）为负；系统对外做功（膨胀）$w$（或 $W$）为正，外界对系统做功（压缩）$w$（或 $W$）为负；系统内能增加 $\Delta u$（或 $\Delta U$）为正，系统内能减少 $\Delta u$（或 $\Delta U$）为负。上述能量方程式表示了系统中工质膨胀对外做功只能通过消耗工质的内能或从外界提供的热量转变而来，也就是说热与功的转换只能通过工质的膨胀（或压缩）来实现。

对于理想气体的可逆过程，容积功 $\delta w = p\mathrm{d}v$ 或 $w = \int_1^2 p\mathrm{d}v$，因此：

$$\delta q = \mathrm{d}u + p\mathrm{d}v$$

$$q = \Delta u + \int_1^2 p\mathrm{d}v$$

对于循环过程，工质经历一系列状态变化后又恢复到初始状态，内能的变化量为零，此时有 $q=w$ 或 $Q=W$ ，其物理意义为循环对外输出的净功等于外界加给系统的净热。

②稳定流动能量方程。系统内任意一位置上工质的状态参数，进、出口截面上的质量流量及系统与外界的能量变化均不随时间变化的过程称为稳定流动过程。制冷与空调设备中的工质可以视为稳定流动。1 kg 工质稳定流动时的能量方程为：

$$q=(h_2-h_1)+\frac{1}{2}(c_2^2-c_1^2)+g(z_2-z_1)+w_s$$

式中　$h_1$、$h_2$——工质在入口和出口处的焓；

$c_1$、$c_2$——工质在入口和出口处的流速；

$z_1$、$z_2$——工质在入口和出口处相对零势能面的高度；

$g$——重力加速度；

$w_s$——通过机器轴传递的轴功，J/kg。

上式表明，稳定流动工质从外界吸收热量，一部分用于增加工质的焓，一部分用于增加工质的宏观动能及重力势能，一部分通过机器轴传递对外做功。

3）稳定流动能量方程的应用。稳定流动能量方程反映了工质在稳定流动过程中能量转换的一般规律，这个方程普遍适用。可将稳定流动能量方程应用于制冷过程中常见的设备（如热交换器、制冷压缩机、节流阀等），从而确定这些设备中的能量转换关系。

①热交换器。制冷过程中有各种热交换设备，如冷凝器、蒸发器、过冷器等，工质流经热交换器时，只有吸热或放热，而对外界未做轴功，即 $w_s=0$；工质宏观动能与重力势能的变化相对于传递的热量很小，可以忽略不计。因此由上一个公式可得：

$$q=h_2-h_1$$

对于蒸发器，液态制冷剂在其中吸收周围物体或介质的热量而沸腾汽化，$q>0$，且吸收的热量等于工质焓的增加。对于冷凝器，气态制冷剂在其中向周围介质放热而冷凝液化，$q<0$，且放出的热量等于工质焓的减少。

②制冷压缩机。工质流经制冷压缩机时，其宏观动能与重力势能的变化相对于外界提供的轴功 $w_s$ 的量值来说很小，可以忽略不计；工质流经压缩机时向外散热的热量也相对很小，可近似为绝热过程，即 $q=0$。则：

$$-w_s = h_2 - h_1$$

制冷压缩机是消耗外界提供的轴功 $w_s$ 来压缩气态工质的，按符号规定 $w_s<0$。为方便起见，工程上用 $w_c=-w_s$ 来表示压缩机所消耗的轴功（即取功的绝对值），则：

$$w_c = h_2 - h_1$$

以上两个公式表明，在压缩过程中外界对工质所做功等于工质焓的增加。

③节流阀。制冷系统中的节流阀是用来降低工质压力和调节系统中工质流量的一种装置。工质流经节流阀时间很短，与外界交换的热量很小，可近似为绝热过程，即 $q=0$；工质进出节流阀时宏观动能与重力势能的变化很小，可以忽略不计；节流过程中与外界无功交换，即 $w_s=0$。因此，由稳定流动能量方程可知，工质在节流阀入口和出口处的焓是相等的，即

$$h_1 = h_2$$

由以上分析可知，流动工质的焓在能量的转换或转移以及热力计算中有着重要的作用。

4）理想气体的热力过程。理想气体的典型热力过程包括定容过程、定压过程、定温过程、定熵过程以及多变过程。

①定容过程。一定质量的理想气体，在状态变化时如保持容积不变，因而质量体积不变（$dv=0$），称为定容过程。在定容过程中，$\delta w_v = p dv = 0$，即无容积功。由式 $\delta q = du + p dv$ 有 $\delta q_v = du$，由此可知，在定容过程中传递的热量完全用于改变工质的内能。

②定压过程。一定质量的理想气体，在状态变化时如保持压力不变（$dp=0$），称为定压过程。定压过程的容积功 $w_p = p(v_2 - v_1)$。根据式 $q = \Delta u + w$，有 $q_p = \Delta u + w_p = (u_2 - u_1) + p(v_2 - v_1) = (u_2 + pv_2) - (u_1 + pv_1) = h_2 - h_1$，由此可知，在定压过程中传递的热量等于工质的焓差变化。

③定温过程。在状态变化中保持温度不变（$dT=0$）的过程称为定温过程。定温过程中工质的内能和焓也保持不变。由式 $\delta q = du + p dv$ 有 $q_T = w_T$，即定温过程加给系统的热量完全用于工质对外膨胀做功。

④定熵过程。在状态变化中工质与外界没有热交换的过程（$\delta q=0$）称为绝热过程。由熵的定义 $ds = \delta q / T$ 可知，绝热过程 $ds=0$，即熵不变。因此，理想气体的可逆绝热过程称为定熵过程。定熵过程的过程方程式可表示为 $pv^k=$ 常数，式中 $k = c_p / c_v$，称为等熵指数。定熵过程 $\delta q=0$ 或 $q=0$，由式 $\delta q = du + p dv$ 有 $\delta w_{(s)} = -du$（角括号中的 $S$ 代表定熵过程），由此可知，在定熵过程中系统对外做容积功等于工质内能的减少，而外界对系统做容积功则完全用于工质内能的增加。

⑤多变过程。实际的热力过程往往所有的参数都在变化过程中，而且不完全绝热。通过实验，在前述几个典型过程的特性的基础上，归纳整理出更为接近实际的多变过程方程，即

$$pv^n = 常数$$

式中　$n$——多变指数，取值范围为（$-\infty$，$+\infty$）。

当 $n$ 具有不同数值时，过程就表现出不同的特性：当 $n=0$ 时，$p=$ 常数，为定压过程；当 $n=1$ 时，$pv=$ 常数，为定温过程；当 $n=k$ 时，$pv^k=$ 常数，为定熵过程。将式 $pv^n=$ 常数变形为 $p^{1/n}v=$ 常数，当 $n=\pm\infty$ 时，$1/n=0$，则 $v=$ 常数，为定容过程。由此可见，前述几个典型过程均为多变过程的特例，多变过程是更一般化的热力过程。在制冷压缩过程中，$n$ 一般介于 1 和 $k$ 之间，即介于定温压缩和定熵压缩之间的多变压缩过程。

（2）热力学第二定律

热力学第一定律指出，任何能量转换和传递的热力过程都必须遵守能量转换和守恒定律。然而，热力学第一定律并没有指出能量转换的条件和方向，热力学第二定律则用来解决热功转换的条件、方向及限度问题。

1）热力学第二定律的表述。热传递过程中，热量可以从温度高的物体传向温度低的物体，而热量却不能从温度低的物体传向温度高的物体，此过程的进行具有方向性，是不可逆过程。实践证明，一切实际的宏观热过程都具有方向性，热过程不可逆，这就是热力学第二定律所揭示的基本事实和基本规律。

2）卡诺循环。由热力学第二定律可知，热机的循环效率不可能达到 100%，热能转换为机械能要受一定条件的限制，即必须将其中一部分能量从高温热源排放到低温热源中去，而卡诺循环则回答了一定条件下热效率可能达到的最高值的问题。

①卡诺循环的组成。卡诺循环的组成在 $p$—$v$ 图、$T$—$s$ 图上的表示如图 6—2 所示。

定温吸热过程（$a\rightarrow b$）。工质由状态 $a$ 在定温 $T_1$ 下从恒温热源（高温热源）吸取热量 $q_1$ 而变化至状态 $b$。

定熵膨胀过程（$b\rightarrow c$）。工质由状态 $b$ 进行绝热定熵膨胀到状态 $c$，温度由 $T_1$ 降到 $T_2$。

定温放热过程（$c\rightarrow d$）。工质由状态 $c$ 在定温 $T_2$ 下向恒温热源（低温热源）放出热量 $q_2$ 而达到状态 $d$。

定熵压缩过程（$d\rightarrow a$）。工质由 $d$ 绝热定熵压缩恢复到状态 $a$，温度由 $T_2$ 上升到 $T_1$，完成一个循环。

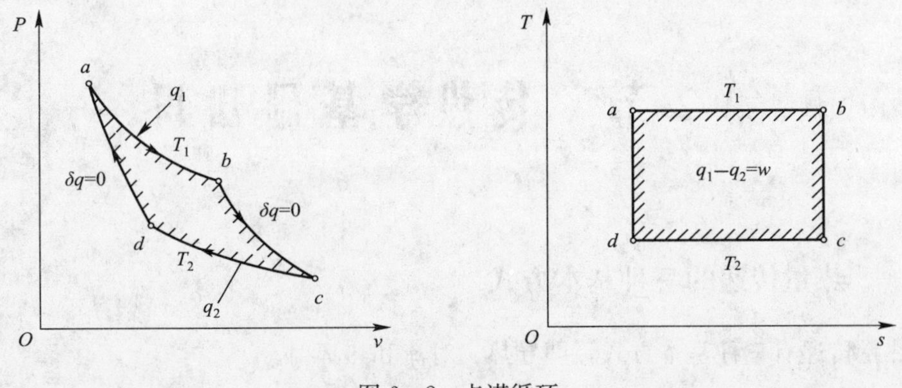


图 6—2　卡诺循环

可见卡诺循环由四个可逆分过程组成。图 6—2 所示为正向卡诺循环，它是理想可逆热机的循环。而制冷循环是从低温热源吸热，向高温热源放热，若使正向卡诺循环反向进行，即逆向卡诺循环，就能得到理想的可逆制冷循环。每完成一次循环，工质将从低温物体吸取热量，连同压缩机消耗的外功 $w$ 一起转移到高温物体，放出热量 $q_1$，因此，根据热力学第一定律有 $q_1=q_2+w$，即 $w=q_1-q_2$（为简便起见，式中 $q_1$ 和 $w$ 都代表放热和外功的绝对值）。

②制冷系数和供热系数。从低温热源吸取热量排向高温热源所用的机械称为制冷机或热泵。制冷机是将低温物体（如冷冻室、冷藏室等）的热量转移给自然环境（如水和空气等），并维持低温环境。热泵则是从自然环境中吸取热量，并将它们输送到需要较高温度的环境中去（如暖室等）。制冷机工作的性能用制冷系数来衡量，制冷系数 $\varepsilon$ 是指工质从低温物体吸取的热量与外界消耗的机械功之比，逆向卡诺循环 $\varepsilon$ 的计算式为：

$$\varepsilon=\frac{q_2}{w}=\frac{q_2}{q_1-q_2}=\frac{T_2}{T_1-T_2}$$

$\varepsilon$ 值越大，制冷循环的经济性越好。热泵循环的经济性用供热系数来衡量，供热系数 $\varepsilon_h$ 是指所获得的供热量与所消耗功之比，逆向卡诺循环 $\varepsilon_h$ 的计算式为：

$$\varepsilon_h=\frac{q_1}{w}=\frac{q_1}{q_1-q_2}=\frac{T_1}{T_1-T_2}$$

不难证明 $\varepsilon_h=\varepsilon+1$，可见制冷循环的制冷系数越高，其供热系数也越高，且供热系数总是大于 1。应注意，在给定的 $T_1$ 和 $T_2$ 温度范围内，一切实际的制冷循环的制冷系数和供热系数都小于逆向卡诺循环的 $\varepsilon$ 和 $\varepsilon_h$，因此，改进一切制冷循环的方法是使它们尽量接近逆向卡诺循环，具体途径是尽量提高低温热源的温度和降低高温热源的温度。

# 第 2 节　传热学基础知识

## 一、热量传递的三种基本方式

热量传递有三种基本方式，即导热、对流和热辐射。

### 1. 导热

物质各部分之间不发生相对位移时，依靠分子、原子及自由电子等微观粒子的热运动而产生的热量传递称为热传导，又称导热。例如，固体内部热量从温度较高的部分传递到温度较低的部分，以及温度较高的固体把热量传递给与之接触的温度较低的另一固体都是导热现象。

从微观的角度来看，气体、液体、导电固体或非导电固体的热传导机理是不同的。在气体中，热传导是气体分子不规则热运动时相互碰撞的结果。温度较高的气体分子具有较大的运动动能，不同能量水平的分子相互碰撞使热量从高温处迁移到低温处。导电固体具有大量的自由电子，它们在固体晶格中的运动类似于气体分子，在导电固体中，自由电子的运动对热量传导起着重要作用。在非导电固体中，热传导是通过晶格的振动实现的。对于液体的热传导机理，目前还存在不同的观点：一种观点认为液体的热传导类似于气体，只是情况更复杂，因为液体的分子间距较小，分子间作用力对分子碰撞的影响比气体的大；另一种观点认为液体的热传导类似于非导电固体，主要靠弹性波的作用。

热传导现象可以用傅里叶（Fourier）定律来描述：在导热现象中，单位时间内通过给定截面的热量正比于垂直于该截面方向上的温度变化率和截面面积，而热量传递的方向则与温度升高的方向相反。如图 6—3 所示的两个表面均维持均匀温度的平板的导热，这是个一维导热问题。对于 $x$ 方向上任意一个厚度为 $\mathrm{d}x$ 的微元层来说，单位时间内通过该层的导热热量与该层的温度变化率及平板面积 $A$ 成正比，即：

$$\Phi=-\lambda A\frac{\mathrm{d}t}{\mathrm{d}x}$$

式中　$\lambda$——比例系数，称为热导率，又称导热系数，负号表示热量传递的方向与温度升高的方向相反。

单位时间内通过某一给定面积的热量称为热流量，记为 $\Phi$，单位为 W。单位时间内通过单位面积的热流量称为热流密度（或称面积热流量），记为 $q$，单位为 $W/m^2$。当物体的温度仅在 $x$ 方向发生变化时，按照傅里叶定律，热流密度的表达式为：

$$q=\frac{\Phi}{A}=-\lambda\frac{\mathrm{d}t}{\mathrm{d}x}$$

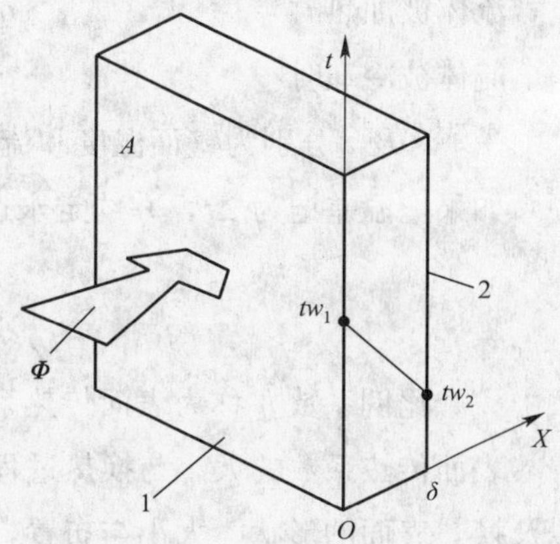


图 6—3　通过平板的一维导热

导热系数是表征材料导热性能优劣的参数，是一种物性参数，其单位为 $W/(m^2 \cdot K)$。不同材料的导热系数不同，即使是同一材料，导热系数值还与温度等因素有关。一般，金属材料的导热系数最高，良导电体，如银和铜等，是良导热体；液体次之；气体最小。例如，在 1 个标准大气压下，温度为 20℃时几种材料的导热系数，见表 6—1。

**表 6—1　　　　几种材料的导热系数**

| 材料名称 | 导热系数［W/(m² · K)］ | 材料名称 | 导热系数［W/(m² · K)］ |
|---|---|---|---|
| 黄金 | 315 | 空气 | 0.025 9 |
| 银 | 427 | 水 | 0.599 |
| 纯铜 | 398 | 泥土 | 0.83 |
| 纯铁 | 81.1 | 岩棉制品 | 0.035～0.038 |
| 纯铝 | 236 | 软木板 | 0.044～0.079 |

### 2. 对流

对流是指由于流体的宏观运动，从而使流体各部分之间发生相对位移，冷、热流体相互掺混所引起的热量传递过程。对流仅发生在流体中，对流的同时必伴随有导热现象。流体流过一个物体表面时的热量传递过程称为对流换热。

根据对流换热时是否发生相变可分为有相变的对流换热和无相变的对流换热两种。就引起流动的原因而论，对流换热可分为自然对流与强制对流两大类。自然对流是由于流体冷、热两部分的密度不同而引起流体的流动。例如，暖气片表面附近空气受热而向上流动。如果流体的流动是由于水泵、风机或其他压差作用所造成的，则称为强制对流。另外，工程上还常遇到液体在热表面上沸腾及蒸汽在冷表面上凝结的对流换热，称为沸腾换热及凝结换热，它们是伴随有相变的对流换热。

对流换热的基本计算式是牛顿冷却公式：

流体被加热时 $q=h(t_w-t_f)$

流体被冷却时 $q=h(t_f-t_w)$

式中——$t_w$及 $t_f$分别为壁面温度和流体温度，℃。

如果把温差记为 $\Delta t$，并约定永远取正值，则牛顿冷却公式可表示为：

$$q=h\Delta t$$

$$\Phi=A\,h\Delta t$$

式中——比例系数 $h$ 称为表面传热系数，单位是 W/(m$^2$·K)。

表面传热系数的大小与换热过程中的许多因素有关。它不仅取决于流体的物性以及换热表面的形状、大小与布置，而且还与流速有密切的关系。

表 6—2 给出了几种对流换热过程表面传热系数的数值范围。掌握典型条件下表面传热系数的数量级是很有必要的。由表 6—2 可知，就介质而言，液体的对流换热比气体强烈；就换热方式而言，有相变的优于无相变的，强制对流高于自然对流。例如，空气自然对流换热的 $h$ 为 1～10 的数量级，而水的强制对流的 $h$ 的数量级则是“成千上万”。

**表 6—2　　表面传热系数的数值范围**

| 过程 | $h$[W/(m$^2$·K)] |
|---|---|
| 自然对流 | |
| 空气 | 1～10 |
| 水 | 200～1 000 |
| 强制对流 | |
| 气体 | 20～100 |
| 高压水蒸气 | 500～3 500 |
| 水 | 1 000～15 000 |
| 水的相变换热 | |
| 沸腾 | 2 500～35 000 |
| 蒸汽凝结 | 5 000～25 000 |

### 3. 热辐射

物体通过电磁波来传递能量的方式称为辐射。物体因热的原因而发出辐射能的现象称为热辐射。自然界中各个物体都在不停地向空间发出热辐射，同时又不断地吸收其他物体发出的热辐射。辐射与吸收过程的综合结果造成了以辐射方式进行的物体间的热量传递——辐射换热。当物体与周围环境处于热平衡时，辐射换热量等于零，但这是动态平衡，辐射与吸收过程仍在不停地进行。

导热、对流这两种热量传递方式只在有物质存在的条件下才能实现，而热辐射区别于导热、对流换热的基本特点之一是热辐射可以在真空中传递，而且实际上在真空中辐射能的传递最有效。辐射换热区别于导热、对流换热的另一特点是，辐射换热不仅产生能量转移，而且还伴随着能量形式的转换，即发射时从热能转换成辐射能，而吸收时又从辐射能转换成热能。

辐射换热的强度与物体的温度和表面情况有关，物体的温度越高、表面发射辐射的能力越强，辐射出去的热量就越多；物体的温度越低、表面接收辐射的能力越强，接收的辐射热量就越多。

在家用制冷空调器具的各种热传递过程中，导热和对流换热起主要作用，很少单独考虑辐射换热。除类似电冰箱后背冷凝器等依靠空气自然对流进行换热的换热器外，可以忽略辐射换热。而在家用电热、电动器具中三种过程都常常存在。

## 二、传热过程和传热系数

当室内外温度不同时，室内外空气通过墙壁进行热量交换。这种热量由壁面一侧的流体通过壁面传到另一侧流体中去的过程称为传热过程。图 6—4 所示为冷、热流体通过平壁交换热量的传热过程。一般传热过程包括串联着的以下三个环节：

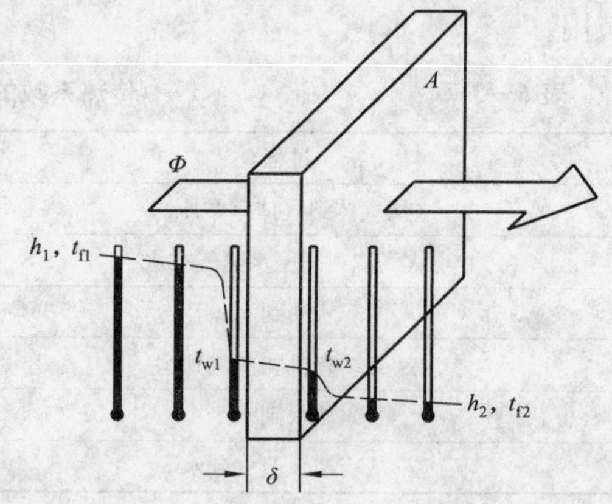


图 6—4　传热过程的分析

1. 从热流体到壁面高温侧的热量传递。

2. 从壁面高温侧到壁面低温侧的热量传递，也即穿过固体壁的导热。

3. 从壁面低温侧到冷流体的热量传递。由于是稳态过程，通过串联着的每一个环节的热流量 $\Phi$ 应该是相同的。设平壁表面积为 $A$，参照图 6—4，可以分别写出上述三个环节的热流量表达式：

$$\Phi = Ah_1(t_{f1} - t_{w1})$$

$$\Phi = \frac{A\lambda}{\delta}(t_{w1} - t_{w2})$$

$$\Phi = Ah_2(t_{w2} - t_{f2})$$

将上面三式改写成以下形式：

$$t_{f1}-t_{w1}=\frac{\Phi}{Ah_1}$$

$$t_{w1}-t_{w2}=\frac{\Phi}{\lambda A/\delta}$$

$$t_{w2}-t_{f2}=\frac{\Phi}{Ah_1}$$

三式相加，消去温度 $t_{w1}$、$t_{w2}$ 整理后得：

$$\Phi=\frac{A\ (t_{f1}-t_{f2})}{\frac{1}{h_1}+\frac{\delta}{\lambda}+\frac{1}{h_2}}$$

也可以表示成： $\Phi=Ak(t_{f1}-t_{f2})\ =Ak\Delta t$

式中——$k$ 称为传热系数，单位为 W/(m² · K)。

数值上，它等于冷、热流体间温差 $\Delta t$=1℃、传热面积 $A$ =1 m²时的热流量的值，是表征传热过程强弱程度的标尺。传热过程越强，传热系数越大；反之则越小。传热系数的大小不仅取决于参与传热过程的两种流体的种类，还与过程本身有关（如流速的大小、有无相变等）。表 6—3 列出了通常情况下传热系数的大致范围。

**表 6—3　　　　传热系数的大致范围**

| 过程 | $k$ [W/(m² · K)] |
|---|---|
| 从气体到气体（常压） | 10～30 |
| 从气体到高压水蒸气或水 | 10～100 |
| 从油到水 | 100～600 |
| 从凝结有机物蒸汽到水 | 500～1 000 |
| 从水到水 | 1 000～2 500 |
| 从凝结水蒸气到水 | 2 000～6 000 |

由上两式可得到传热系数 $k$ 的表达式，即

$$k=\frac{1}{\frac{1}{h_1}+\frac{\delta}{\lambda}+\frac{1}{h_2}}$$

这个公式揭示了传热系数的构成，即它等于组成传热过程各环节的 $1/h_1$、$\delta/\lambda$、$1/h_2$之和的倒数。如果对上式取倒数，此时：

$$\frac{1}{k}=\frac{1}{h_1}+\frac{\delta}{\lambda}+\frac{1}{h_2}$$

或

$$\frac{1}{Ak}=\frac{1}{Ah_1}+\frac{\delta}{A\lambda}+\frac{1}{Ah_2}$$

另外，$1/(Ak)$ 具有类似于电阻的作用。把 $1/(Ak)$ 称为传热过程热阻。由类似的方法可知，传热过程热阻的组成 $1/(Ah_1)$、$\delta/(A\lambda)$、$1/(Ah_2)$ 分别是各构成环节的热阻。

图 6—5 所示为传热过程的热阻分析。串联热阻叠加原则与电学中串联电阻叠加原则对应，即在一个串联的热量传递过程中，如果通过各个环节的热流量都相同，则各串联环节的总热阻等于各串联环节热阻的和。式$\frac{1}{k}=\frac{1}{h_1}+\frac{\delta}{\lambda}+\frac{1}{h_2}$仅适用于通过平壁的传热过程，式$\frac{1}{Ak}=\frac{1}{Ah_1}+\frac{\delta}{A\lambda}+\frac{1}{Ah_2}$虽然是通过平壁的传热过程导出的（其特点是各个环节的热量传递面积都相等），但对于各环节的热量传递面积不相等的情形，如通过圆筒壁的传热过程，式$\frac{1}{k}=\frac{1}{h_1}+\frac{\delta}{\lambda}+\frac{1}{h_2}$的形式也成立。

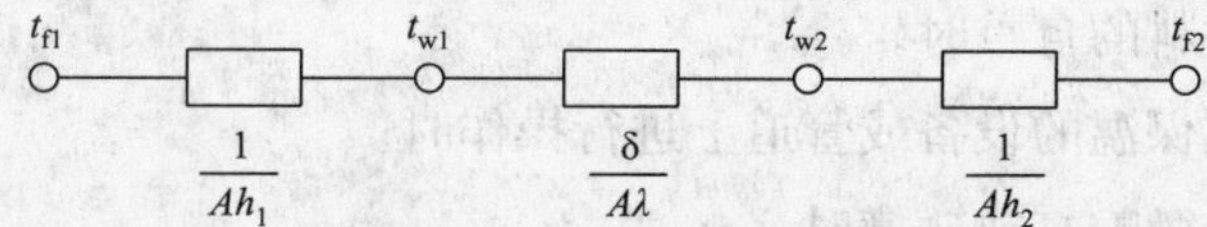


图 6—5　传热过程的热阻分析

## 三、保温材料

在实际工程应用中，为了节约能源，降低热量传递强度，在制冷或加热设备及其附属管道外使用传热系数小的材料进行密封，习惯上称为保温材料（又称隔热材料或绝热材料）。我国国家标准规定，凡平均温度不高于 350℃时导热系数不大于 0.12 W/(m²·K) 的材料称为保温材料。

**1. 保温隔热的目的**

（1）减少设备、管道及其组成件在工作过程中的热量或冷量损失，以节约能源。

（2）减少生产过程中介质的温降或温升，以提高设备的生产能力。

（3）避免、限制或延迟设备和管道介质的凝固、冻结，以维持设备的正常工作。

（4）降低或维持工作环境温度，改善劳动条件，防止因热表面导致火灾，防止操作人员烫伤。

（5）防止设备、管道及其组成件表面结露。

**2. 热管道设备隔热材料的选择及其结构**

（1）热管道设备保温层材料应具有的主要技术性能：

1）导热系数小。导热系数是衡量材料或制品隔热性能的重要标志，它与保温层厚度及热损失均成正比关系。导热系数是选择经济型保温材料的两个因素之一。当有数种保温材料可供选择时，可用材料的导热系数乘以单位体积材料价格，其乘积越小越经济，即单位热阻的价格越低越好。

2）合适的密度。保温材料或制品的密度是衡量其隔热性能的又一主要标志，与隔热性能关系密切。就一般材料而言，密度越小，其导热系数也越小，但对于纤维类保温材料，应注意选择最佳密度。

3）适宜的强度（抗压、抗折强度等）。同一成分的材料和制品的强度与密度有密切关系。密度增加，其强度提高，导热系数也增大，因此，不应片面地要求保温材料过高的抗压和抗折强度，但必须符合国家标准规定。一般保温材料或制品，在其上覆盖保护层后在下列情况下不应产生残余变形：

①承受保温材料的自重时。

②将梯子靠在保温的设备或管道上进行操作时。

③表面受到轻微敲打或碰撞时。

④承受当地最大风负荷时。

⑤承受冰雪负荷时。

保温材料通常也是一种吸音减振材料，韧性和强度高的保温材料，其抗振性一般也较强，如纤维类材料和制品、聚氨酯泡沫塑料等。

4）安全使用温度范围。保温材料的使用温度范围应符合表6—4的规定，并略高于保温对象表面的设计温度。

5）保温材料应具有良好的化学稳定性，无腐蚀性、不燃烧或难燃。

6）良好的施工性能。如搬运或施工过程中不易破碎、加工容易、很少产生粉尘、轻质（密度小）、容易维护及修理。

**表6—4　　常用隔热材料及其制品的使用温度范围**

| | 材料名称 | 最高安全使用温度或使用温度范围（℃） |
|---|---|---|
| 热管道设备隔热材料 | 超细玻璃棉制品 | 300 |
| | 岩棉、矿棉管壳 | 250 |
| | 岩棉、矿棉毡席 | 250 |
| | 无石棉微孔硅酸钙制品 | ＞250～550 |
| | 硅酸镁铝制品 | ≥350～600 |
| | 硅酸铝纤维制品 | ＞600～900 |
| | 岩棉—硅酸铝复合制品 | 300～900 |

续表

| | 材料名称 | 最高安全使用温度或使用温度范围（℃） |
|---|---|---|
| 冷管道设备隔热材料 | 硬质闭孔型自熄性聚氨酯泡沫塑料制品 | −65～80 |
| | 自熄可发性聚苯乙烯泡沫塑料制品 | −65～70 |
| | 硬质聚氯乙烯泡沫塑料板 | −20～80 |
| | 闭孔型泡沫玻璃制品 | 196～400 |

（2）常用的绝热材料及其结构

高于环境温度的热力设备与管道的保温多采用无机的绝热材料，常用的有：

1）多孔型绝热材料，如微孔硅酸钙［使用温度低于 650℃，$\lambda=0.04\sim0.1$ W/($m^2$·K)］。

2）纤维型绝热材料，如岩棉［使用温度低于 700℃，$\lambda=0.035\sim0.047$ W/($m^2$·K)］。

3）粒状绝热材料，如膨胀珍珠岩［使用温度为 800～1 000℃，$\lambda=0.046\sim0.17$ W/($m^2$·K)］。

以上三种保温材料制品之所以导热系数比较小，除了材料本身导热系数比较低以外，主要还是因为在这些材料中形成了许多聚存空气的细小空间。由于空气的导热系数很小，从而使整体的导热性能下降。因而，这些材料的导热系数都不会低于同温度下的空气的值，而且在使用中要防止其受潮变湿。

热管道设备隔热材料的保温结构一般以保温层和保护层为主体及其支撑、固定的附件构成一个统一体。保温层是利用保温材料的优良隔热性能，增加热阻，达到减少散热的目的。保护层是利用保护层材料的强度、韧性和致密性以保护保温层免受外力和雨水的侵袭，从而达到延长保温层的使用年限的目的，并使保温结构外观整洁、美观。

根据不同的隔热材料和不同的施工方法，隔热结构大致分为胶泥结构、填充结构、捆扎结构、缠绕结构、预制品结构、装配结构、喷涂结构等。图 6—6 所示为直管单层保温结构，图 6—7 所示为直管双层保温结构。

**3. 冷管道设备隔热材料的选择及其结构**

冷管道设备保温层材料用于常温以下的隔热或 0℃以上常温以下的防露。其主要技术性能与热管道设备保温层材料相同。由于冷管道设备的热流方向与热管道设备的热流方向相反，冷管道设备的外侧蒸汽压大于内侧，蒸汽易渗入保温层，致使

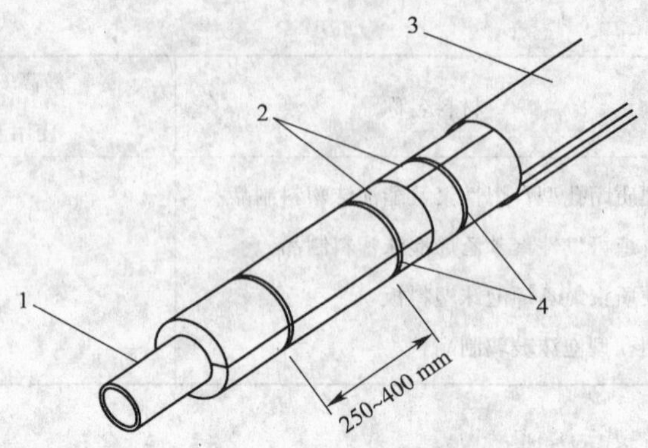


图 6—6　直管单层保温结构

1—管道　2—保温层　3—外保护层　4—捆扎带

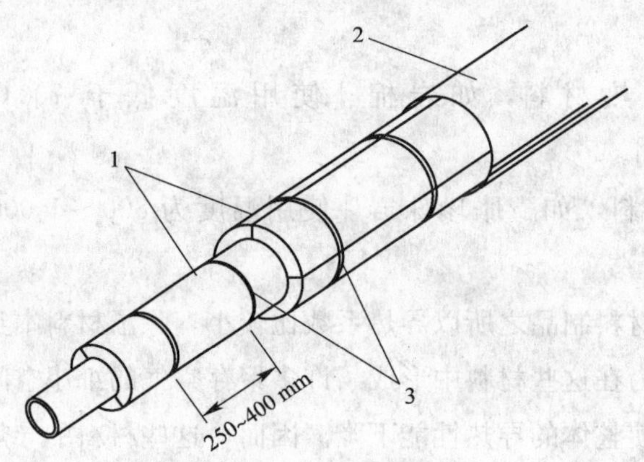


图 6—7　直管双层保温结构

1—保温层　2—外保护层　3—捆扎带

保温层内部产生凝结水或结冰。

冷管道设备保温层材料或制品中如果含水，不仅无法除掉，还会结冰，致使材料的导热系数增大，甚至结构被破坏。因此，冷管道设备用保温层材料应为闭孔型材料，材料的吸水率低、吸湿率低、透气率低，并有良好的抗冻性，在低温下物性稳定，可长期使用。其主要技术性能如下：

（1）25℃时导热系数 $\lambda \leqslant 0.064\ W/(m^2 \cdot K)$。

（2）密度小于等于 180 $kg/m^3$。

（3）含水率小于等于 0.2%。

（4）材料为非燃烧性或阻燃性，氧指数不小于 30。

对于低于环境温度的冷管道设备，关键在于防止外界热量的传入。目前有三个档次的绝热材料可供选择。一般性的绝热材料有在大气压下工作的疏松纤维或泡沫多孔材料，如聚苯乙烯泡沫塑料［工作温度为－80～75℃，$\lambda$＝0.03～0.048 W/($m^2$・K)］、硬质聚氨酯泡沫塑料［工作温度为－60～120℃，$\lambda$＝0.026～0.042 W/($m^2$・K)］；效果更好些的有抽真空至10 Pa的粉末颗粒绝热材料；效果最佳的是多层真空绝热材料。多层真空绝热材料由低导热系数的玻璃布、铝箔之类的材料组成多层遮热板，这些遮热板具有很高的反射比，板间抽真空至0.01～0.001 Pa。在80～300 K温度下，在垂直于遮热板方向的导热系数可低达$10^{-4}$ W/($m^2$・K)的量级。图6—8所示为冷管道保温结构，图6—9所示为法兰阀门的制冷保温结构。

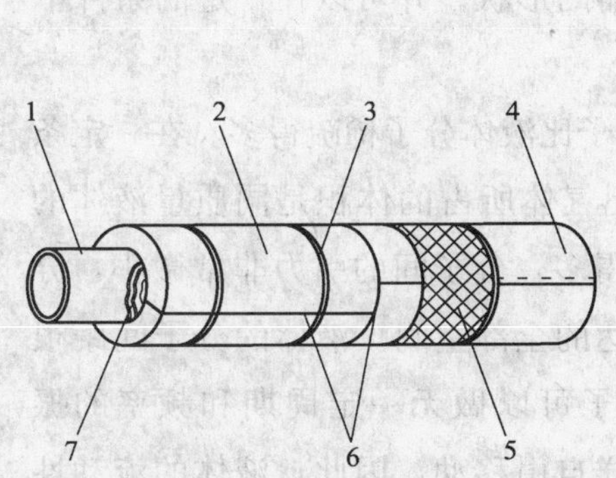


图 6—8　冷管道保温结构

1—管道　2—保冷管壳　3—捆扎带　4—外保护层　5—防潮层　6—接缝密封　7—黏结剂

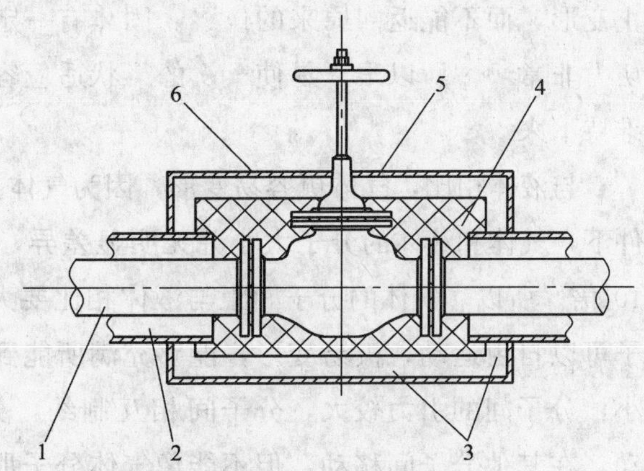


图 6—9　法兰阀门的制冷保温结构

1—管道　2—保冷管壳　3—阀门用保冷壳　4—纤维状保冷材料　5—防潮层　6—外保护层

# 第 3 节　流体力学泵风机

## 一、流体的力学特性

### 1. 流体的定义及特征

自然界中的物质均由分子构成，按照分子的聚集状态可将其分为两大类，即固体和流体，后者可进一步细分为气体和液体。通俗地讲，能够流动的物质叫做流体，如果按照力学的术语进行定义，则在任何微小的剪切力的作用下都能够发生连续变形的物质称为流体。所以气体、液体统称为流体。

固体和流体具有以下不同的特征：在静止状态下固体的作用面上能够同时承受剪切力和法向应力。而流体只有在运动状态下才能够同时有法向应力和切向应力的作用，静止状态下其作用面上仅能够承受法向应力，这一应力是压缩应力，即静压强。固体在力的作用下发生变形，在弹性极限内变形和作用力之间服从虎克定律，即固体的变形量和作用力的大小成正比。而流体则是角变形速度和剪切应力有关，层流和紊流状态下它们之间的关系有所不同，在层流状态下，两者之间服从牛顿内摩擦定律。当作用力停止作用，固体可以恢复原来的形状，流体只能够停止变形，而不能返回原来的位置。固体有一定的形状，流体由于其变形所需的剪切力非常小，所以很容易使自身的形状适应容器的形状，并可以在一定的条件下维持下来。

与液体相比，气体更容易变形，因为气体分子比液体分子稀疏得多。在一定条件下，气体和液体的分子大小并无明显差异，但气体所占的体积是同质量液体的 $10^3$ 倍。所以，气体的分子间距与液体相比要大得多，分子间的引力非常微小，分子可以自由运动，极易变形，能够充满所能到达的全部空间。液体的分子间距很小，分子间的引力较大，分子间相互制约，分子可以做无一定周期和频率的振动，在其他分子间移动，但不能像气体分子那样自由移动，因此，液体的流动性不如气体。在一定条件下，一定质量的液体有一定的体积，并取决于容器的形状，但不能像气体那样充满所能达到的全部空间。液体和气体的交界面称为自由液面。

**2. 流体的密度、相对密度、比容**

密度是流体的重要物理属性之一，它表征流体在空间某点质量的密集程度，流体的密度定义为：单位体积流体所具有的质量，用符号 $\rho$ 表示。

对于流体中各点密度相同的均质流体，其密度为：

$$\rho=\frac{m}{V}$$

式中 $\rho$——流体的密度，$kg/m^3$；

$m$——流体的质量，kg；

$V$——流体的体积，$m^3$。

对于各点密度不同的非均质流体，在流体的空间中某点取包含该点的微小体积 $\Delta V$，该体积内流体的质量为 $\Delta m$，则该点的密度为：

$$\rho=\lim_{\Delta V\to 0}\frac{\Delta m}{\Delta V}=\frac{\mathrm{d}m}{\mathrm{d}V}$$

由流体密度的定义可知，对于一定质量的流体，密度的大小与体积有关，而体积与温度、压强有关，所以，流体的密度必然受温度和压强的影响。

表 6—5 给出了标准大气压下水、空气和水银的密度随温度变化的数值，表 6—6 给出了常用流体在一定温度下的密度和相对密度。

**表 6—5　　标准大气压下水、空气和水银的密度随温度变化的数值**

| 温度（℃） | 水的密度（$kg/m^3$） | 空气的密度（$kg/m^3$） | 水银的密度（$kg/m^3$） |
|---|---|---|---|
| 0 | 999.87 | 1.293 | 13 600 |
| 4 | 1 000.00 | — | — |
| 5 | 999.99 | 1.273 | — |
| 10 | 999.73 | 1.248 | 13 570 |
| 15 | 999.13 | 1.226 | — |
| 20 | 998.23 | 1.205 | 13 550 |
| 25 | 997.00 | 1.185 | — |
| 30 | 995.70 | 1.165 | — |
| 40 | 992.24 | 1.128 | 13 500 |
| 50 | 988.00 | 1.093 | — |
| 60 | 983.24 | 1.060 | 13 450 |
| 70 | 977.80 | 1.029 | — |
| 80 | 971.80 | 1.000 | 13 400 |
| 90 | 965.30 | 0.973 | — |
| 100 | 958.40 | 0.946 | 13 350 |

相对密度是指某种流体的密度与 4℃时水的密度的比值，用符号 $d$ 表示，其定义式为：

$$d=\rho_f/\rho_w$$

式中　$\rho_f$——流体的密度，$kg/m^3$；

$\rho_w$——4℃时水的密度，$kg/m^3$。

流体的比容是指单位质量流体所占的体积，即密度的倒数，用符号 $v$ 表示，其表达式为：

$$v=\frac{V}{m}=\frac{1}{\rho}$$

流体的比容单位为 $m^3/kg$。

表 6—6　　常用流体的密度和相对密度

| 流体名称 | 温度（℃） | 密度（kg/m³） | 相对密度 |
|---|---|---|---|
| 蒸馏水 | 4 | 1 000 | 1 |
| 海　水 | 20 | 1 025 | 1.025 |
| 航空汽油 | 15 | 650 | 0.65 |
| 普通汽油 | 15 | 700～750 | 0.70～0.75 |
| 润滑油 | 15 | 890～920 | 0.89～0.92 |
| 石　油 | 15 | 880～890 | 0.88～0.89 |
| 矿物油系液压油 | 15 | 860～900 | 0.86～0.90 |
| 10号航空液压油 | 0～20 | 833.85 | 0.833 |
| 酒　精 | 15 | 790～800 | 0.79～0.80 |
| 甘　油 | 0 | 1 260 | 1.26 |
| 水蒸气 | — | 0.804 | 0.000 804 |
| 氧　气 | 0 | 1.429 | 0.001 429 |
| 氮　气 | 0 | 1.251 | 0.001 251 |
| 氢　气 | 0 | 0.089 9 | 0.000 089 9 |
| 二氧化碳 | 0 | 1.976 | — |

**3. 流体的压缩性和膨胀性**

流体在一定的温度下压强增大，体积减小；在压强一定时，若温度变化，体积也要发生相应的变化。所有流体都具有这种特性，流体的这种性质称为流体的压缩性和膨胀性。

（1）流体的压缩性

在一定的温度下，流体的体积随压强升高而缩小的性质称为流体的压缩性。流体压缩性的大小用体积压缩系数 $k$ 表示。它表示当温度保持不变时单位压强增量引起流体体积的相对缩小量，其表达式为：

$$k=-\frac{\mathrm{d}V}{V\mathrm{d}P}$$

式中　$k$——流体的体积压缩系数，$m^2/N$；

$\mathrm{d}P$——压强增量，Pa；

$V$——原有流体的体积，$m^3$；

$\mathrm{d}V$——流体体积的增加量，$m^3$。

由于压强增大时流体的体积减小，即 $\mathrm{d}P$ 与 $\mathrm{d}V$ 的变化方向相反，故在上式中加负号，以使体积压缩系数 $k$ 恒为正值。

实践证明，液体的体积压缩系数很小，例如，当压强在（1～490）×$10^7$ Pa、温度在 0～20℃时，水的体积压缩系数仅约为两万分之一，即每增加105 Pa，水的体积相对缩小约为两万分之一。表 6—7 列出了 0℃水在不同压强下的 $k$ 值。

**表 6—7　　0℃水在不同压强下的 $k$ 值**

| 压强（$10^5$ Pa） | 4.9 | 9.8 | 19.6 | 39.2 | 78.4 |
|---|---|---|---|---|---|
| $k$（×$10^{-9}$m²/N） | 0.539 | 0.537 | 0.531 | 0.523 | 0.515 |

（2）流体的膨胀性

在一定的压强下，流体的体积随温度的升高而增大的性质称为流体的膨胀性。流体膨胀性的大小用体积膨胀系数 $a_v$ 表示，它表示当压强不变时升高一个单位温度所引起流体体积的相对增加量，其表达式为：

$$a_v=\frac{dV}{VdT}$$

式中　$a_v$—— 流体的体积膨胀系数，1/℃，1/K；

$dT$—— 流体温度的增加量，℃，K；

$V$—— 原有流体的体积，m³；

$dV$—— 流体体积的增加量，m³。

水在不同温度下的膨胀系数见表 6—8。

**表 6—8　　水在不同温度下的膨胀系数**

| 压强（MPa） | 温度（℃） | | | | |
|---|---|---|---|---|---|
| | 1～10 | 10～20 | 40～50 | 60～70 | 90～100 |
| 0.098 1 | 14×$10^{-6}$ | 150×$10^{-6}$ | 422×$10^{-6}$ | 536×$10^{-6}$ | 719×$10^{-6}$ |
| 9.807 | 43×$10^{-6}$ | 165×$10^{-6}$ | 422×$10^{-6}$ | 548×$10^{-6}$ | 704×$10^{-6}$ |
| 19.61 | 72×$10^{-6}$ | 183×$10^{-6}$ | 426×$10^{-6}$ | 539×$10^{-6}$ | — |
| 49.03 | 149×$10^{-6}$ | 236×$10^{-6}$ | 429×$10^{-6}$ | 523×$10^{-6}$ | 661×$10^{-6}$ |
| 88.26 | 229×$10^{-6}$ | 289×$10^{-6}$ | 437×$10^{-6}$ | 514×$10^{-6}$ | 621×$10^{-6}$ |

由上表可知，水的体积膨胀系数和压强之间的关系在 50℃附近发生转变，当温度小于 50℃时，体积膨胀系数随着压强的增大而增大；温度大于 50℃时，随着压强的增大而减小。

一般情况下，气体需要同时考虑温度、压强对体积和密度的影响，工程中经常涉及的气体往往可以作为完全气体（热力学中的理想气体）来处理，可用理想气体的状态方程式来进行有关计算，完全气体状态方程式为：

$$Pv=RT \text{或者} \frac{P}{\rho}=RT$$

式中 $P$—— 气体的绝对压强，Pa；

$v$ —— 气体的比容，$m^3/kg$；

$R$ —— 气体常数，J/(kg·K)；

$T$ —— 热力学温度，K；

$\rho$ —— 气体的密度，$kg/m^3$。

气体和液体都是可压缩的，只是压缩性的大小有所区别，通常情况下由于液体的压缩性较小，常常作为不可压缩流体来处理，此时密度等于常数，这样给问题的处理带来很大方便。气体的压缩性比较大，由完全气体的方程式可知，当温度不变时，完全气体的体积和压强成反比，压强增大一倍，体积缩小为原来的一半；当压强不变时，温度升高 1℃，体积就比 0℃时的体积膨胀 1/273。所以，通常气体作为可压缩流体来处理，其密度不能作为常数，必须同时考虑压强和温度对密度或比容的影响。

**4. 流体的黏性**

（1）流体的黏性和牛顿内摩擦定律

流体都具有黏性。流体在管道中流动，需要在管子两端建立压强差或位置高度差。轮船在水中航行、飞机在空中飞行均需要动力，这都是为了克服流体黏性所产生的阻力。流体流动时产生内摩擦力的性质称为流体的黏性，黏性是流体的固有物理属性，但黏性只有在运动状态下才能显示出来。

图 6—10 所示两块相隔一定距离的平行平板水平放置，其间充满液体，下板固定不动，上板在 $F'$力的作用下以 $U$ 的速度沿 $x$ 方向运动。实验表明，黏附于上平板的流体在平板切向方向上产生的黏性摩擦力 $F$ 是 $F'$的反作用力，与两块平板间

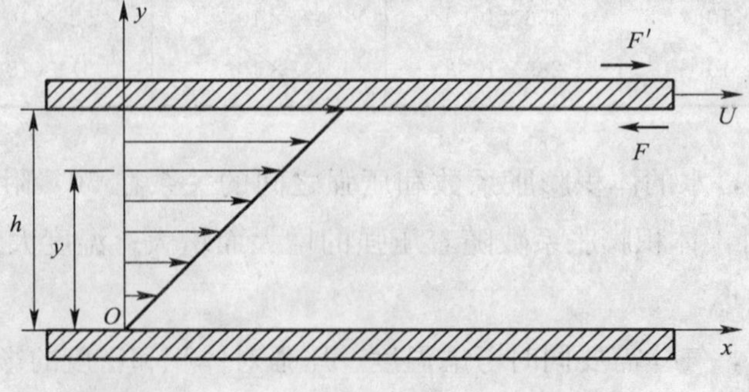


图 6—10　流体黏性实验示意图

的距离成反比，与平板的面积 $A$、平板的运动速度 $U$ 成正比，比例关系式如下：

$$F=\mu A\frac{U}{h}$$

式中，比例系数 $\mu$ 为流体的动力黏度，是流体的重要物理属性，与流体的种类、温度、压强有关，在一定温度、压强下保持常数，其单位为 Pa·s。$U/h$ 表示在速度的垂直方向上单位长度上的速度增量，称为速度梯度，显然，在上述情况下速度分布为直线，速度梯度为常数，属于特殊情况。一般速度分布为曲线，如图6—11所示，$x$ 方向上的速度用 $v_x$表示时，速度梯度可表示为 $dv_x/dy$，此时速度梯度为一变量，在每一速度层上有不同的数值，将 $dv_x/dy$ 代入式 $F=\mu A\frac{U}{h}$，两端除以板的面积 $A$，则可以得到作用在平板单位面积上的切应力 $\tau$ 为：

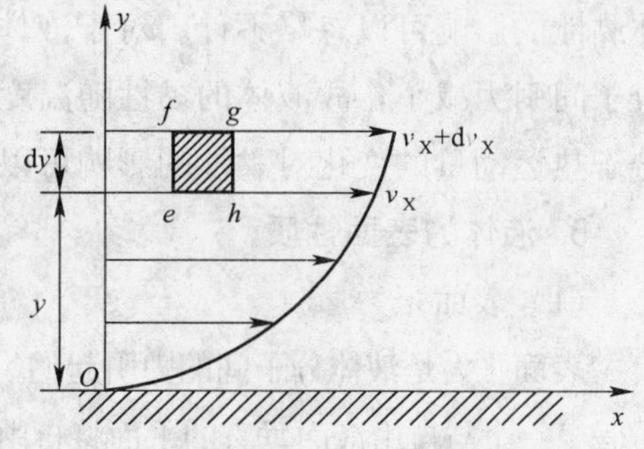

图 6—11 黏性流体速度分布曲线

$$\tau=\mu\frac{dv_x}{dy}$$

上式即为牛顿内摩擦定律，仅适用于层流流动的情况。该式表明，黏性剪切力与速度梯度成正比，比例系数为流体的动力黏度。在一定条件下，速度梯度越大，剪切力越大，能量损失也越大。当速度梯度为零时，黏性剪切力为零，流体的黏性表现不出来，如流体静止、均匀流动就属于这种情况。

（2）影响黏性的因素

形成流体黏性的原因有两个方面，一个原因是流体分子间的引力，当流体微团发生相对运动时，必须克服相邻分子间的引力，这种作用类似物体之间的相互摩擦，从而表现出摩擦力；另一个原因是流体分子的热运动，当流体层之间做相对运动时，由于分子的热运动，使流体层之间产生质量交换，由于层与层之间的速度差别，必然产生动量交换，从而产生力的作用，使相邻的流体层之间产生摩擦力。无论气体和液体，都存在分子之间的引力和热运动，只是所占比重不同而已，对于气体，由于分子间距比较大，分子之间的引力相对较小，而分子的热运动却非常强烈，因此，构成气体黏性的主要原因是分子的热运动；对于液体，分子间距非常小，分子之间的相互约束力非常大，分子的热运动非常微弱，所以，构成液体黏性的主要因素是分子间的引力。

压强的改变对气体和液体黏性的影响有所不同。由于压强变化对分子的动量交换影响非常微弱，所以气体的黏性随压强的变化很小。压强增大时对分子间距影响明显，故液体的黏性受压强变化的影响比气体大。温度对液体和气体黏性的影响截然相反，温度升高时气体分子的热运动加剧，气体的黏性增大，分子间距增大对气体黏性的影响可以忽略不计。对于液体，由于温度升高体积膨胀，分子间距增大，分子间引力减小，故液体的黏性随温度的升高而减小。而液体温度升高引起的液体分子热运动量的变化对黏性的影响可以忽略不计。

**5. 液体的表面性质**

（1）表面张力

表面张力是液体分子间的力引起的，其作用结果使得液面好像一个张紧的弹性膜。若假想一个与自由液面垂直的平面将自由液面分开，则平面两侧的自由液面彼此之间均作用着引力，其方向沿自由液面的切线方向，试图将液面张得更紧。作用在自由液面上的这样的力称为表面张力，用$\sigma$表示，单位为N/m。表面张力的数值很小，一般不予考虑，只有在自由液面的尺寸很小时才加以考虑，如多孔介质中液体的自由液面、细小玻璃管插入液体时形成的自由液面等，此时必须计算表面张力的影响。

表面张力的大小与液体的种类有关，不同的液体表面张力的大小不同。温度变化时，表面张力的大小也要发生变化，温度升高，表面张力减小。另外，表面张力还与自由表面上的气体种类有关。

（2）毛细现象

液体分子间的相互引力形成内聚力，使得分子间相互制约，不能轻易破坏它们之间的平衡。液体与固体接触时，液体和固体分子之间相互吸引，形成液体对固体壁面的附着力。

当液体和固体壁面接触时，若内聚力小于附着力，液体将在固体壁面上伸展开来，润湿固体壁面，这种现象称为浸润现象。例如，水在玻璃壁面上将出现浸润现象。而当内聚力大于附着力时，液体将缩成一团，不润湿与之接触的固体壁面。水银和玻璃接触时，就会出现这种现象。

内聚力和附着力之间的关系可以用来解释毛细现象。如图 6—12a 所示，将细玻璃管插入水中时，由于附着力大于内聚力，出现浸润现象，表面张力将牵引液面上升一段距离 $h$，并使管内的液面呈向上凹的曲面。如图 6—12b 所示，将细玻璃管插入水银中时，由于内聚力大于附着力，在表面张力的作用下液面将呈现上凸的形状，并下降一段距离 $h$。由于内聚力和附着力的差别使得微小间隙的液面上升和下降的现象称为毛细现象。日常生活中毛细现象的例子很多，例如，土壤中水分的蒸发、地下水的渗流、植物内部水分的输送就是依靠毛细现象来完成的。

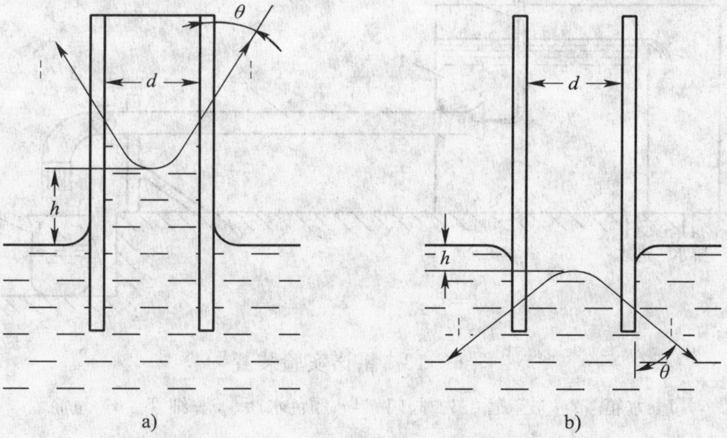

图 6—12　弯曲液面上的表面张力和毛细现象

a）上凹曲面　b）上凸曲面

## 二、流体流动的特性及其损失

工程实际中的流体都有黏性。黏性流体流经固体壁面时，接触壁面的流体质点速度为零，沿壁面的法线方向，质点速度逐渐增大，存在一个速度变化区域。流动的黏性流体内部存在速度梯度时，相邻的流层要产生相对运动，从而产生切应力，形成阻力，消耗流体的机械能，并不可逆转地转化为热能，产生损失。

### 1. 雷诺实验及流体的两种流动状态

1883 年，英国物理学家雷诺通过实验肯定了黏性流体存在着层流和湍流两种流动状态，并确定了流动状态判别的方法。图 6—13 所示为雷诺实验装置。1 为尺寸足够大的水箱，当阀门 3 开启时水流通过玻璃管 2 流入量筒 6，通过记录时间和量筒的刻度值可以得出圆管中的平均流速。4 为颜色水瓶，当打开其下部的开关时，着色流体将进入水平玻璃管，以观测流动状态。

实验过程如下：

开启阀门 3，水流以较小的速度通过玻璃管，打开阀门，着色流体进入玻璃管，呈现一条细直线流束，如图 6—14a 所示。这一现象表明，着色流体和周围的流体互不掺混，流线为直线，流体质点只有沿圆管轴向的运动。这种流动状态称为层流或片流。

逐渐增大阀门 3 的开度，管内流速逐渐增大，当流速增大到一定数值时，着色流束开始振荡，处于不稳定状态，如图 6—14b 所示。当流速增大到 $v'_{cr}$时，着

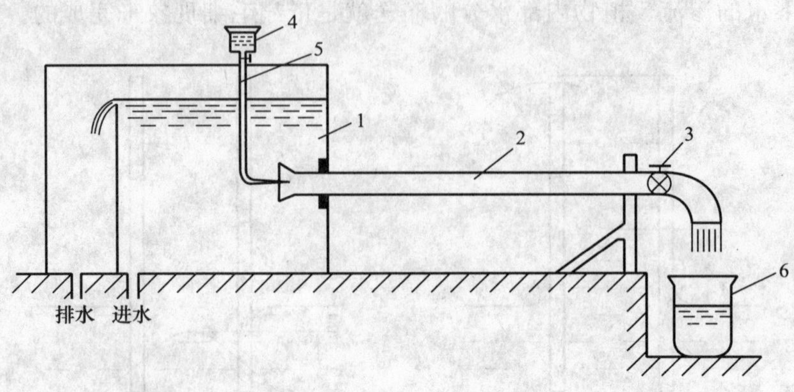


图 6—13　雷诺实验装置

1—水箱　2—玻璃管　3—阀门　4—颜色水瓶　5—细管　6—量筒

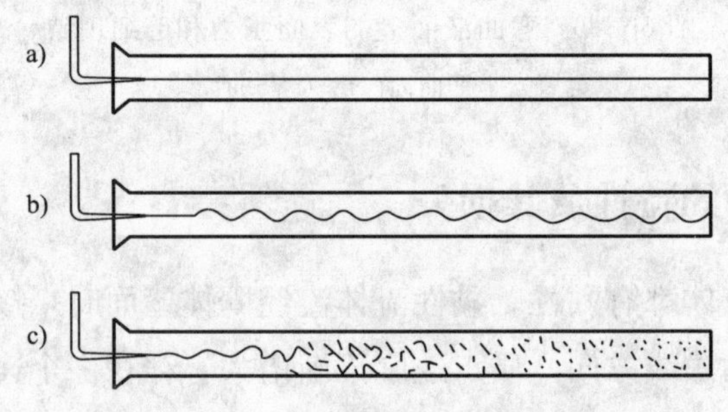


图 6—14　雷诺实验实现的流动状态

色流束迅即破裂，着色的流体质点扩散到水流中去，如图 6—14c 所示。这一现象说明，流体质点不仅有轴向运动，也具有径向运动，处于一种无序的紊乱状态。这种流动状态称为紊流或者湍流。将由层流向紊流转化的速度 $v'_{cr}$ 称为上临界流速。

在紊流状态下，阀门 3 的开度逐渐关小时，管内流速逐渐降低，当流速降低到比上临界流速更低的流速 $v_{cr}$ 时，着色流体又呈现清晰直线，说明流动由紊流转化成了层流。将由紊流向层流转化的速度 $v_{cr}$ 称为下临界流速。

以上实验说明，当流动速度变化时流动状态将发生变化。某种流体在一定管道内流动时，当流动速度大于上临界流速 $v'_{cr}$ 时，流动为紊流状态；当流动速度小于下临界流速 $v_{cr}$ 时，流动为层流状态；当流动速度介于两者之间时，有可能是层流，也有可能是紊流，取决于实验的起始状态和扰动情况。

**2. 流体的两种损失**

黏性流体在管内流动时会产生两种损失，即沿程损失和局部损失。

（1）沿程损失

沿程损失是发生在流体整个流程中的能量损失，是由流体的黏滞力造成的损失。其大小与流体的流动状态及管道壁面的粗糙度有关。单位质量流体的沿程损失可用达西—魏斯巴赫公式计算，即

$$h_f=\lambda\times\frac{l}{d}\times\frac{v^2}{2g}$$

式中　$\lambda$—— 沿程损失系数；

$l$—— 管道长度，m；

$d$—— 管道直径，m；

$v$—— 管道有效截面上的平均流速，m /s；

$g$—— 重力加速度，$m/s^2$。

（2）局部损失

局部损失发生在流动状态急剧变化的急变流中。流体流过管路中一些局部件（如阀门、弯管、变形截面等）时，流线变形、方向变化、速度重新分布以及旋涡的产生等因素，使得流体质点间产生剧烈的能量交换而产生损失。

单位质量流体流过某个局部件时产生的能量损失用下式计算：

$$h_j=\zeta\frac{v^2}{2g}$$

式中　$\zeta$—— 局部损失系数。

（3）总能量损失

黏性流体流动过程中的总能量损失等于沿程损失和局部损失的总和，即

$$h_w=\sum h_f+\sum h_j$$

单位质量流体的能量损失的量纲为长度，工程中也称其为水头损失。

## 三、泵和风机的特点及使用范围

泵和风机是将原动机的机械能转换成流体的压力能和动能的一种动力设备。泵输送的是液体，风机输送的是气体，液体和气体均属于流体，故泵与风机也称为流体机械。

### 1. 泵的特点及使用范围

（1）泵的分类

按泵产生压力的大小分为：低压泵，压力在 2 MPa 以下；中压泵，压力为 2～6 MPa；高压泵，压力在 6 MPa 以上。

按工作原理分类：

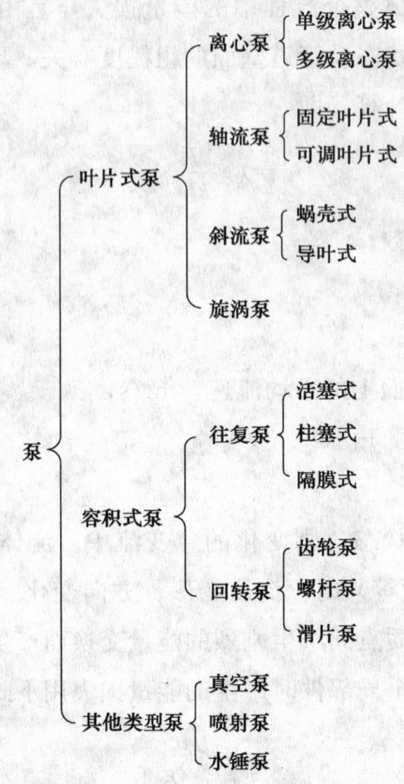


（2）各种泵的特点和应用

1）离心泵。离心泵依靠叶轮高速旋转时产生的离心力使流体获得能量，即流体通过叶轮后，压能和动能都得到提高，从而能够被输送到高处或远处。离心泵最简单的结构形式如图 6—15 所示。叶轮 1 装在一个螺旋形的外壳内，当叶轮旋转时，流体轴向流入，然后转 90°进入叶轮流道并径向流出。叶轮连续旋转，在叶轮入口处不断形成真空，从而使流体连续不断地被泵吸入和排出。

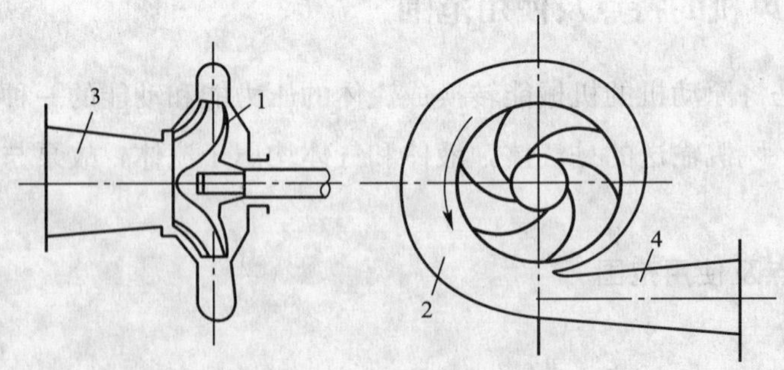


图 6—15　离心泵的结构

1—叶轮　2—压水室　3—吸入室　4—扩散室

离心泵的优点是效率高，体积小，扬程高，质量轻，能够与高速原动机直连，应用范围广泛，例如，可用于石化行业物料输送，建筑行业消防，生活供水，排污，空调，供热，冷热水输送等。

2）轴流泵。轴流泵通过旋转叶片的挤压推进力使流体获得能量，升高其压能和动能，其结构如图 6—16 所示。叶轮 1 安装在圆筒形（风机为圆锥形）泵壳 3 内，当叶轮旋转时，流体轴向流入，在叶片叶道内获得能量后，沿轴向流出。轴流泵具有大流量、低压力的特点，在市政工程、农业灌溉、防洪抗旱大型泵站中大量使用。

3）斜流泵。斜流泵又称混流泵，是介于离心泵和轴流泵之间的一种叶片泵，斜流泵的工作原理是：部分利用了离心力和升力，在这两种力的共同作用下，提高压力输送流体，流体在从轴向进入叶轮后，沿圆锥面方向流出。其结构如图 6—17 所示。斜流泵应用于大型火电站和核电站的循环泵，冶金、城市、农田给排水和工矿工程。

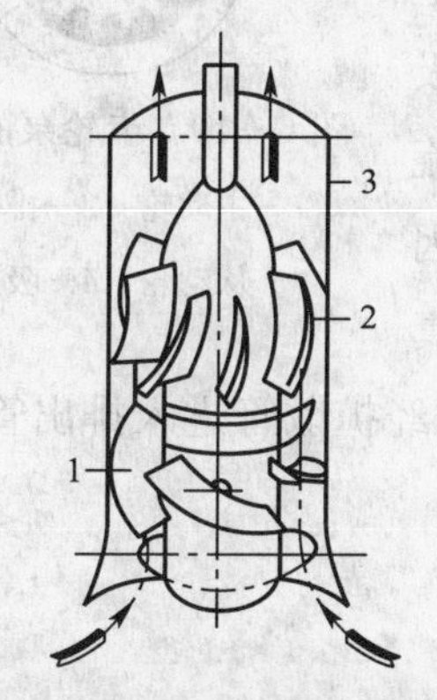


图 6—16　轴流泵的结构

1—叶轮　2—导叶　3—泵壳

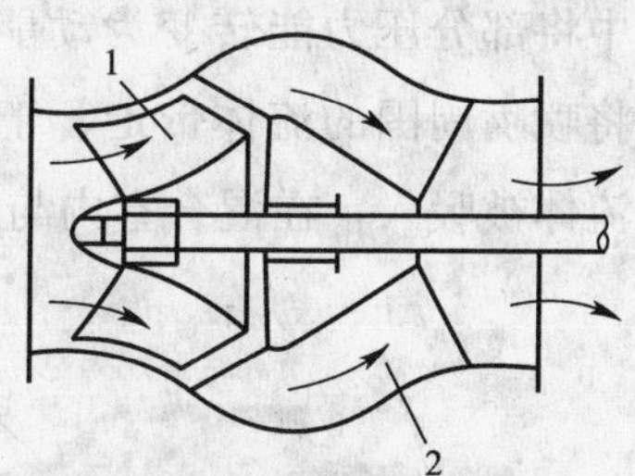


图 6—17　导叶式斜流泵的结构

1—叶轮　2—导叶

4）往复泵。往复泵利用工作容积周期性的改变来输送流体，并提高其压力。

现以活塞泵为例来说明其工作过程。图 6—18 所示为活塞泵的结构，活塞泵主要由泵缸和活塞组成，活塞由曲柄、连杆带动，将原动机的回转运动变为往复运动。输送液体的称为活塞泵，输送气体的称为活塞式压缩机。往复泵产生的压力较高，但流量小而不均匀，适用于压力高、流量小的场合，在石化、造纸、制药等行业中应用广泛。

5）回转泵。回转泵是利用一对或几个特殊形状的回转体，如齿轮、螺杆或其他形状的转子，在壳体内做旋转运动来输送流体并提高其压力。图 6—19 所示

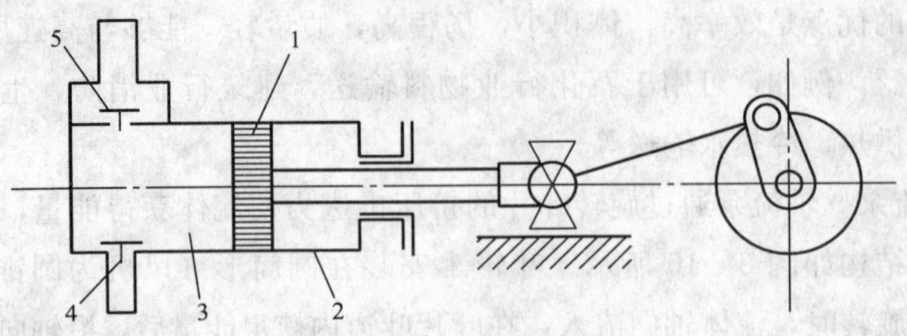

图 6—18　活塞泵的结构

1—活塞　2—泵缸　3—工作室　4—吸水阀　5—压水阀

为齿轮泵的结构，齿轮泵具有一对互相啮合的齿轮，主动轮 1 旋转时带动从动轮 3 一起旋转，流体经吸入管 4 进入，并沿上、下壳壁被两个齿轮挤压至排出管 2 排出。齿轮泵一般输送黏度较大的液体，在石化行业中石油的输送以及污水处理等应用较多。

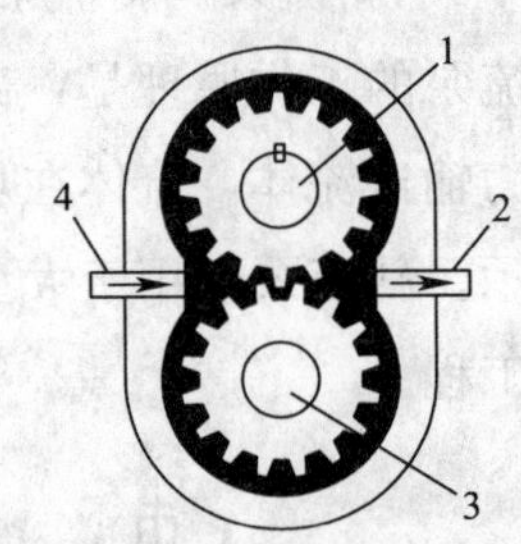

图 6—19　齿轮泵的结构

1—主动轮　2—排出管

3—从动轮　4—吸入管

6）喷射泵。喷射泵主要由喷嘴、扩散管和吸入室组成，如图 6—20 所示的喷射泵是利用高速射流的抽吸作用来输送流体的。压力较高的工作流体进入喷嘴，流体在喷嘴中将部分压力能转变为动能，从喷嘴射出，因高速射流将喷嘴周围的流体带走，于是在其附近形成真空，低压流体被吸入，在混合室内与工作流体混合后，经扩散管进入排出管排出。

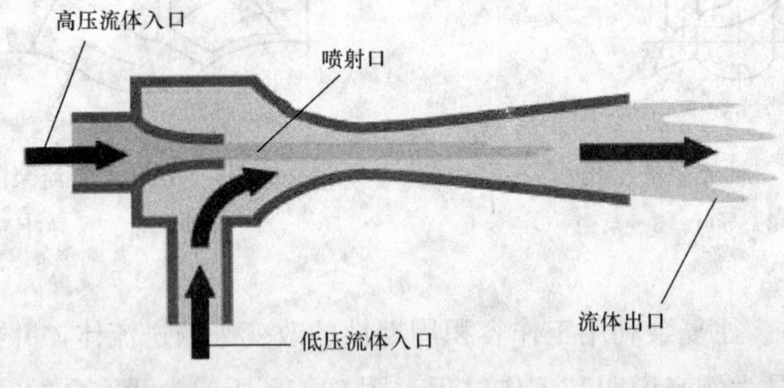

图 6—20　喷射泵

7）真空泵。旋片式真空泵主要由泵体、转子、旋片、端盖、弹簧等组成，如图 6—21 所示。在旋片泵的腔内偏心地安装一个转子，转子外圆与泵腔内表面相切（两者有很小的间隙），转子槽内装有带弹簧的两个旋片。旋转时，靠离心力和弹簧的张力使旋片顶端与泵腔的内壁保持接触，转子旋转带动旋片沿泵腔内壁滑动。

两个旋片把转子、泵腔和两个端盖所围成的月牙形空间分隔成 A、B、C 三部分。当转子按箭头方向旋转时，与吸气口相通的空间 A 的容积逐渐增大的，正处于吸气过程。而与排气口相通的空间 C 的容积逐渐缩小的，正处于排气过程。居中的空间 B 的容积也是逐渐减小的，正处于压缩过程。由于空间 A 的容积逐渐增大（即膨胀），气体压强降低，泵的入口处外部气体压强大于空间 A 内的压强，因此将气体吸入。当空间 A 与吸气口隔绝时，即转至空间 B 的位置，气体开始被压缩，容积逐渐缩小，最后与排气口相通。当被压缩气体超过排气压强时，排气阀被压缩气体推开，气体穿过油箱内的油层排至大气中。由泵的连续运转达到连续抽气的目的。如果排出的气体通过气道而转入另一级（低真空级），由低真空级抽走，再经低真空级压缩后排至大气中，即组成了双级泵。这时总的压缩比由两级来负担，因而提高了极限真空度。

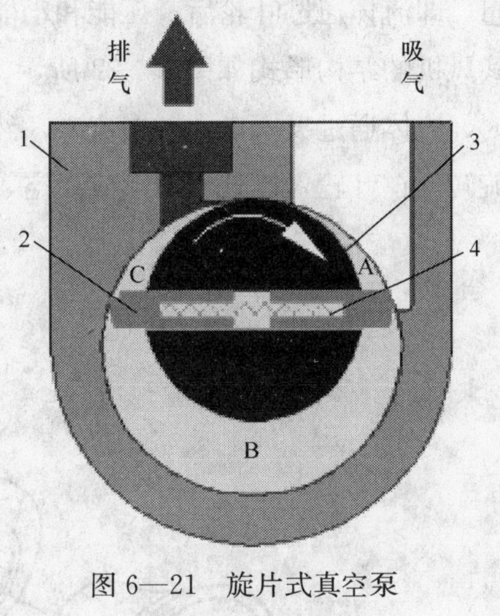


图 6—21　旋片式真空泵

1—泵体　2—旋片

3—转子　4—弹簧

真空泵主要应用于制冷家电、管道抽真空工艺操作中，在食品加工、医药、石化等行业中也应用广泛。

**2. 风机的特点及使用范围**

（1）风机的分类

风机按产生全压的大小分为：通风机（全压 $p<15$ kPa）、鼓风机（全压 $p$ 为 15～340 kPa）、压气机（全压 $p>340$ kPa）。

按工作原理分类：

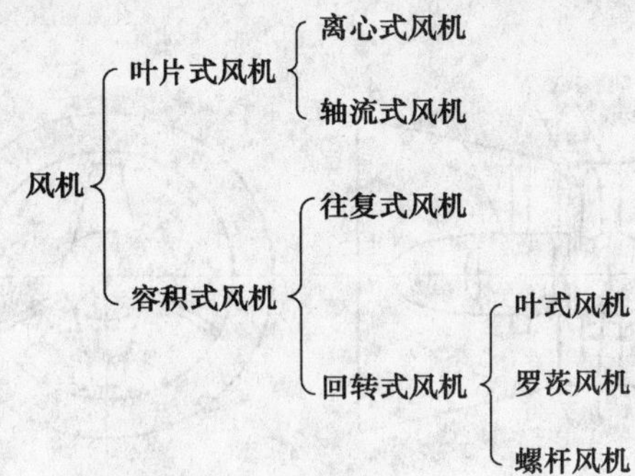


（2）各种风机的特点和应用

1）离心式风机。离心式风机通过叶轮高速旋转时产生的离心力使流体获得能量，即流体通过叶轮后，压能和动能都得到提高，从而能够将气体远距离输送。离心式风机的结构形式如图 6—22 所示。叶轮 3 装在一个螺旋形的外壳内，当叶轮旋转时，流体通过吸入口 1 轴向流入，然后旋转 90°进入叶轮流道并径向流出。叶轮连续旋转，在叶轮入口处不断形成真空，从而使流体连续不断地被风机吸入和排出。

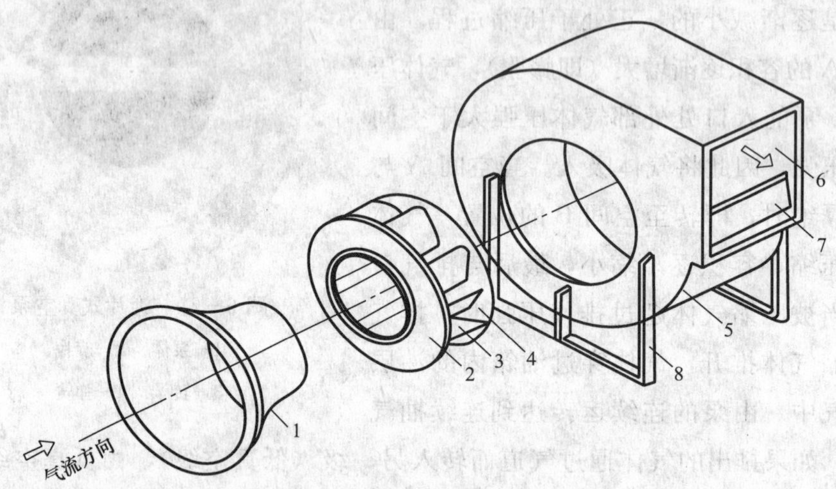


图 6—22 离心式风机主要结构分解

1—吸入口 2—叶轮前盘 3—叶轮 4—叶轮后盘 5—机壳

6—出口 7—节流板 8—支架

离心式风机具有效率高、风压大、体积小、性能范围广等特点，广泛应用于空调通风、工矿企业厂房送风和排风、消防排烟以及相关空气处理设备中。

2）轴流式风机。轴流式风机的工作原理是：当叶轮旋转时，气体从进风口轴向进入叶轮，受到叶轮叶片的推挤而使气体的能量升高，并沿轴向流出。轴流式风机的结构如图 6—23 所示。轴流式风机与离心式风机相比，其风量大、压力小。常用于冶金、化工、轻工、食品、医药及民用建筑等场所通风换气或加强散热场合。

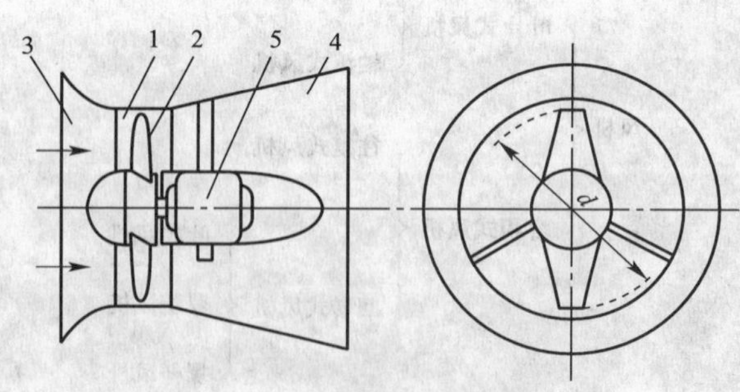


图 6—23 轴流式风机的结构

1—圆形风筒 2—叶轮 3—吸入口 4—扩压管 5—电动机及轮毂罩

# 第7章

# 机械制造与设计基础知识

## 第1节 金属材料学基础

### 一、金属材料的力学性能

金属材料的主要力学特性有：强度、塑性、硬度、韧性、疲劳强度等，了解金属材料的力学特性，有利于进一步掌握金属材料的使用性能和工艺性能。

#### 1. 金属材料的拉伸力学性能

金属材料的力学性能由试验测定。拉伸试验是研究材料力学性能最基本、最常用的试验。

拉伸试验的方法是将图 7—1a 所示的标准试样安装在拉伸试验机上，并对试样施加一个缓慢增加的轴向拉力。随着拉力增加，试样产生变形，直到断裂，如图 7—1b、图 7—1c 所示。试验段的拉伸变形用 $\Delta L$ 表示。图 7—2 为普通低碳钢的应力一应变图，以该曲线图为基础，介绍低碳钢的力学性能。

(1) 线性阶段

在拉伸的初始阶段，应力一应变曲线为一直线（图中 $OA$ 段），在此阶段内，正应力与正应变成正比。线性阶段最高点 $A$ 所对应的正应力，称为金属材料的比例极限，并用 $\sigma_p$ 表示。如果当应力小于比例极限时停止加载，并将载荷逐渐减小至零，则卸载过程中应力与应变之间同样保持正比关系，并沿直线 $AO$ 回到 $O$ 点，变形完全消失。这种仅产生弹性变形的现象，一直持续到应力-应变曲线的某点 $B$，与该点对应的正应力，称为材料的弹性极限，并用 $\sigma_e$ 表示。

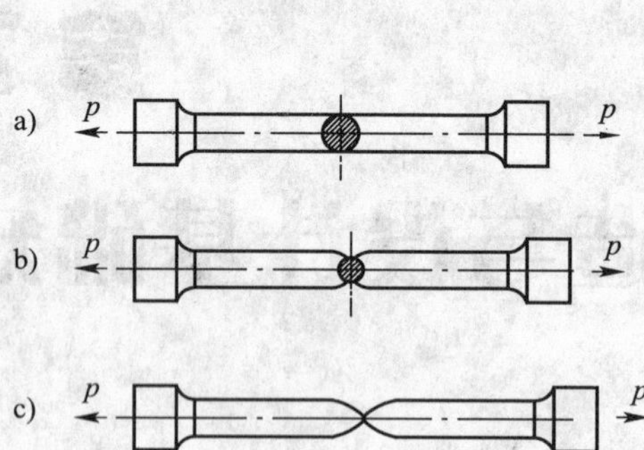


图 7—1 试样拉伸过程示意图

a）在标准试样上施加外力 b）试样施加外力后逐渐产生变形并形成缩颈 c）试样断裂

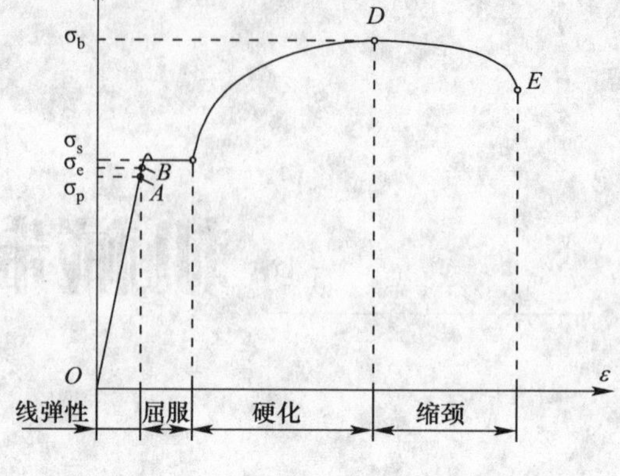


图 7—2 普通低碳钢的拉伸曲线图

（2）屈服阶段

超过比例极限之后，应力与应变之间不再保持正比关系。当应力增加至某一定值时，应力应变曲线出现水平线段（可能有微小波动）。在此阶段内，应力几乎不变，而变形却急剧增长，材料失去抵抗继续变形的能力。当应力达到一定值时，应力虽不增加，而变形却急剧增长的现象，称为屈服。使材料发生屈服的正应力，称为材料的屈服应力或屈服极限，并用 $\sigma_s$ 表示。材料屈服时试样表面通常会出现线纹，称为滑移线。

（3）硬化阶段

经过屈服阶段之后，材料又增强了抵抗变形的能力，此时，要使材料继续变形需要增大应力。经过屈服滑移之后，材料重新呈现抵抗继续变形的能力，称为应变硬化。硬化阶段的最高点 $D$ 所对应的正应力，称为材料的强度极限，并用 $\sigma_b$ 表示。强度极限是材料所能承受的最大应力。

（4）缩颈阶段

当应力增长至最大值 $\sigma_b$ 之后，试样的某一局部显著收缩，如图 7—1b 所示，产生所谓缩颈。缩颈出现后，使试样继续变形所需之拉力缩小，应力-应变曲线相应呈现下降，最后导致试样在缩颈处断裂。

在金属材料的整个拉伸过程中，材料经历了线性、屈服、硬化和缩颈四个阶段，并存在三个特征点，相应的应力依次为比例极限、屈服应力与强度极限。

**2. 金属材料的塑性**

金属材料试样断裂时的残余变形最大。材料能经受较大塑性变形而不破坏的能力，称为材料的塑性或延性。材料的塑性用伸长率或断面收缩率来度量。材料试验段断裂时的残余变形长度值与试验段原长度的比值称为材料的延伸率；试验段原横截面积与试验段断裂后断口横截面积的差值，与试验段原横截面积的比值称为材料的断面收缩率。

塑性好的材料，在轧制或冷压成型时不易断裂，并能承受较大的冲击载荷。在工程中，通常将延伸率较大（例如延伸率≥5%）的材料称为塑性或延性材料；延伸率较小的材料称为脆性材料。

3. **金属材料的硬度**

金属材料抵抗外物压入其表面的能力称为硬度。表示在金属材料表面的局部体积内抵抗弹性变形、塑性变形或破裂的能力。一般硬度高的材料耐磨性能好，强度也高。因此，硬度是机械零件设计要求的技术条件之一。

生产中有不同的测定硬度的方法，常用的有布氏硬度和洛氏硬度等。

（1）布氏硬度

测定方法：用一定直径的硬质合金球作为压头，在一定的静载荷下压入试件表面，保持压力至规定的时间后卸载，如图 7—3 所示。采用带刻度的专用放大镜测出压痕直径，依据直径数值从专门的硬度表中查出对应的硬度值。布氏硬度用符号 HBW 表示。

由于布氏硬度测量时压痕面积较大，能反映较大范围内金属各组成物的平均性能，且试验数据的重复性好，因此，广泛用于测定铸铁、有色金属、退火钢等低于 450 HBW 的金属材料。

（2）洛氏硬度

测定方法：其原理如图 7—4 所示，用一定的载荷将顶角为 120°的金刚石圆锥体或直径为 1.588 mm 的淬火钢球压入试样，然后根据压痕的深度（$h_1-h_2$）确定硬度值，用 HR 表示。实际测量时，可以从硬度计刻度盘上直接读出洛氏硬度值。

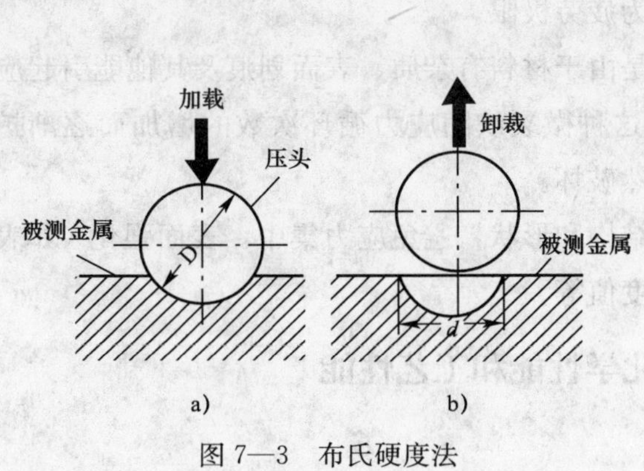


图 7—3　布氏硬度法

a）加载状态　b）卸载状态

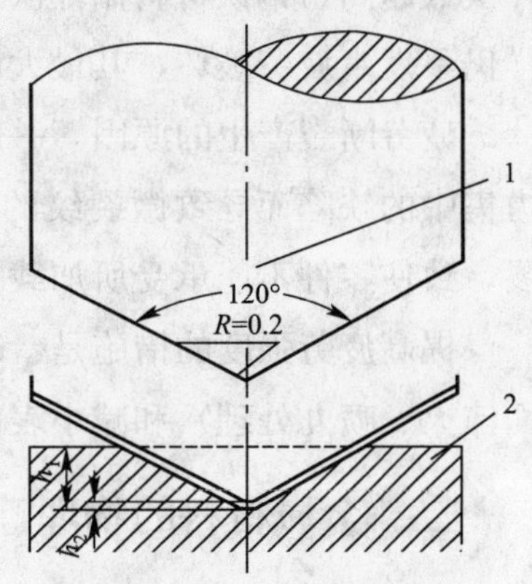


图 7—4　洛氏硬度的测定

1—圆锥体金刚石压头　2—试样

$h_1$—压入深度　$h_2$—弹性变形

洛氏硬度分别用符号 HRA、HRB 和 HRC 表示。不同洛氏硬度的压头、载荷和适用范围见表 7—1。

表 7—1　洛氏硬度的测试范围

| 符号 | 压头类型 | 总载荷（N） | 适用范围 | 有效值 |
|---|---|---|---|---|
| HRA | 120°金刚石圆锥体 | 600 | 硬质合金、表面淬火钢 | 70～85 |
| HRB | 直径为 1.588 mm 的淬火钢球 | 90 | 非铁合金、退火钢件等 | 25～100 |
| HRC | 120°金刚石圆锥体 | 140 | 硬金属，如淬火工件 | 20～67 |

洛氏硬度试验操作简便、迅速，可测定各种金属材料的硬度。布氏硬度和洛氏硬度可以利用特制的表格互相进行换算。

**4. 金属材料的韧性**

金属材料受力断裂前吸收的变形能量称为韧性，金属材料抵抗冲击载荷的能力称为冲击韧性。有些机器零件和工具在工作时要受到冲击作用，如空气锤的锤杆、压缩机的曲轴、冲床的冲头等。由于瞬时的外力冲击作用所引起的变形和应力比静载荷的大得多。因此，对承受冲击载荷的零件和工具，必须考虑所用金属材料承受冲击载荷的能力。

**5. 疲劳强度**

许多机械零件，如曲轴、齿轮、连杆、弹簧等，是在交变载荷的作用下工作的。虽然零件所受的应力远低于材料的抗拉强度，甚至远低于屈服点，但在使用中往往会发生突然断裂，这种现象称为疲劳破坏。据统计，约有 80%的机械零件的失效是由疲劳造成的。

金属材料在无数次重复交变载荷作用下不至于引起断裂的最大应力称为疲劳强度。应力越高，则断裂前所承受的循环次数越低；应力越低，则断裂前所承受的循环次数越高，钢铁材料循环次数达到 $10^7$，有色金属材料循环次数达到 $10^8$ 时，试样仍不发生疲劳破坏，其最大应力称为疲劳极限。

疲劳断裂产生的原因，一般认为是由于材料有杂质、表面划痕及其他能引起应力集中的缺陷而导致微裂纹的产生。这种微裂纹随应力循环次数的增加而逐渐扩展，致使零件不能承受所加载荷而突然破坏。

提高疲劳强度的措施是：改善其结构和形状，避免应力集中，表面强化（如表面淬火、喷丸处理）和减小表面粗糙度值等。

## 二、金属材料的物理性能、化学性能和工艺性能

**1. 物理性能**

金属材料的物理性能是指不发生化学反应就能表现出来的一些性能，如密度、熔点、导电性、导热性、磁性和热膨胀性等。

### 2. 化学性能

金属材料的化学性能是指其抵抗各种化学作用的能力，主要是抵抗活泼性介质的化学侵蚀能力，如耐酸性、耐碱性和抗氧化性等。

### 3. 工艺性能

金属材料的工艺性能是指金属材料适应加工工艺要求的能力，是物理性能、化学性能、力学性能的综合指标。在设计机械零件和选择其加工方法时，都要考虑金属材料的工艺性能。按工艺方法不同，工艺性能可分为铸造性能、可锻性能、焊接性能和切削加工性等。如低碳钢的可锻性和可焊性都很好；而高碳钢则较差，切削加工性也不好。

## 三、常用金属材料的分类和应用

### 1. 钢的分类

钢的种类繁多，按其化学成分分类，可分为碳素钢和合金钢两大类；按钢的质量分类，可分为普通钢、优质钢、高级优质钢；按钢的用途分类，可分为结构钢、工具钢、特殊性能钢；另外，按照脱氧程度还可分为镇静钢、半镇静钢和沸腾钢等。

### 2. 碳素钢

碳素钢（简称碳钢）的含碳量在 2.11%以下，并含有硫、磷、硅、锰等杂质。碳对钢的组织和性能影响很大，随含碳量的增加，钢的强度、硬度上升，而塑性、韧性下降，当含碳量超过共析成分时，随着含碳量的增加，尽管硬度直线上升，但由于脆性增大，强度反而下降。

硫和磷是钢中有害杂质。磷使钢的塑性、韧性下降，使钢在低温时脆性增加，称为冷脆性。通常将钢的含磷量限制在 0.045%以下。含硫量较高的钢在高温下进行热加工时容易产生裂纹，称为热脆性。通常将钢的含硫量限制在 0.05%以下。钢材中硫、磷含量的高低是衡量钢质量的重要依据。

硅和锰可提高钢的强度及硬度，锰还能与硫形成硫化锰，消除硫的有害作用。

（1）碳素结构钢

碳素结构钢的含碳量小于 0.38%，常用碳素结构钢的含碳量小于 0.25%。主要用于一般机械零件或热轧成钢板、圆钢、扁钢、角钢和槽钢等供焊接、铆接和螺纹连接成构件。

碳素结构钢的牌号以代表屈服点的字母 Q+屈服点的数值+质量等级符号+脱氧方法符号表示。Q—屈服点“屈”字汉语拼音字母的字首；A、B、C、D—质量等级；F—沸腾钢；Z—镇静钢，在牌号中标以 Z 或不标。例如，Q235—A・F 表示最低屈服点为 235 MPa 的普通等级碳素结构钢（沸腾钢）。

Q235 是用途最广泛的碳素结构钢，属于低碳钢，通常热轧成钢板、型钢、钢管、钢筋等。

（2）优质碳素结构钢

优质碳素结构钢硫、磷的含量较低（≤0.035%），使用前一般都要经过热处理。主要用来加工较为重要的机件。

08、10、15、20、25 等牌号的钢属于低碳钢，塑性好，易于拉拔、冲压、锻造、焊接，其中 20 钢用途最广泛，用来制造螺钉、螺母、垫圈、冲压件、焊接件等。

30、35、40、45、50、55 等牌号的钢属于中碳钢，其强度和硬度提高，淬火后的硬度显著提高。其中以 45 钢最为典型，它不仅强度和硬度提高，并有较好的塑性和韧性，综合性能优良。45 钢在机械结构中用途最广泛，通常用来加工轴、丝杠、齿轮、连杆、套筒、销、键等。

60、65、70、75 等牌号的钢属于高碳钢，高碳钢经过淬火、回火后，不仅强度和硬度提高，且弹性优良，通常用来制造钢丝绳、发条、轧辊、弹簧等。

（3）碳素工具钢

碳素工具钢含碳量高达 0.7%～1.35%，淬火后有高的硬度（>60 HRC）和良好的耐磨性，常用来制造工具和小型模具。

碳素工具钢的牌号以代表碳素工具钢的汉语拼音字母的字首和数字组成。其数字表示平均含碳量的千分之几。例如，T7 表示平均含碳量为 0.7%的碳素工具钢。若为优质钢，则在牌号后面加“A”，如 T7A。

**3. 合金钢**

合金钢是为改善钢的某些性能，特意加入一种或数种合金元素所炼成的钢。按用途不同分为合金结构钢、合金工具钢和特殊性能钢。

（1）合金结构钢

合金结构钢比碳素钢有更好的力学性能，特别是热处理性能优良，适用于加工尺寸大、形状复杂或要求淬火变形小的零件。

合金结构钢的牌号是以“两位数字+元素符号+数字”的形式表示的。前两位数字代表钢中平均含碳量的万分之几，元素符号代表钢中所含的合金元素，元素符号后面的数字代表该元素平均含量的百分之几。合金元素含量小于 1.5%时，牌号中只标明元素符号，不标明数字；平均含量等于或大于 1.5%、2.5%、3. 5%时，则相应地以 2、3、4 表示。高级优质钢在牌号尾部增加符号“A”。例如，40Mn2、38CrMoAlA 等。

（2）合金工具钢

合金工具钢主要用来制造刃具、模具和量具。其合金元素的主要作用是增加钢的淬透性、耐磨性和红硬性。

合金工具钢的编号方法与合金结构钢相似，只是含碳量的表示方法不同，当平均含碳量大于或等于 1.0%时，含碳量不标出，平均含碳量小于 1.0%时，一般以千分之几表示。如 9SiCr 钢，其平均含碳量为 0.9%，铬和硅的含量均在 1.5%以下。

(3) 特殊性能钢

特殊性能钢包括不锈钢、耐热钢、耐磨钢、磁性钢等，其中不锈钢在食品、化工、石油、医药工业中广泛应用。常用的不锈钢牌号有 2Cr13、1Cr18Ni9Ti 等。

# 第 2 节　机械原理与机械零件

## 一、机械的基本概念

### 1. 机器

机器是执行机械运动的装置，用来转换或传递能量、物料和信息。机器可分为原动机和工作机。原动机是指将其他形式的能量转换为机械能或将机械能转换为其他形式能量的机器，如内燃机、电动机（分别将热能和电能转换为机械能）等都是原动机。工作机是指利用机械能实现转换或传递物料、信息的机器，如起重机（传递物料）、金属切削机床（改变物料外形）、录音机（转换或传递信息）等都属于工作机。

图 7—5 所示为单缸四冲程内燃机，它由汽缸体 8、活塞 7、进气阀 10、排气阀 9、连杆 2、曲轴 3、凸轮 4、顶杆 5 和 6、齿轮 1 和 11 等组成。燃气推动活塞做往复移动，经连杆转变为曲轴的连续转动。凸轮和顶杆是用来启闭进气阀和排气阀的。为了保证曲轴每转两周进气阀、排气阀各启闭一次，曲轴和凸轮轴之间安装了齿数比为 1∶2 的齿轮。这样，当燃气推动活塞运动时，各构件协调地动作，进气阀、排气阀有规律地启闭，加上汽化点火等装置的配合，即可把热能转化为曲轴回转的机械能。

机器的主体部分由许多运动构件组成。尽管它们的用途、结构和性能各不相同，但机器都有三个共同特征：机器都是人为的实物组合；各部分之间具有确定的相对运动；机器在工作时能代替或减轻人类的劳动，完成有用的机械功或转换机械能。

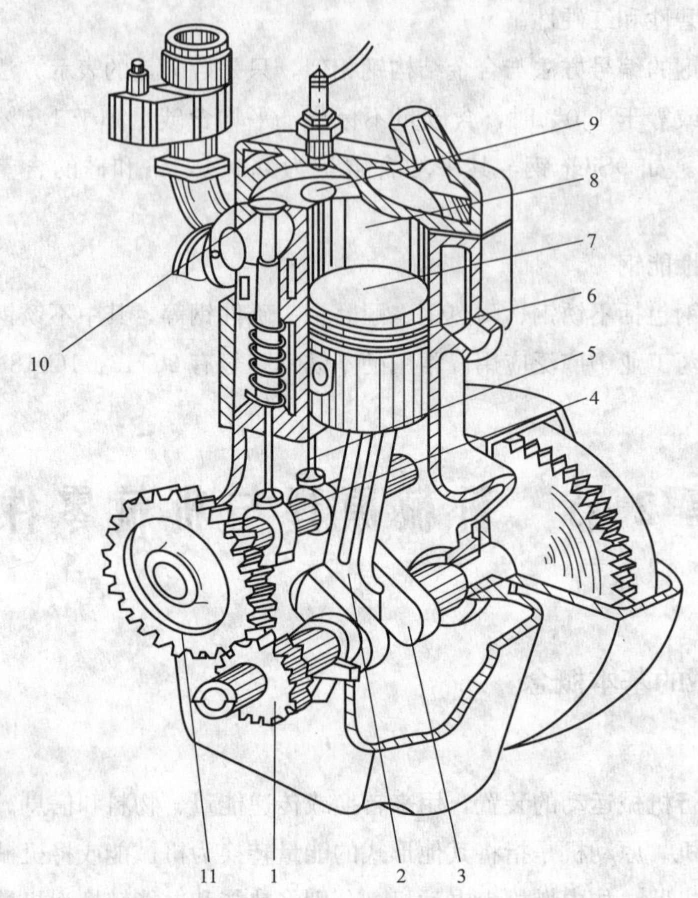


图 7—5 单缸四冲程内燃机

1、11—齿轮 2—连杆 3—曲轴 4—凸轮 5、6—顶杆

7—活塞 8—汽缸体 9—排气阀 10—进气阀

### 2. 机构

用构件间能够相对运动的连接方式组成的构件系统称为机构。在一般情况下，为了传递运动和动力，机构各构件间应具有确定的相对运动。在如图 7—5 所示的内燃机中，活塞、连杆、曲轴和汽缸体组成一个曲柄滑块机构，可将活塞的往复运动变为曲柄的连续转动。凸轮、顶杆和汽缸体组成凸轮机构，将凸轮轴的连续转动变为顶杆的有规律的间歇移动。曲轴和凸轮轴上的齿轮与汽缸体组成齿轮机构，使两轴保持一定的传动比。由以上分析可以看出，机构具有机器的前两个特征，即机构都是人为的实物组合，机构各部分之间具有确定的相对运动。

### 3. 机器与机构的相互关系

机器是由各种机构组成的，它可以完成能量的转换或做有用的机械功；而机构则仅仅起着运动传递和运动形式转换的作用。机构是实现预期的机械运动的实物组合体，而机器则是由各种机构所组成的、能实现预期机械运动并完成有用机械功或转换机械能的机构系统。由于机构具有机器的前两个特征，所以从结构和运动的观点来看，两者之间并无区别。因此，人们常用“机械”一词来作为它们的总称。

机器的主体部分是由机构组成的。一部机器可以包含一个或若干个机构，例如，鼓风机、电动机只包含一个机构，而内燃机则包含曲柄滑块机构、凸轮机构、齿轮机构等若干个机构。机器中最常用的机构有连杆机构、凸轮机构、齿轮机构、轮系和间歇运动机构等。

就功能而言，一般机器包含四个组成部分，即动力部分、传动部分、控制部分、执行部分。动力部分可采用人力、畜力、液力、电力、热力、磁力、压缩空气等作为动力源，其中利用电力和热力的原动机（电动机和内燃机）使用最广泛。传动部分和执行部分由各种机构组成，是机器的主体。控制部分包括各种控制机构（如内燃机中的凸轮机构）、电气装置、计算机和液压系统、气压系统等。

## 二、机构的组成

### 1. 构件

构件是运动的单元。它可以是单一的整体，也可以是由几个零件组成的刚性结构。如图 7—6 所示的连杆就是由连杆体 1、连杆盖 4、螺栓 2 及螺母 3 等几个零件组成的。这些零件没有相对运动，而是构成一个运动单元，成为一个构件。

零件是制造的单元。机械中的零件可分为两类：一类称为通用零件，如齿轮、螺钉、轴、弹簧等；另一类称为专用零件，只出现于某些特定的机械之中，如汽轮机的叶片、内燃机的活塞等。

### 2. 运动副及其分类

一个做平面运动的自由构件具有三个独立运动。如图 7—7 所示，在 $Oxy$ 坐标系中，构件 S 可随其上任一点 $A$ 沿 $x$ 轴、$y$ 轴方向移动和绕 $A$ 点转动。这种相对于参考系构件所具有的独立运动称为构件的自由度。所以，一个做平面运动的自由构件有三个自由度。机构是由许多构件组成的。机构中的每个构件都以一定的方式与另一些构件相互连接。这种连接不是固定连接，而是具有一定相对运动的连接。这种使两构件直接接触并能产生一定的相对运动的连接称为运动副。例如，轴与轴承的连接、活塞与汽缸的连接、传动齿轮的两个轮齿间的连接等都是运动副。构件组成运动副后，其独立运动受到约束，自由度便随之减少。两构件组成的运动副都是通过点、线或面的接触来实现的。

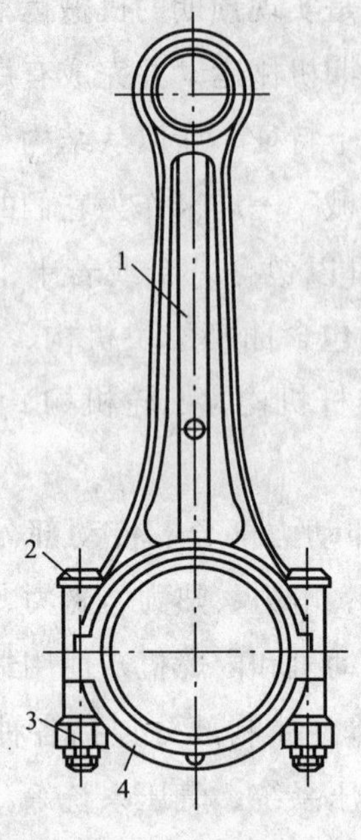


图 7—6　连杆

1—连杆体　2—螺栓　3—螺母　4—连杆盖

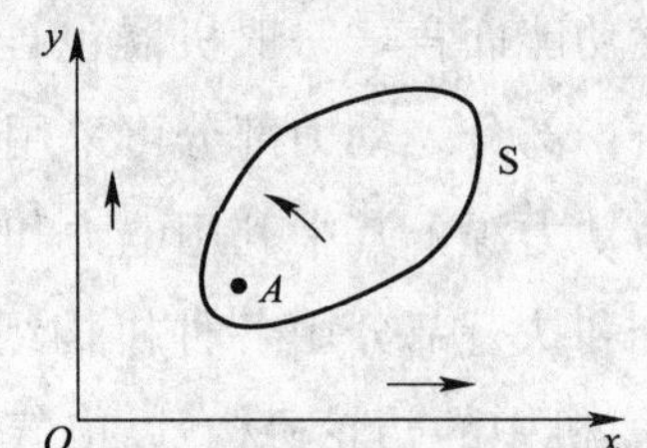


图 7—7　平面运动刚体的自由度

按照接触特性不同，通常把运动副分为低副和高副两类。

（1）低副

两构件通过面接触组成的运动副称为低副。平面机构中的低副有转动副和移动副两种。两构件之间只做相对转动的运动副称为转动副或称为铰链，如图 7—8 所示。两构件之间只做相对移动的运动副称为移动副，如图 7—9 所示。

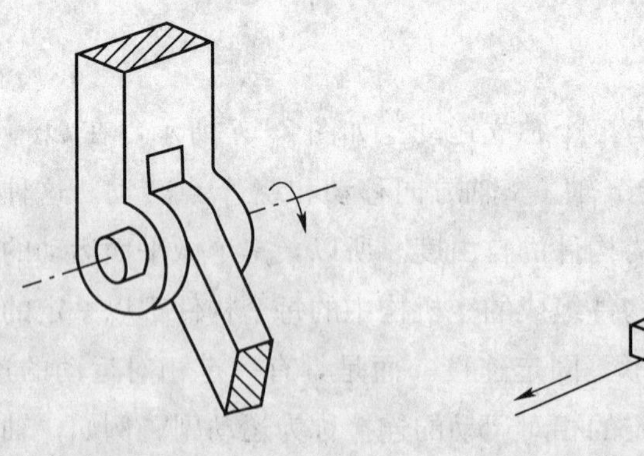

图 7—8　转动副

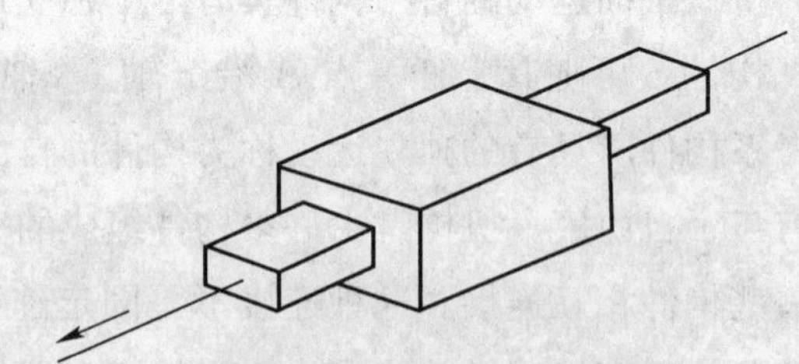

图 7—9　移动副

（2）高副

两构件通过点或线接触组成的运动副称为高副。如图 7—10a 所示的车轮 1 与钢轨 2、图 7—10b 所示的凸轮 1 与从动件 2、图 7－10c 所示的轮齿 1 与轮齿 2 分别在接触处组成高副。组成平面高副两构件间的相对运动是沿着接触处切线 $t—t$ 方向的相对移动和线接触处 $A$ 相对转动。除上述平面运动副之外，机械中还经常见到如图 7—11a 所示的球面运动副和图 7—11b 所示的螺旋副。这些运动副两构件间的相对运动是空间运动，故属于空间运动副。

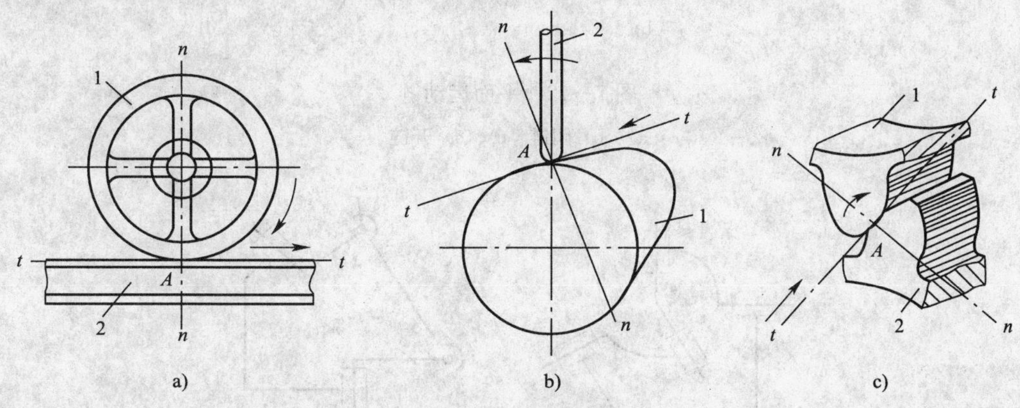


图 7—10　平面高副举例

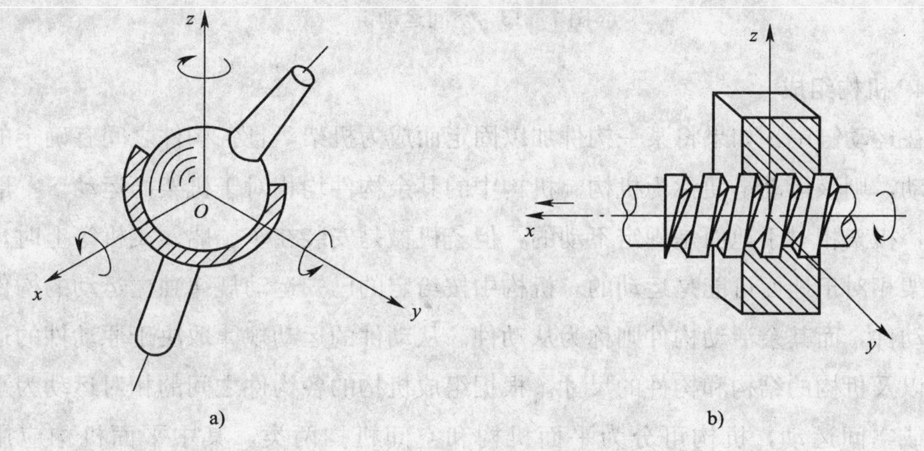


图 7—11　球面运动副与螺旋副

**3. 运动链及其分类**

构件通过运动副连接而构成的相对可动的系统称为运动链。如组成运动链的各构件构成了首尾封闭的系统，如图 7—12a 和图 7—12b 所示，则称其为闭式运动链，或简称闭链。如组成运动链的构件未构成首尾封闭的系统，如图 7—12c 和图 7—12d 所示，则称其为开式运动链，或简称开链。在机械中一般采用闭链，开链多用于机械手等。此外，根据运动链中各构件间的相对运动为平面运动还是空间运动，也可以把运动链分为平面运动链（见图 7—12）和空间运动链（见图 7—13）两类。

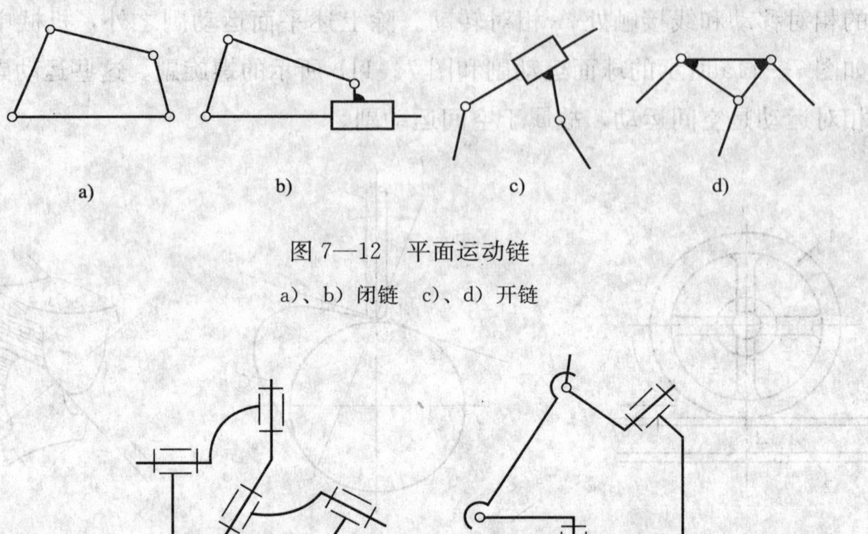


图 7—12　平面运动链

a)、b）闭链　c)、d）开链

a)　b)

图 7—13　空间运动链

**4. 机构组成**

在运动链中，如果将某一构件加以固定而成为机架，且各构件之间有确定的相对运动，则该运动链便称为机构。机构中的其余构件均相对于机架而运动。一般情况下，机架相对于地面是固定不动的，但若机械是安装在车、船、飞机等上时，那么机架相对于地面可能是运动的。机构中按给定的已知运动规律独立运动的构件称为原动件，而其余活动构件则称为从动件。从动件的运动规律取决于原动件的运动规律以及机构的结构和构件的尺寸。根据组成机构的各构件之间的相对运动为平面运动或空间运动，机构可分为平面机构和空间机构两类。其中平面机构应用最广泛。

**5. 机构运动简图及其绘制**

实际构件的外形和结构往往很复杂，在分析机构的运动时，可以不考虑构件的形状、截面尺寸和运动副的具体构造等与运动无关的因素，因此，只需用简单的线条和符号来代表构件和运动副，并按一定的比例尺定出各运动副的相对位置，这样画出的机构图形称为机构运动简图。根据该图形对机械进行运动分析及动力分析就变得十分简明和方便了。有时，如果只是为了表明机构的结构状况，也可以不要求严格地按比例来绘制机构运动简图，通常把这样的简图称为机构示意图。如图 7—14 所示为包含两个运动副元素的构件的各种画法，如图 7—15 所示为包含三个运动副元素的构件的各种画法，图 7—16 所示为包含四个运动副元素的构件的各种画法，可供绘制机构运动简图时参考。

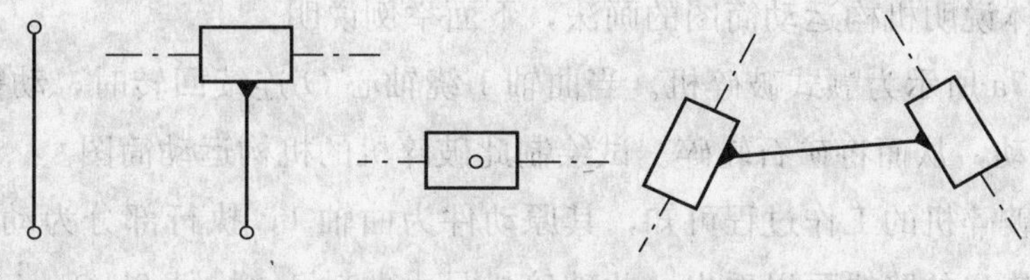

图 7—14　包含两个运动副元素的构件的各种画法

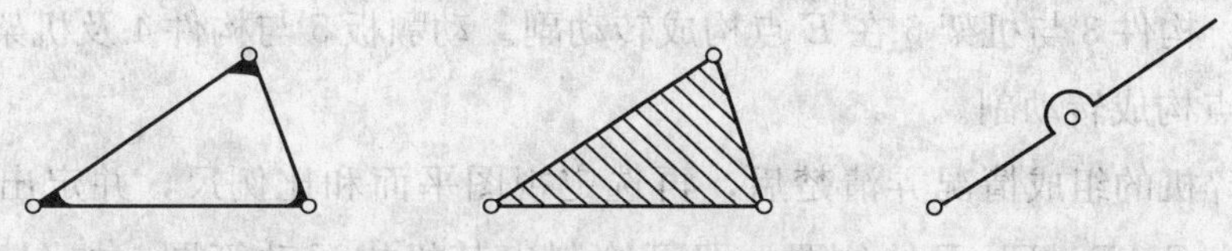

图 7—15　包含三个运动副元素的构件的各种画法

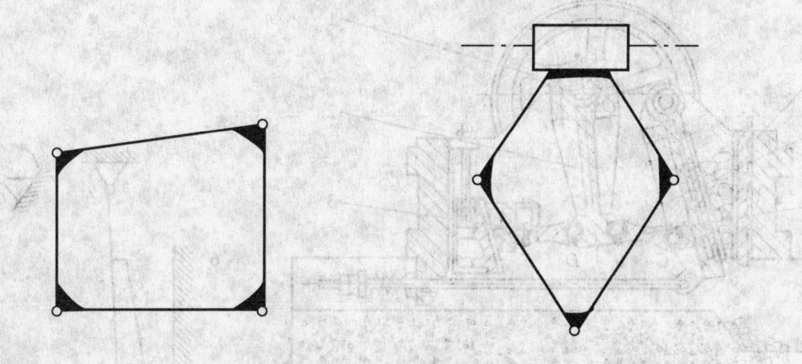

图 7—16　包含四个运动副元素的构件的各种画法

在绘制机构运动简图时，首先要把该机械的实际构造和运动传递情况弄清楚。为此，需首先定出其原动件和执行部分（即直接执行生产任务的部分或最后输出运动的部分），然后再顺着运动传递的路线弄清楚原动件的运动是怎样经过传动部分传递到执行部分的，从而认清该机械是由多少构件组成的，各构件之间组成了何种运动副，这样才能正确地绘制出其机构运动简图。为了将机构运动简图表示清楚，一般选择机械多数构件的运动平面为视图平面，允许把机械不同部分的不同视图展开到同一视图面上，或为难以表示清楚的部分另绘制一局部简图。总之，以能简单、清楚地把机械的结构及运动传递情况正确地表示出来为原则。在选定视图平面后，便可选择适当的长度比例尺 $\mu_l$（m/mm），定出各运动副之间的相对位置，并用各种运动副的代表符号和常用机构运动简图符号等将机构运动简图画出来。

为了具体说明机构运动简图的画法，下面举例说明。

图 7—17a 所示为颚式破碎机。当曲轴 1 绕轴心 $O$ 连续回转时，动颚板 5 绕轴心 $F$ 往复摆动，从而将矿石轧碎。试绘制此破碎机的机构运动简图。

解：由破碎机的工作过程可知，其原动件为曲轴 1，执行部分为动颚板 5。然后顺着运动传递的路线可以看出，此破碎机是由曲轴 1，构件 2、3、4 及动颚板 5 和机架 6 共六个构件组成的。其中曲轴 1 和机架 6 在 $O$ 点构成转动副，曲轴 1 和构件 2 也构成转动副，其轴心在 $A$ 点。而构件 2 还与构件 3 和 4 在 $D$、$B$ 两点分别构成转动副。构件 3 与机架 6 在 $E$ 点构成转动副。动颚板 5 与构件 4 及机架 6 分别在 $C$ 点和 $F$ 点构成转动副。

将破碎机的组成情况弄清楚后，再选定视图平面和比例尺，并定出各转动副 $O$、$A$、$B$、$C$、$D$、$E$、$F$ 的位置，即可绘制出其机构运动简图，如图 7—17b 所示。在原动件上标出表示运动方向的箭头。

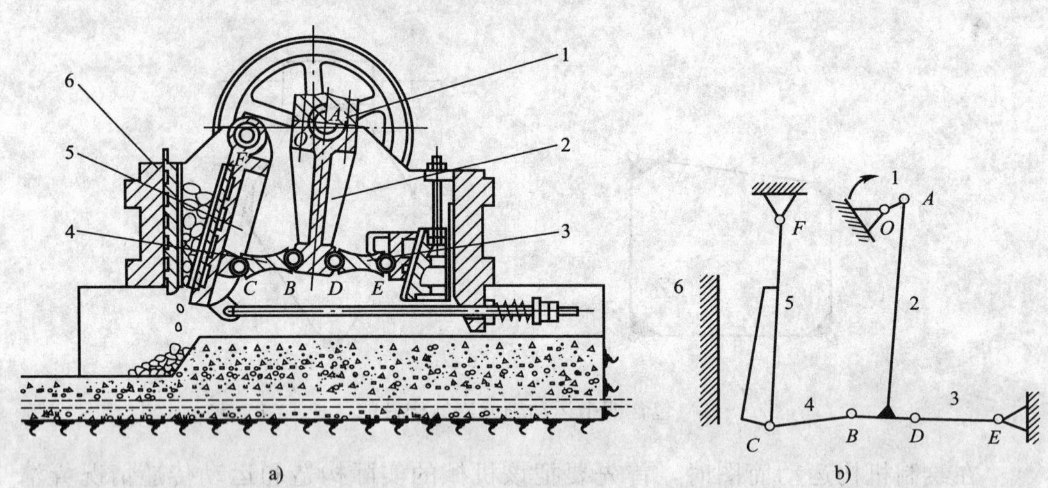


图 7—17　颚式破碎机

a）示意图　b）机构运动简图

1—曲轴　2、3、4—构件　5—动颚板　6—机架

# 第 3 节 机械制图

## 一、制图基本知识

### 1. 国家标准的基本规定

机械图样是现代设计和制造机械零件与设备过程中的重要技术文件，为便于生产、管理和进行技术交流，国家质量监督检验检疫总局依据国际标准化组织制定的国际标准，制定并颁布了《技术制图》《机械制图》等一系列国家标准，其中对于图样内容、画法、尺寸注法等都做出了统一规定。《技术制图》国家标准是一项基础技术标准，在内容上具有统一性和通用性的特点，它涵盖了机械、建筑、水利、电气等行业，处于制图标准体系中的最高层次。《机械制图》国家标准则是机械类的专业制图标准。这两个国家标准是机械图样绘制和使用的准则，生产和设计部门的工作人员都必须严格遵守，并牢固树立标准化的观念。

国家标准中的每一个标准都有标准代号，如 GB/T 4457.4—2002，其中“GB”为国家标准代号，它是“国家标准”汉语拼音字母的缩写，简称“国标”，“T”表示推荐性标准（如果不带“T”，则表示国家强制性的标准），“4457.4”表示该标准编号，“2002”表示该标准是 2002 年颁布的，1995 年以前的标准用两位数表示年份，如 GB/T 14689—1993。

在国家标准 GB/T 14689—2008、（GB/T 14690—1993、GB/T 14691—1993、GB/T 4457.4—2002、GB/T 4458.4—2003 中，分别对图样幅面和格式、比例、字体、图线、尺寸注法等做了规定。

（1）图样幅面和格式

图样幅面是指图样宽度与长度组成的大小。为了方便图样的绘制、使用和管理，图样均应绘制在标准的图样幅面上。应优先选用表 7—2 所规定的基本幅面尺寸，$B$ 为图样短边，$L$ 为长边，有 A0、A1、A2、A3、A4 五种常用幅面。

**表 7—2　　基本幅面尺寸**

| 幅面代号 | A0 | A1 | A2 | A3 | A4 |
|---|---|---|---|---|---|
| $B \times L$ | 841×1 189 | 594×841 | 420×594 | 297×420 | 210×297 |

续表

| 幅面代号 | A0 | A1 | A2 | A3 | A4 |
|---|---|---|---|---|---|
| $a$ | | | 25 | | |
| $c$ | | 10 | | 5 | |
| $e$ | 20 | | 10 | | |

图框是图样上限定绘图范围的线框。图样均应绘制在用粗实线画出的图框内。其格式分为留有装订边（见图 7—18）和不留装订边（见图 7—19）两种，但同一产品的图样只能采用一种格式。

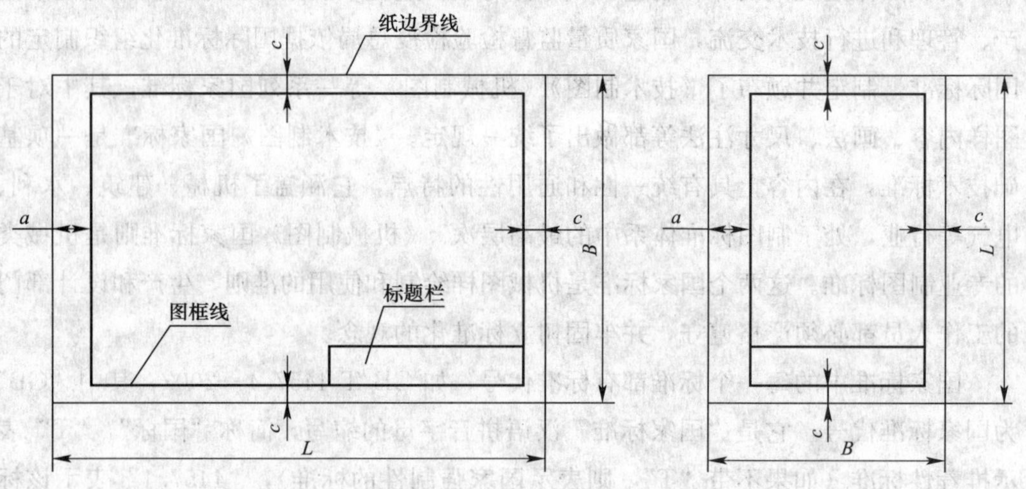


图 7—18　留有装订边的图框格式

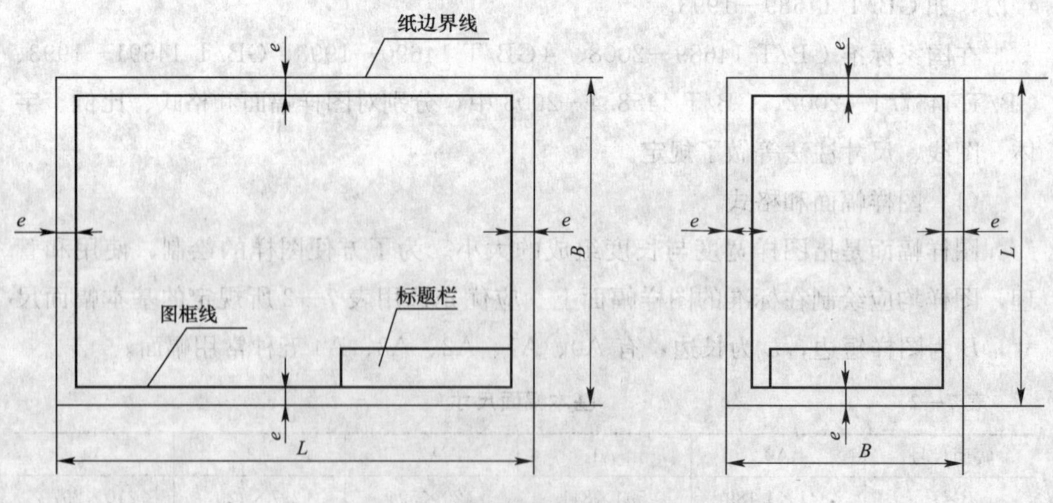


图 7—19　不留装订边的图框格式

国标 GB/T 10609.1—2008 对标题栏的内容、格式与尺寸做了规定。生产上用的标题栏格式如图 7—20 所示。

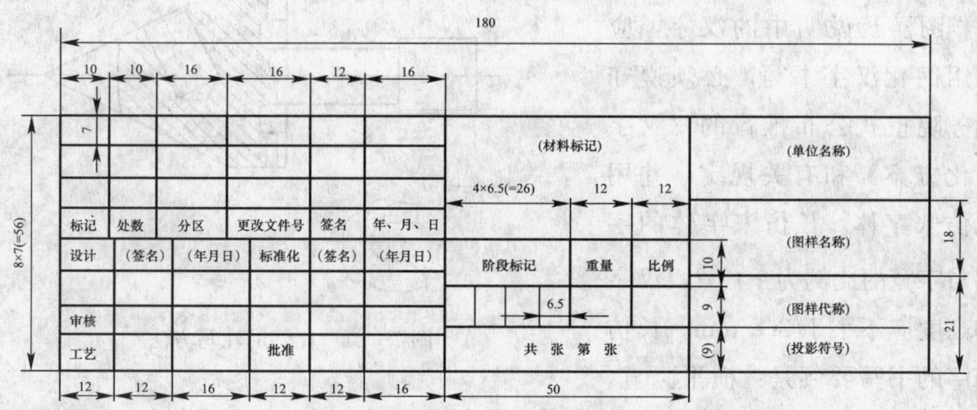


图 7—20　生产用标题栏格式

（2）比例

比例是指图中图形与其实物相应要素的线性尺寸之比。绘图时所用的比例应根据图样的用途与被绘对象的复杂程度，从表 7—3 中选用，必要时，也允许选用表 7—3 中带括号的比例。一般情况下，一个图样应选用一种比例。根据专业制图的需要，同一图样可选用两种比例，即某个视图或某一部分可采用不同的比例（如局部放大图），但必须另行标注。另行标注时，要按图 7—21 所示的方法来标注。

**表 7—3　　绘图比例**

| 种　类 | | | | | | |
|---|---|---|---|---|---|---|
| 原值比例 | 1∶1 | | | | | |
| 放大比例 | 2∶1 | 5∶1 | $1\times10^n$∶1 | $2\times10^n$∶1 | | $5\times10^n$∶1 |
| | (2.5∶1) | (4∶1) | ($2.5\times10^n$∶1) | ($4\times10^n$∶1) | | |
| 缩小比例 | 1∶2 | 1∶5 | 1∶10 | 1∶$1\times10^n$ | 1∶$2\times10^n$ | 1∶$5\times10^n$ |
| | (1∶1.5) | (1∶2.5) | | (1∶3) | (1∶4) | (1∶6) |
| | (1∶$1.5\times10^n$) | (1∶$2.5\times10^n$) | | (1∶$3\times10^n$) | (1∶$4\times10^n$) | (1∶$6\times10^n$) |

注：$n$ 为正整数。

（3）字体

在图样上标注的字体均应做到字体工整、笔画清楚、间隔均匀、排列整齐，标点符号应清楚、正确。汉字、数字、字母等字体的大小以字号来表示，字号就是字体的高度，用 $h$ 来表示。图样中字体的大小应依据图样幅面、比例等情况从国家标准规定的公称尺寸系列中选用，包括 1.8、2.5、3.5、5、7、10、14、20（单位为

mm)。如需书写更大的字，字体高度应按$\sqrt{2}$的比率递增。

图样及说明中的汉字，应采用简化汉字书写，必须遵守国务院正式公布推行的《汉字简化方案》和有关规定，并用长仿宋字体。长仿宋字体的字高与字宽的比例为 1∶$\sqrt{2}$，汉字的高度应不小于 3.5 mm。长仿宋字的书写要领是：横平竖直，注意起落，结构均匀，填满方格，如图 7—22 所示。

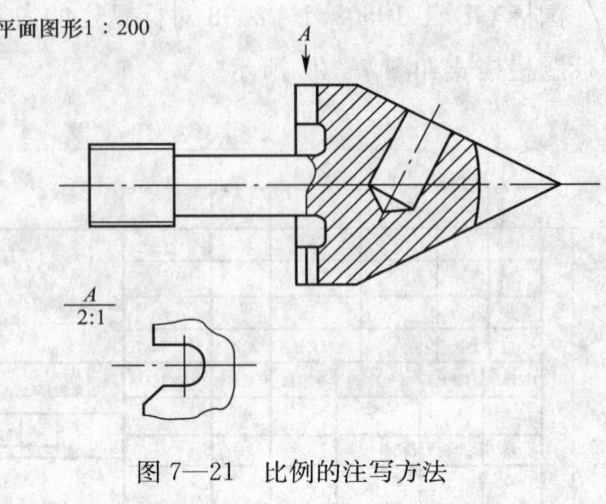


图 7—21　比例的注写方法

10号字体

字体工整　笔画清楚　间隔均匀　排列整齐

7号字体

横平竖直　　注意起落　　结构均匀　　填满方格

5号字体

机械制图螺纹齿轮表面粗糙度极限与配合化工电子建筑船舶桥梁矿山纺织汽车航空石油

3.5号字体

图样是工程界的技术语言国家标准《技术制图》与《机械制图》是工程技术人员必须严格遵守的基本规定并具备查阅的能力

图 7—22　长仿宋体汉字示例

字母和数字可写成斜体和直体，斜体字字头向右倾斜，与水平基准线成 75°，用做指数、分数、极限偏差、注脚等的数字及字母一般应采用小一号的字体。

字母大写斜体、小写斜体示例：

abcdefghijklmn
opqrstuvwxyz

斜体数字示例：

（4）图线

国家标准《技术制图　图线》（GB/T 17450—1998）规定的基本线型共有 15 种形式，绘图时常用到其中的一小部分，如粗实线、细实线、虚线、细点画线、细双点画线、波浪线、双折线、粗点画线等，图线种类及其应用见表 7—4，各种线型的应用示例如图 7—23 所示。

**表 7—4　图线种类及其应用**

| | 图线名称 | 图线形式 | 图线代码 NO. | 一般用途 |
|---|---|---|---|---|
| 基本线型 | 粗实线 | —————— | 01.2 | 可见棱边线、可见轮廓线、相贯线、螺纹牙顶线、齿顶圆（线）、剖切符号用线等 |
| | 细实线 | —————— | 01.1 | 过渡线、尺寸线、尺寸界线、指引线和基准线、剖面线、重合断面的轮廓线、螺纹牙底线、齿轮的齿根线等 |
| | 细虚线 | - - - - - - - - - | 02.1 | 不可见棱边线、不可见轮廓线 |
| | 粗虚线 | - - - - - - - - - | 02.2 | 允许表面处理的表示线 |
| | 细点画线 | —·—·— | 04.1 | 轴线、对称中心线、分度圆（线）、孔系分布的中心线、剖切线 |
| | 细双点画线 | —··—··— | 05.1 | 相邻辅助零件的轮廓线、可动零件的极限位置的轮廓线等 |
| | 粗点画线 | —·—·— | 04.2 | 限定范围表示线 |
| 基本线型变形 | 波浪线 | ～～～ | 01.1 | 断裂处边界线、视图与剖视图的分界线 |
| | 双折线 | ——\/\—— | 01.1 | 断裂处边界线、视图与剖视图的分界线 |

技术制图中有粗线、中粗线、细线之分，其宽度比率为 4∶2∶1。图线的宽度 $b$ 宜从下列数系中选取：0.13、0.18、0.25、0.35、0.5、0.7、1、1.4、2.0（单位均为 mm）。在机械图样中采用粗、细两种线宽，其宽度比率为 2∶1。

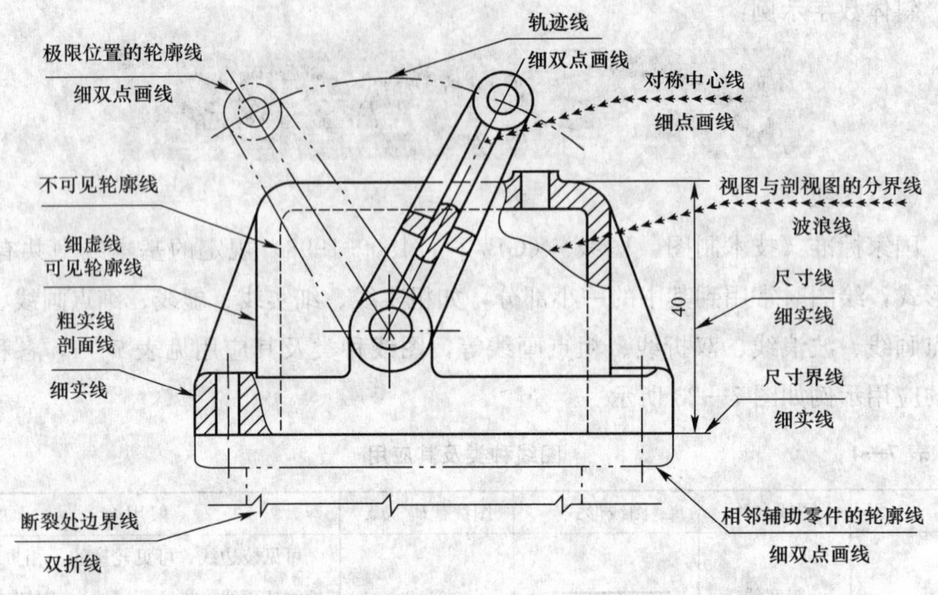


图 7—23 线型的应用示例

(5) 尺寸标注

1) 基本原则。机件的真实大小应以图样所注的尺寸数值为依据，与图形的大小、所使用的比例及绘图的准确程度无关；图样中（包括技术要求和其他说明）的尺寸以毫米为单位时，不需标注单位符号或名称，若采用其他单位，则必须注明相应的单位符号；图样中所标注的尺寸为该图样所示机件的最后完工尺寸，否则应另加说明；机件的每一尺寸一般只标注一次，并应标注在反映该结构最清晰的图形上。

2) 尺寸的组成。图样上的尺寸包括四个要素，即尺寸界线、尺寸线、尺寸线终端和尺寸数字，如图 7—24 所示。

①尺寸界线。尺寸界线用来表示所注尺寸的范围界限，用细实线绘制，一般应与被标注长度垂直，必要时才允许与尺寸线倾斜，如光滑过渡处的标注，但两尺寸界线仍相互平行。其一端应从图样的轮廓线、轴线或对称中心线引出，另一端应超出尺寸线 2～3 mm。必要时可直接利用图样轮廓线、中心线及轴线作为尺寸界线。

②尺寸线。尺寸线应用细实线绘制，标注线性尺寸时，应与被注长度平行，与尺寸界线垂直相交，但不应超出尺寸界线外。互相平行的尺寸线应从被注的图样轮廓线由近向远整齐排列，小尺寸应离轮廓线较近，大尺寸离轮廓线较远。图样轮廓线以外的尺寸线，距图样最外轮廓线之间距离不宜小于 7 mm，平行排列

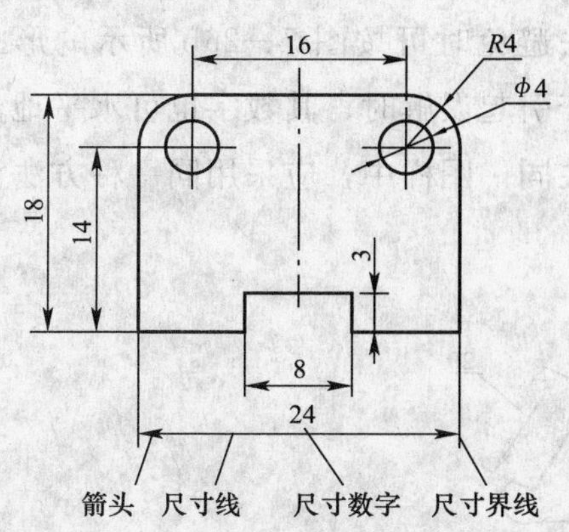


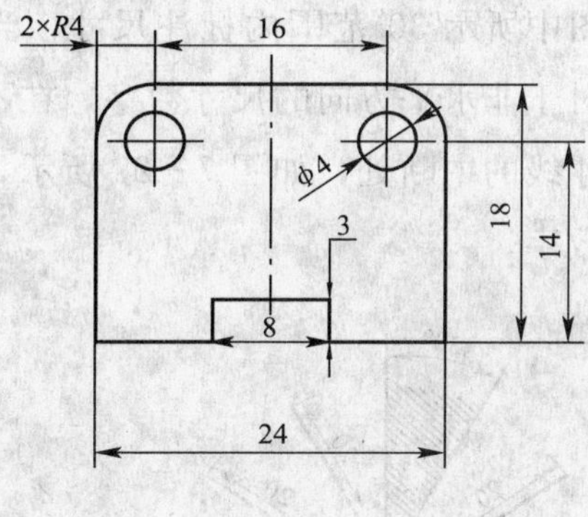


图 7—24　尺寸的组成及尺寸标注正误对比

的尺寸线的间距为 5～10 mm，并应保持一致。图样上任何图线都不得用做尺寸线。

③尺寸线终端。尺寸线终端一般用箭头或细斜线绘制，并画在尺寸线与尺寸界线的相交处。箭头的形式适用于各种类型的图样。而采用细斜线的形式时，其倾斜方向应以尺寸线为准逆时针旋转 45°，长度应为 2～3 mm。尺寸线终端两种形式如图 7—25 所示。在机械图样中一般采用箭头的形式，在土建图样中使用细斜线的形式。

图 7—25　尺寸线终端两种形式

半径、直径、角度与弧长的尺寸线终端应用箭头表示。当尺寸线与尺寸界线互相垂直时，同一张图样中只能采用一种尺寸线终端形式。当采用箭头形式时，同一图样上箭头的大小要一致，不随尺寸数值大小的变化而变化，而且在没有足够位置的情况下，允许用圆点或斜线代替箭头。当尺寸线终端采用细斜线形式时，尺寸线与尺寸界线必须相互垂直。

④尺寸数字。国家标准规定图样上标注的尺寸一律用阿拉伯数字标注其实际尺寸，它与绘图所用比例及准确程度无关，应以尺寸数字为准，不得从图上直接量取。图样上所标注的尺寸，除特别标明的外，一律以毫米（mm）为单位，图上尺寸数字都不再注写单位。

尺寸数字一般注写在尺寸线的中部。水平方向的尺寸，尺寸数字要写在尺寸线的上面，字头朝上；竖直方向的尺寸，尺寸数字要写在尺寸线的左侧，字头朝左；

倾斜方向的尺寸，尺寸数字的方向应按图 7—26a 所示的规定注写。应尽可能避免在图中所示 30°范围内标注尺寸，当无法避免时可按图 7—26b 所示的形式注写。对于非水平方向的尺寸数字，在不至于引起误解时，其数字也可水平地注写在尺寸线的中断处，如图 7—27 所示，但在同一图样中，应采用同一种方法注写尺寸数字。

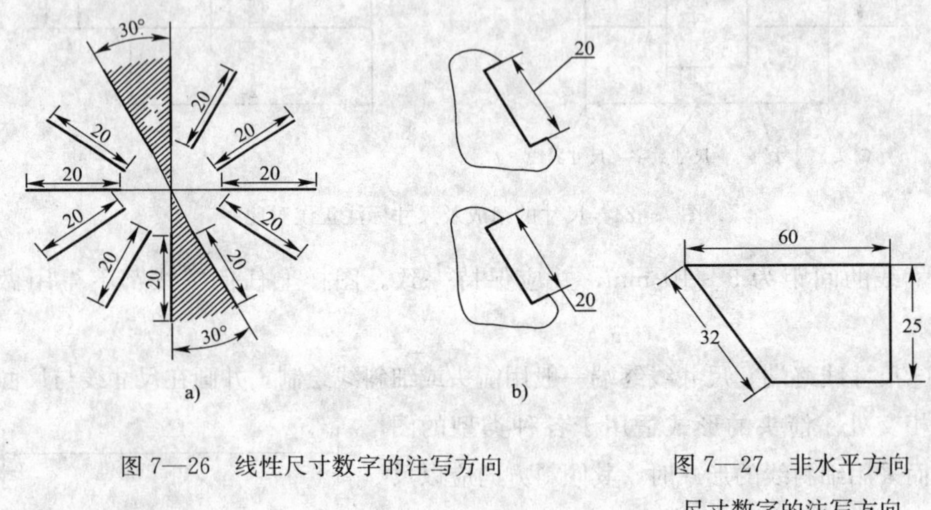


图 7—26　线性尺寸数字的注写方向

图 7—27　非水平方向尺寸数字的注写方向

2. 轴测图的基本知识

轴测图是一种能在一个投影面上同时反映物体的正面、侧面和水平面形状的单面投影图，它比多面正投影（图）生动、形象，富有立体感，是一种帮助读图的辅助性图样。

（1）轴测图的形成、特性和分类

将物体和确定其空间位置的直角坐标系，沿不平行于任一坐标面的方向，用平行投影法将其投射在单一投影面上所得的具有立体感的图形叫做轴测图。根据投影方向与轴测投影面的相对位置不同，轴测图可分为两大类：当投影方向垂直于轴测投影面时，所得到的轴测图称为正轴测图，如图 7—28 所示；当投射方向倾斜于轴测投影面时，所得到的轴测图称为斜轴测图，如图 7—29 所示。

正轴测图的形成。改变物体和投影面的相对位置，使物体的正面、顶面和侧面与投影面都处于倾斜位置，用正投影法作出物体的投影，得到正轴测图。

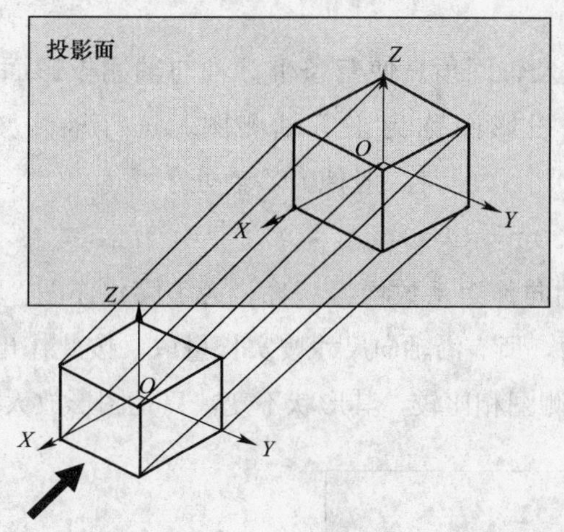


图 7—28　正轴测图

斜轴测图的形成。不改变物体与投影面的相对位置，改变投射线的方向，使投射线与投影面倾斜，得到斜轴测图。

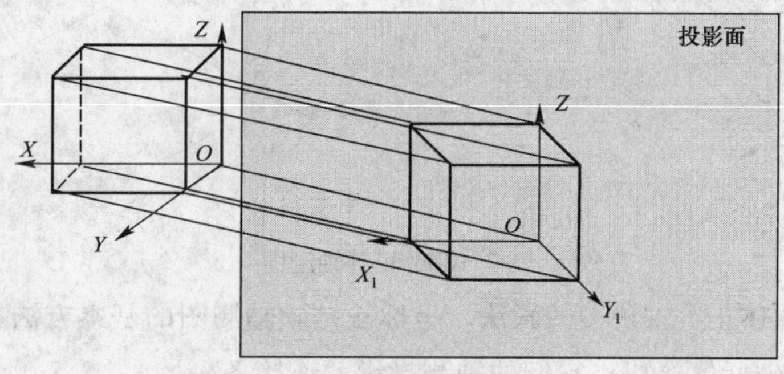


图 7—29　斜轴测图

1）轴间角及轴向伸缩系数。建立在物体上的坐标轴在投影面上的投影称为轴测轴，三条轴测轴的交点称为原点，轴测轴之间的夹角叫做轴间角。轴测轴上的单位长度与相应坐标轴上单位长度的比值称为轴向伸缩系数。

2）轴测图的投影特性。轴测图采用的是平行投影法，其投影为：立体上两平行线段的轴测投影仍相互平行；两平行线段或同一直线上的两线段长度之比值，在轴测图中保持不变；立体上平行于轴测投影面的直线和平面，在轴测图上反映实长和实形。

3）轴测图的分类。轴测图分为正轴测图和斜轴测图两大类，根据三个轴向伸缩系数的不同，可分为三种：三个轴向伸缩系数都相等的称为正等测（或斜等测）；只有两个轴向伸缩系数相等的，称为正二测（或斜二测）；三个轴向伸缩系数各不相等的，称为正三测（或斜三测）。实际作图时，正等测和斜二测用得较多。

（2）正等轴测图

1）轴向伸缩系数及轴间角。使三条坐标轴与轴测投影面倾斜的角度相同，用正轴测投影法得到的投影图称为正等轴测图。正等轴测图的轴间角$\angle XOY=\angle XOZ=\angle YOZ=120°$。作图时一般使$OZ$轴处于垂直位置，$OX$和$OY$轴与水平线成30°角，如图7—30所示。

正等轴测图的各轴向伸缩系数均为0.82，为了简化作图，常简化轴向伸缩系数，即$p=q=r=1$，作图时，所有沿轴向尺寸按实长量取，按此作出的图形与采用轴向伸缩系数0.82画出的轴测图相比较，其形状不变，只是图形放大了1/0.82≈1.22倍。

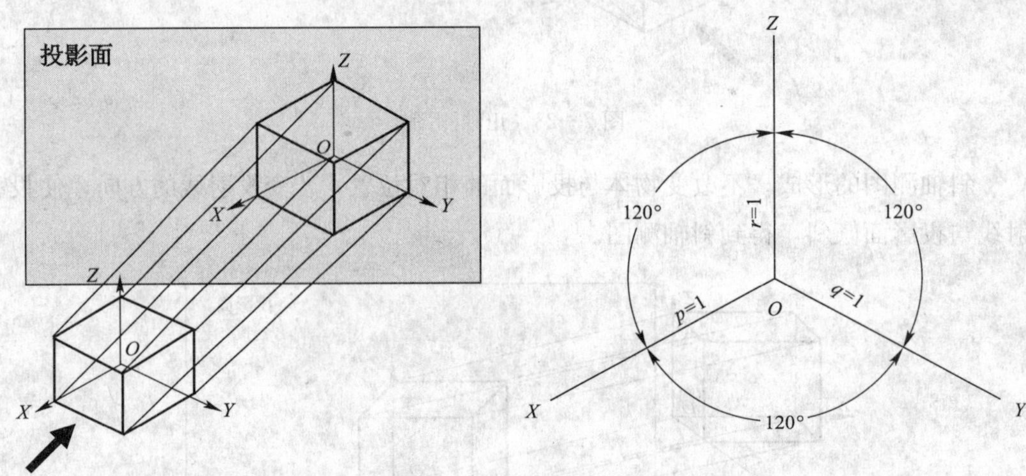


图7—30　正等轴测图

2）平面立体正等轴测图的画法。坐标法是画轴测图的基本方法。根据立体表面上各顶点的坐标值，找出它们的轴测投影，连接各顶点，即可完成平面立体的轴测图。下面举例说明其画法。图7—31所示为五棱柱的两视图，根据视图作出五棱柱的正等轴测图。

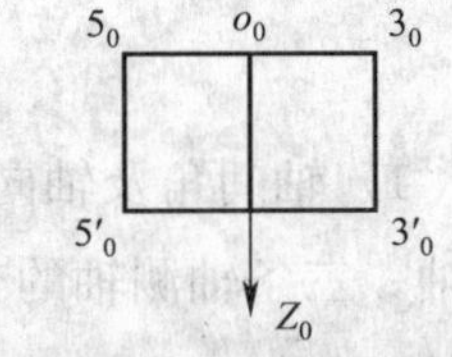


首先确定坐标原点、坐标轴，应以作图简便为原则。

由于五棱柱的顶面和底面均处于水平位置，为了减少不必要的作图线，坐标原点$O$取在顶面上$4_0$点和$a_0$点连线与$3_0$点和$5_0$点连线的交点上，$O_0X_0$、$O_0Y_0$、$O_0Z_0$轴的方向如图7—31所示。

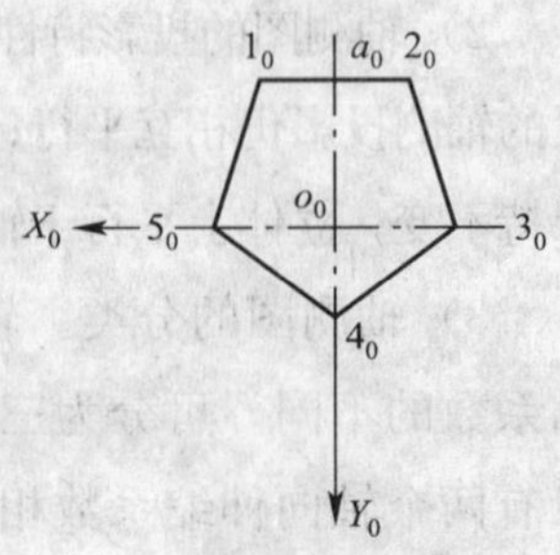


图7—31　五棱柱的两视图

作出轴测轴$OX$、$OY$、$OZ$，如图7—32a所示，在$OX$轴上量取$O5=O_05_0$，$O3=O_03_0$，在$OY$轴上量取$O4=O_04_0$，$Oa=O_0a_0$。

过 $a$ 点作 $OX$ 轴的平行线，量取 $1a=1_0a_0$，$2a=2_0a_0$，如图 7—32b 所示，依次连接各点，得到顶面的投影。

由顶面点 1、5、4、3 作 $Z$ 轴的平行线并量取高度，得 6、7、8、9 点，连接 6、7、8、9 点得底面投影，如图 7—32c 所示。

擦去多余线条，即完成五棱柱的正等轴测图，如图 7—32d 所示。

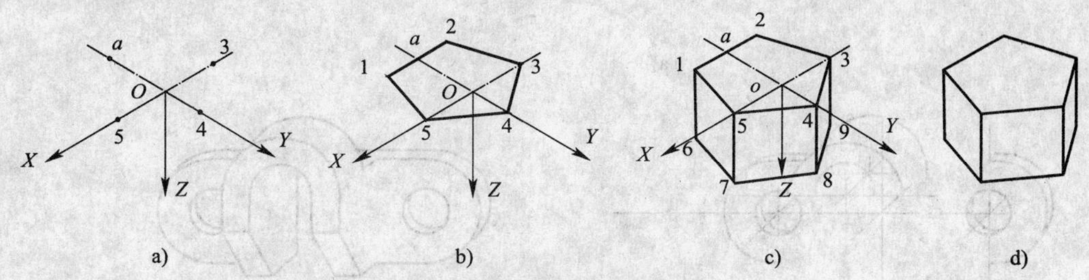


图 7—32　作五棱柱的正等轴测图

(3) 斜二等轴测图

1) 斜二测轴间角及轴向伸缩系数。

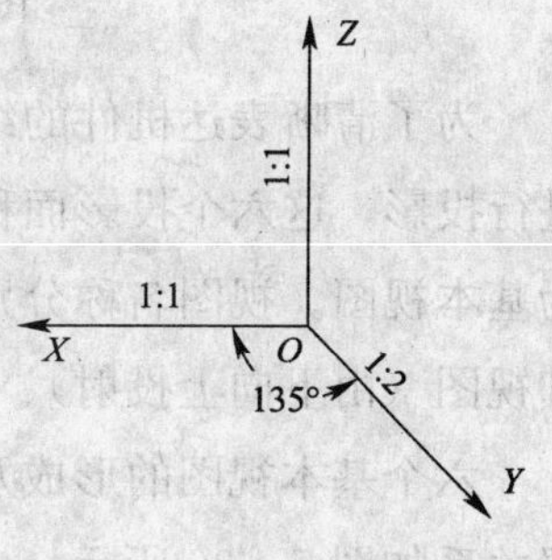


图 7—33　轴间角和轴向伸缩系数

斜二等轴测图（简称斜二测）是一种比较常用的轴测投影方法。在斜轴测投影图中，使 $XOZ$ 坐标面平行于投影面，其轴间角 $\angle XOZ=90°$，$\angle XOY=\angle YOZ=135°$，轴向伸缩系数 $p=r=1$，$q=0.5$，如图 7—33 所示。作图时使 $OZ$ 轴处于铅垂位置，$OX$ 轴处于水平位置，$OY$ 轴与水平线成 45°。

2) 斜二轴测图的画法

图 7—34a 所示为一组合体。此组合体上有四个不同直径的圆，它们均平行于正面，如果采用斜二轴测图作图较为简单。

作图：

首先确定坐标系，如图 7—34a 所示。画出轴测轴，定出各圆心的位置，如图 7—34b 所示。作出各圆弧的投影，并作出三条公切线的投影，如图 7—34c 所示。随后作出其他线段的投影，擦去作图线，加深，完成全图，如图 7—34d 所示。

## 二、机件的常用表达方法

在产品设计和生产中，由于机件的结构较为复杂，单纯采用三视图往往难以将机件的形状、结构表达清楚，国家标准中对各种表达方法均做了明确规定。

### 1. 视图

(1) 基本视图

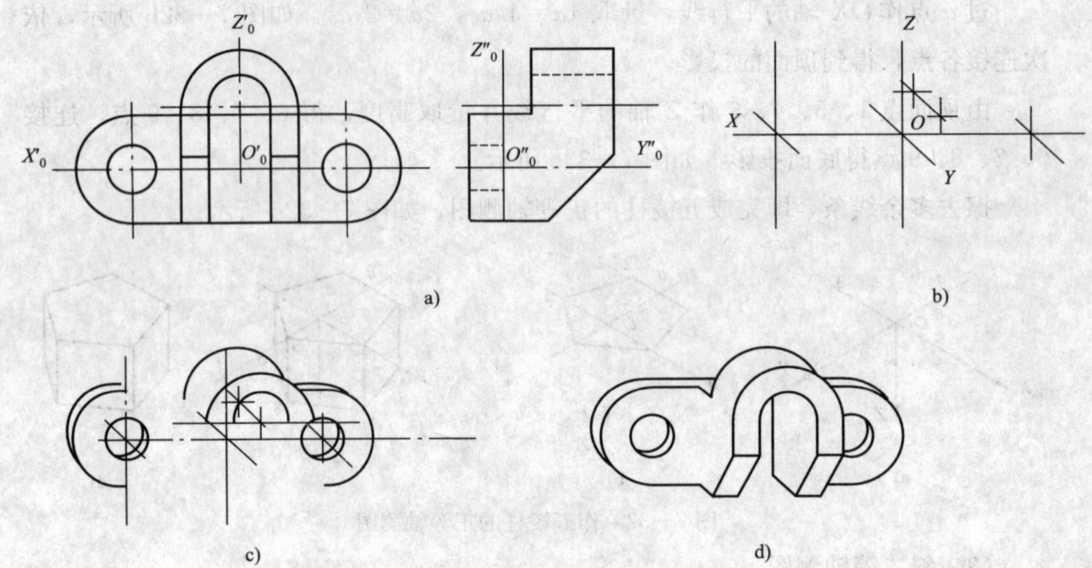


图 7—34　夹子的斜二测图的作图步骤

为了清晰表达机件的结构和形状，从上、下、左、右、前、后六个方向对机件进行投影，这六个投影面称为基本投影面，机件向基本投影面投射所得到的视图称为基本视图。视图名称分别为主视图、俯视图、左视图、右视图（由右向左投射）、仰视图（由下向上投射）、后视图（由后向前投射）。

六个基本视图的形成及投影面的展开方法如图 7—35 所示，六个基本视图的配置关系如图 7—36 所示。

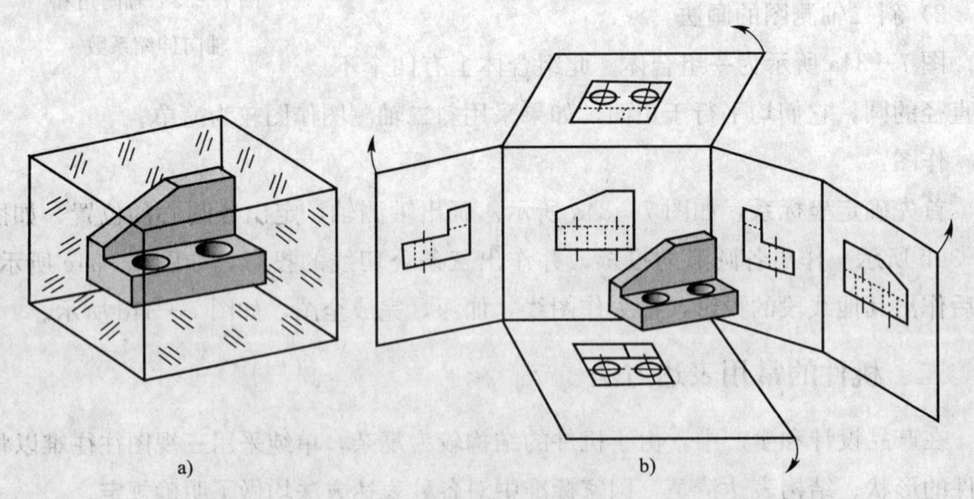


图 7—35　六个基本视图的形成及投影面的展开方法

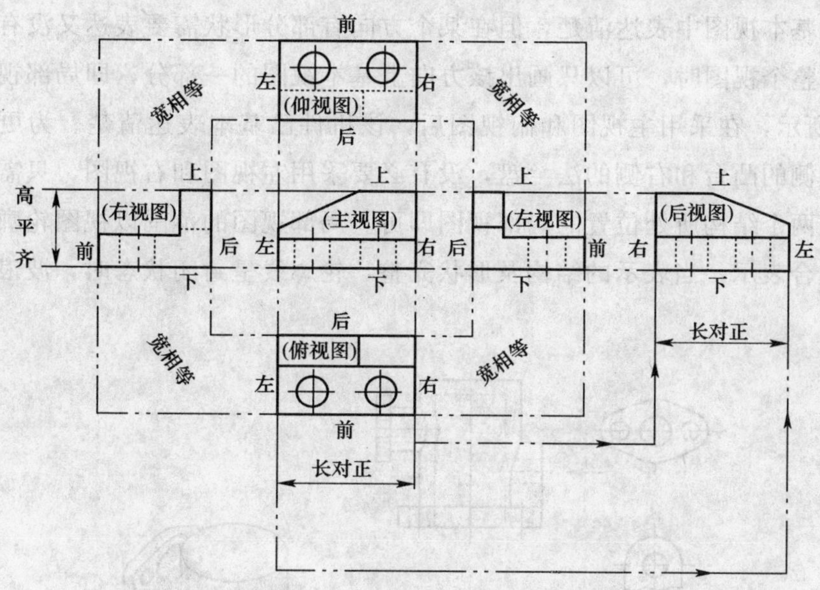


图 7—36　六个基本视图的配置关系

六个基本视图之间符合长对正、高平齐、宽相等的投影规律。

(2) 向视图

向视图是可以根据需要自由配置的视图，应标注出向视图的投影方向和名称。标注时，在向视图的正上方用大写拉丁字母水平标注出视图的名称，并在相应的视图附近用箭头指明获得该向视图的投影方向，标注上相同的字母，如图 7—37 所示的 $A$、$B$、$C$ 三个向视图。

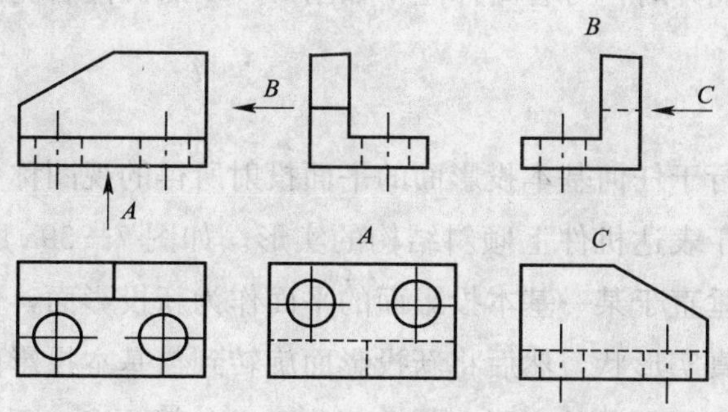


图 7—37　向视图的标注方法

在选择视图表达方案时，注意以表达完整、清晰为前提，优先选择基本视图的配置方法。

(3) 局部视图

将机件的某一部分向基本投影面投射所得的视图称为局部视图。当机件主要形状已在基本视图中表达清楚，但在某个方向有部分形状需要表达又没有必要画出该方向整个视图时，可以只画出该方向上基本视图的一部分，即局部视图。如图7—38所示，在采用主视图和俯视图后，该机件已基本表达清楚。为更清楚表达机件左侧的凸台和右侧的法兰盘，没有必要采用左视图和右视图，只需绘制出机件上这两个结构所处位置的局部视图即可。局部视图的范围以视图轮廓线和波浪线的组合表示，当表示的结构及形状完整，轮廓线呈封闭状态时，波浪线可以省略。

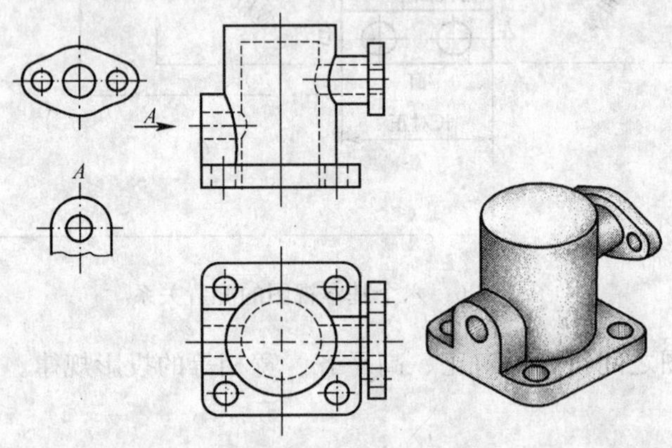


图 7—38 局部视图

画局部视图时一般应标注，其方法与向视图相同。局部视图常画在需要表示局部结构的附近，如图 7—38 的局部视图 $A$ 所示；当局部视图按投影关系配置，中间又没有其他视图隔开时，可省略标注，如图 7—38 的机件右侧法兰盘端面的局部视图所示。

（4）斜视图

将机件向不平行于任何基本投影面的平面投射所得的视图称为斜视图。

斜视图主要用于表达机件上倾斜结构的实形。如图 7—39a 所示，选用一个平行于该倾斜结构且垂直于某一基本投影面的平面作为新投影面，使倾斜部分在新投影面上的投影反映真实形状，然后将新投影面旋转到与基本投影面重合。斜视图通常只用于表达机件倾斜部分的实形，其余部分不必全部画出，而用波浪线断开。

斜视图必须标注，其标注方法与向视图相同，注意字母一律水平书写。斜视图一般按投影关系配置，如图 7—39b 所示，必要时也可平移到适当的位置，如图 7—39c 所示。为了便于画图，还允许将图形旋转摆正画出，此时斜视图名称后面要标注旋转符号，旋转符号的箭头指向旋转摆正的方向，并且字母应写在靠近旋转符号的箭头端，如图 7—39d 所示。

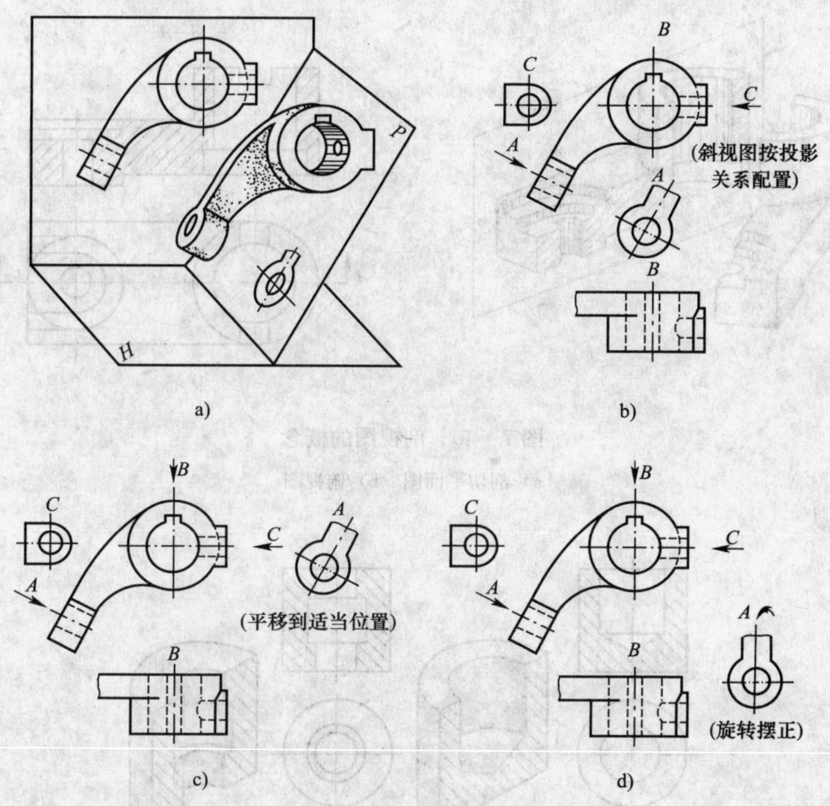


图 7—39　斜视图的形成及配置形式

### 2. 剖视图

(1) 剖视图的概念和画法

在用视图表达机件时，机件的内部结构和不可见轮廓线都用虚线来表示。当机件的内部结构比较复杂时，在视图中就会出现较多的虚线，不仅影响了表达的清晰度，而且给尺寸标注等工作带来不便。因此，国家标准《技术制图》和《机械制图》规定采用剖视图的方法来表达机件的内部结构。

假想用剖切平面剖开机件，将处在观察者与剖切平面之间的部分移去，而将剩余部分向投影面投射所得到的视图称为剖视图，如图 7—40 所示。

当剖切面将机件剖开后，将剩下部分用正投影法向基本投影面投射，凡可见轮廓线全部画出，不可见的轮廓线一般不画。

当剖切面剖切机件时，剖切面切到机件上的材料部分称为剖面区域。国家标准《机械制图　剖面符号》(GB/T 4457.5—1984) 规定在剖面区域画出剖面符号。当机件为金属材料时，剖面符号可画成与水平线成 45°的等距细实线，向左或向右倾斜均可，如图 7—41 所示。

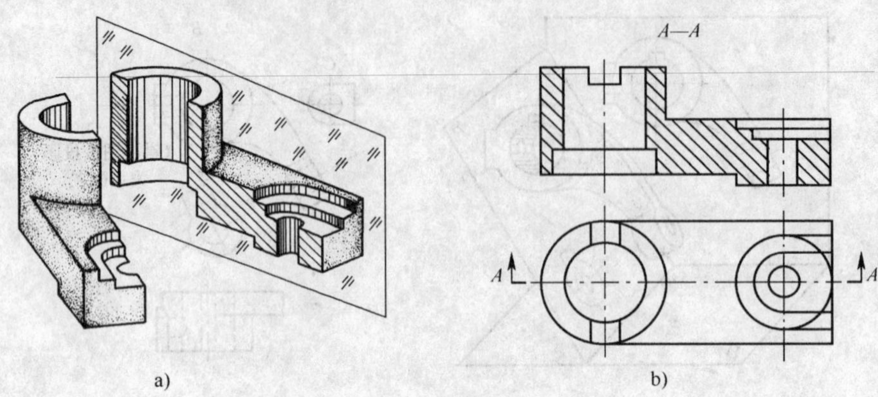

a)　　b)

图 7—40　剖视图的概念

a）剖切平面图　b）俯视图

图 7—41　剖面符号的画法

剖切平面一般应通过零件的对称面或内部孔、槽等结构的轴线且平行（或垂直）于某一投影面，以便反映结构的实形，避免出现不完整要素，如图 7—40a 所示。

由于剖切面是假想的，因此，当机件的某一个视图画成剖视图后，其他视图仍应完整地画出，如图 7—40b 的俯视图所示。剖切平面后面的可见轮廓线的投影应全部画出，不能遗漏，如图 7—41 所示。

对于视图与剖视图中的不可见轮廓线（虚线），在其他视图中已表达清楚时一般应省略，只有当不足以表达清楚机件某部分结构时，才画出必要的虚线，如图 7—42 所示。同一金属零件在各剖视图中的剖面线方向和间隔应保持一致，如图 7—42 中的主视图、左视图所示。当剖视图中的主要轮廓线与水平成 45°时，该图形的剖面线应画成与水平成 30°或 60°的平行线，其倾斜的方向仍与其他图形的剖面线一致。

剖视图的标注包括剖切平面的位置、投影方向和剖视图的名称。画剖视图时，一般应在剖视图的上方用大写拉丁字母标注出剖视图的名称“×—×”，在相应的

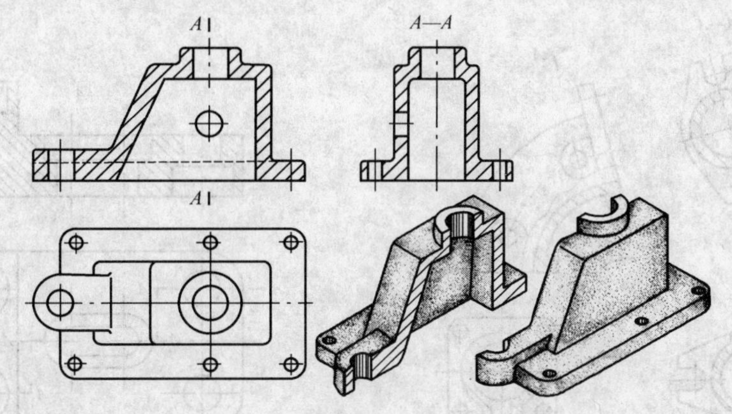


图 7—42　剖视图的剖面线和虚线画法

视图上用剖切符号标注剖切位置，剖切符号是长 5～10 mm 的粗实线。剖切符号不得与图形的轮廓线相交，在它的起、讫和转折位置标注相同的大写字母，字母一律水平书写。在剖切符号的外侧画出与其垂直的细实线和箭头表示投影方向。

下列情况可省略箭头或全部标注：当剖视图按投影关系配置，中间又没有其他图形隔开时，可省略箭头，如图 7—41 所示机件的主视图；当单一剖切平面通过机件的对称面或基本对称的平面，且剖视图按投影关系配置，中间又没有其他图形隔开时，可省略全部标注，如图 7—42 所示机件的主视图。

(2) 剖切面的种类

根据物体的结构特点，可选择以下剖切面剖切物体：单一剖切面、几个平行的剖切平面、几个相交的剖切面。

单一剖切面是用一个平行于基本投影面的平面剖切机件而得到的剖视图。如图 7—40b 所示。也可用单一柱面剖切机体，用单一柱面剖切机体时，剖视图一般应按展开绘制。用几个平行的剖切平面获得的剖视图如图 7—44 所示，采用这种方法画剖视图时，在图形内不应出现不完整的要素，仅当两个要素在图形上具有公共对称中心线或轴线时，可以各画一半，此时应以对称中心线或轴线为界。用几个相交的剖切平面（交线垂直于某一投影面）获得的剖视图应旋转到一个投影平面上，如图 7—45 所示，采用这种方法画剖视图时，先假想按剖切位置剖开机体，然后将被剖切平面剖开的结构及其有关部分旋转到与选定的投影面平行在进行投影。

用两个相交的剖切平面（交线垂直某基本投影面）剖开机件，并把倾斜的剖切平面剖到的结构旋转到选定的基本投影面平行的位置，再进行投影的剖切方法称为旋转剖，如图 7—45 所示。

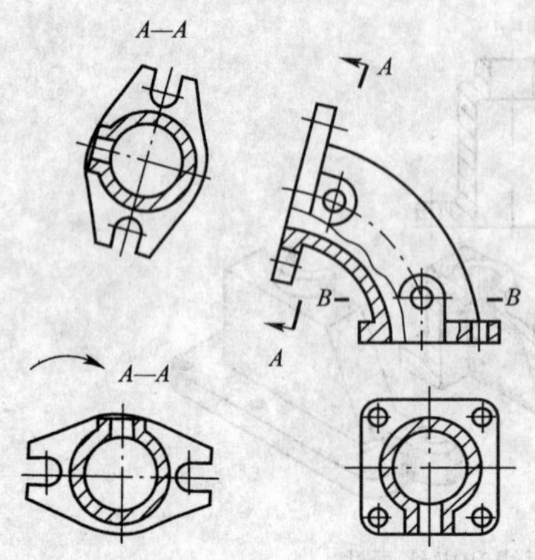


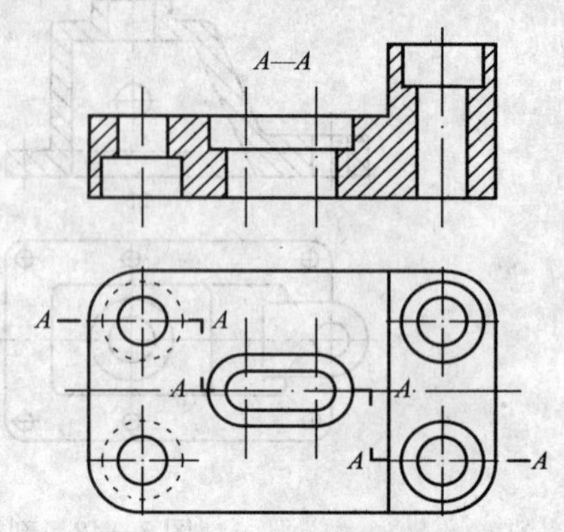


图 7—43　单一剖切剖面获得的剖视图　　图 7—44　用几个平行剖面获得的剖视图

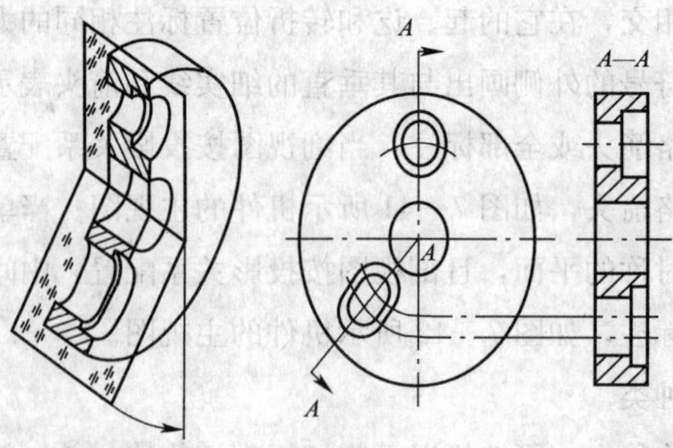


图 7—45　用几个相关的剖切平面获得的剖视图

（3）剖视图的种类

根据机件被剖切的范围大小，剖视图可分为全剖视图、半剖视图、局部剖视图。

用剖切平面把机件完全地剖开后所得到的剖视图称为全剖视图，如图 7—40b、图 7—41 所示。全剖视图用于表达内形比较复杂、外形比较简单的机件。

对于具有对称平面的机件，以对称中心线（细点画线）为界，一半画成视图，用以表达机件的外部结构和形状，另一半画成剖视图，用以表达机件的内部结构和形状的图形称为半剖视图。半剖视图适用于内、外形都需要表达，而形状又基本对称的机件。在半剖视图中，半个外形视图和半个剖视图的分界线应画成细点画线。在半个外形视图中，虚线一般省略不画。机件外形接近对称，且不对称部分已表达清楚时，也可以采用半剖视图，如图 7—46 所示。

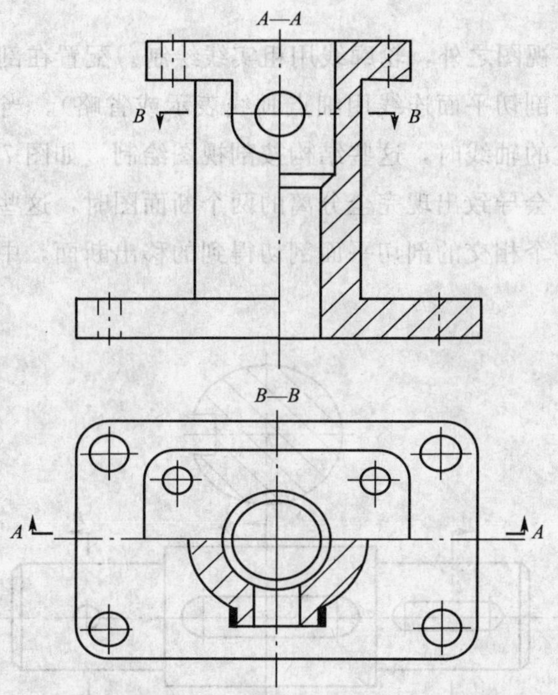


图 7—46　半剖视图

用剖切平面局部地剖开机件所得的剖视图称为局部剖视图。局部剖视图是一种较灵活的表示方法，适用范围较广泛。当机件的内、外形均需表达，只有局部内形需要剖切表示时，采用局部剖视图。注意：在局部剖视图上，视图与剖视部分用波浪线分界，波浪线不能与图样上其他图线重合，不应画在轮廓线或其延长线上，也不能超出视图的轮廓线，如图 7—47 所示。

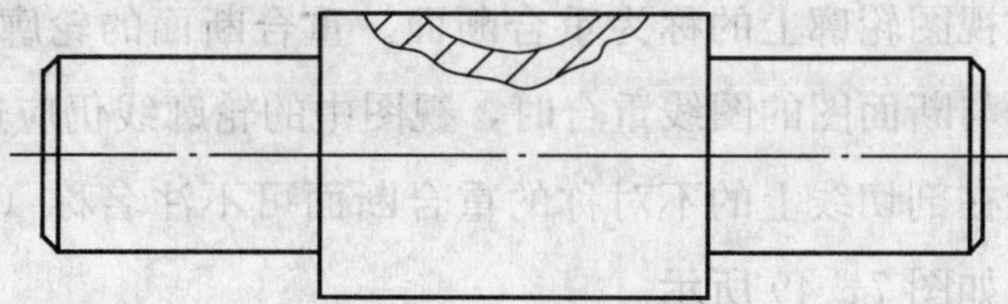

图 7—47　局部剖视图

3. 断面图

假想用剖切平面将机件的某处切断，只画出该剖切平面与机件接触部分（断面）的图形称为断面图。

断面图可分为移出断面和重合断面。

（1）移出断面

移出断面画在视图之外，轮廓线用粗实线绘制。配置在剖切线的延长线上或其他适当的位置（剖切平面连线用细点画线表示或省略）。当剖切平面通过回转面形成的孔或凹坑的轴线时，这些结构按剖视图绘制，如图 7—48 所示。当剖切平面通过非圆孔，会导致出现完全分离的两个断面图时，这些结构也应按剖视图绘制。用两个或多个相交的剖切平面剖切得到的移出断面，中间一般应用波浪线断开。

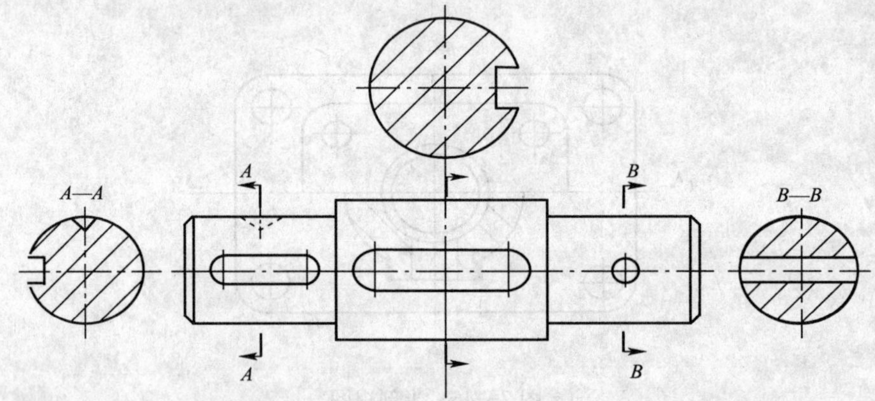


图 7—48　移出断面的画法和标注

移出断面的标注方法与剖视图的标注基本相同。配置在剖切线的延长线上的不对称的移出断面，可省略名称（字母）。配置在剖切线的延长线上的对称的移出断面，可不标注。

（2）重合断面

断面图重合在视图轮廓上的称为重合断面。重合断面的轮廓线用细实线绘制。当视图中的轮廓线与断面图的图线重合时，视图中的轮廓线仍应连续画出。重合断面在标注时，配置在剖切线上的不对称的重合断面可不注名称（字母）；对称的重合断面可不标注，如图 7—49 所示。

**4. 局部放大图**

将零件的部分结构用大于原图形所采用的比例画出的图形称为局部放大图。局部放大图可画成视图、剖视图、断面图，它与被放大部分的表达方式无关，局部放大图应尽量配置在被放大部位的附近，如图 7—50 所示。

画局部放大图要注意：局部放大图的比例是指放大图与机件的对应要素之间的线性尺寸比，与被放大部位的原图所采用的比例无关；局部放大图采用剖视图

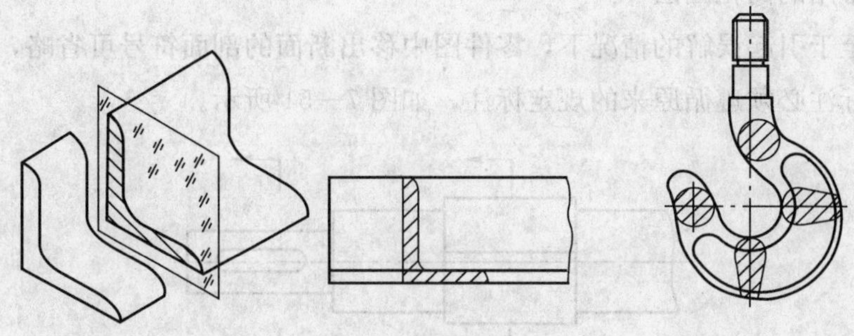

图 7—49 重合断面的画法和标注

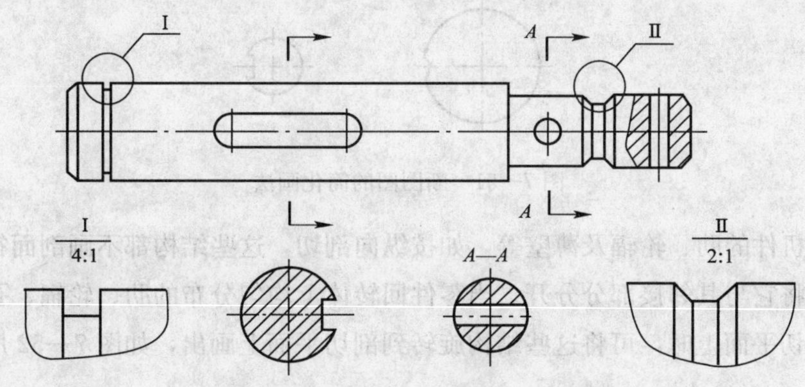


图 7—50 轴的局部放大图

和断面图时，其图形按比例放大，断面区域中剖面线的间距仍必须与原图保持一致。

标注局部放大图时，一般应用细实线圆圈出被放大的部位；当同一零件上有几个被放大的部分时，必须用罗马数字依次标明被放大的部位，并在局部放大图的上方标注出相应的罗马数字和所采用的比例；当零件上被放大的部位仅有一个时，在局部放大图的上方只需注明所采用的比例。

**5. 简化画法**

在能够完整、清晰表达机件形状和结构的前提下，为使制图简便，可以采用一些简化画法和其他规定画法。

（1）简化的原则

简化必须保证不至于引起误解和不会产生理解的多意性，在此前提下，应力求制图简便，便于识读和绘制，注意简化的综合效果。在考虑便于手工制图和计算机制图的同时，还要考虑缩微制图的要求。

（2）常用的简化画法

在不至于引起误解的情况下，零件图中移出断面的剖面符号可省略，但剖切位置和断面标注必须遵循原来的规定标注，如图 7—51 所示。

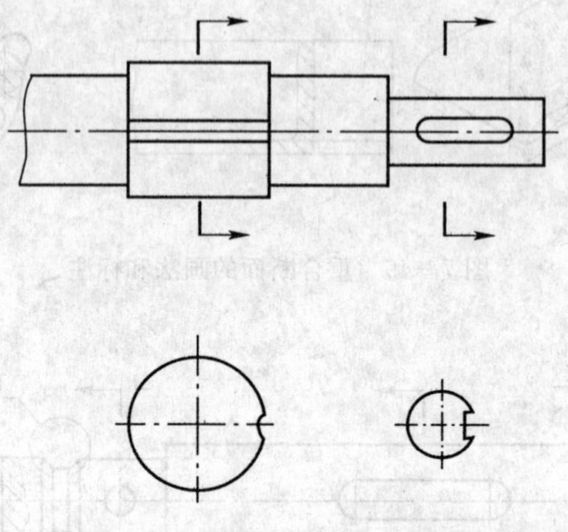

图 7—51　断图图的简化画法

对于机件的肋、轮辐及薄壁等，如按纵向剖切，这些结构都不画剖面符号，而用粗实线将它与其邻接部分分开。当零件回转体上均匀分布的肋、轮辐、孔等结构不处于剖切平面上时，可将这些结构旋转到剖切平面上画出，如图 7—52 所示。

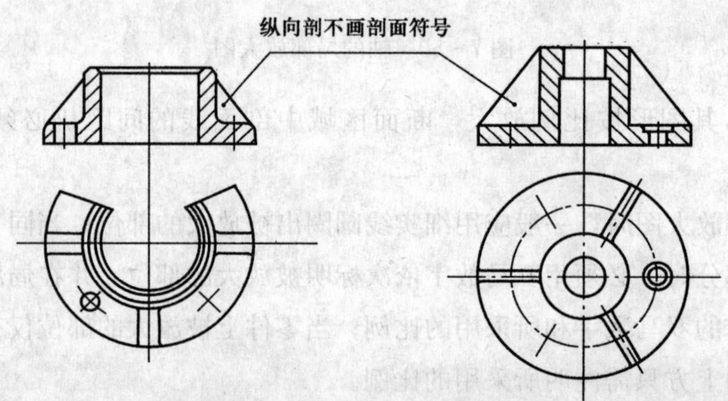


图 7—52　肋和孔的简化画法

在不至于引起误解时，对于对称机件的视图可只画出一半或四分之一，并在对称中心线的两端画出两条与其垂直的平行细实线，如图 7—53 所示。

在不至于引起误解时，图形中的过渡线和相贯线可以简化，如图 7—54 所示。对于与投影面倾斜角度小于或等于 30°的圆或圆弧，其投影可用圆或圆弧代替，如图 7—55 所示。

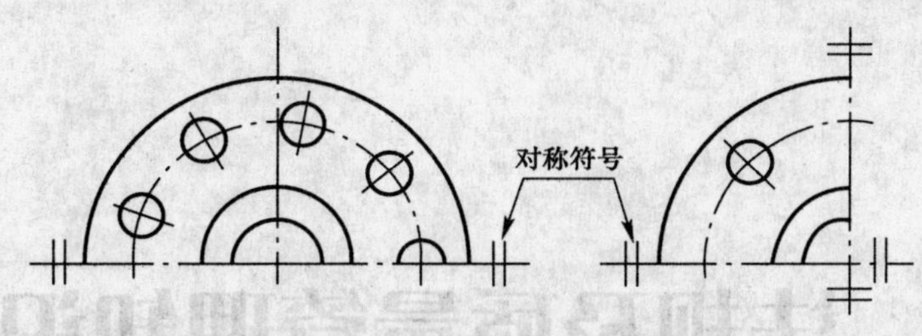


图 7—53　对称机件的简化画法

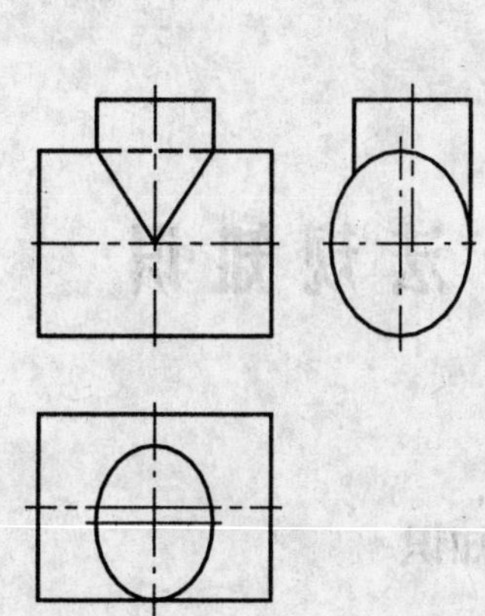

图 7—54　过渡线和相贯线的简化画法

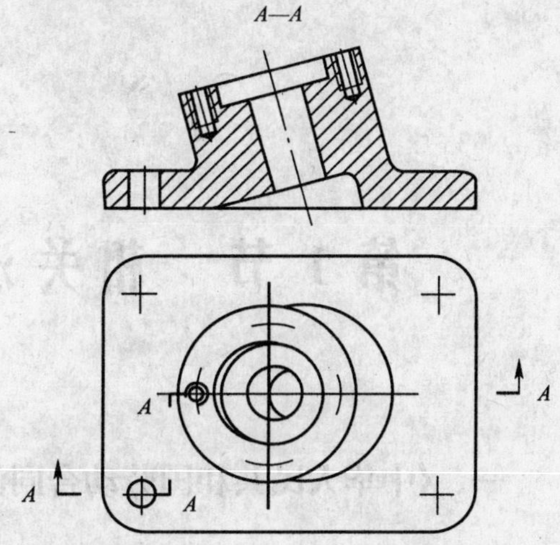


图 7—55　倾斜圆的简化画法

# 第 8 章 相关法律、法规及质量管理知识

## 第 1 节 相关法律、法规知识

### 一、《中华人民共和国劳动合同法》相关知识

#### 1. 颁布及意义

《中华人民共和国劳动合同法》（以下简称《劳动合同法》）是在 2007 年 6 月 29 日第十届全国人民代表大会常务委员会第二十八次会议通过并由中华人民共和国主席令发布的关于劳动合同的法律条文。《劳动合同法》自 2008 年 1 月 1 日起施行。《劳动合同法》是我国建立和维护劳动关系协调机制的基础性劳动法律规范，在中国特色社会主义法律体系中属于社会法。

《劳动合同法》在明确劳动合同双方当事人的权利和义务的前提下，重在对劳动者合法权益的保护，为构建与发展和谐稳定的劳动关系提供法律保障。作为我国劳动保障法制建设进程中的一个重要里程碑，《劳动合同法》的颁布实施有着深远的意义：

《劳动合同法》有利于理顺劳动关系，在权衡国家、企业、劳动者三者利益的基础上，最大限度地保护劳动者的合法权益，努力构建和谐稳定的劳动关系和社会环境。

《劳动合同法》有利于加大国家宏观调控力度，缩小贫富差距，通过法律手段引导国家经济良性循环、持续发展，积极应对经济全球化过程中面对的各种挑战。

《劳动合同法》有利于用人单位顺应劳动关系立法变化的趋势，加快人力资源管理制度的构建和完善，推进用人体制机制的建设和创新，增强企业的凝聚力、向

心力，减小人事相关管理过程中可能遇到的法律风险，促进用人单位长远稳定发展。

《劳动合同法》有利于充分调动、发挥劳动者的积极性，为企业、为社会多创财富，多作贡献，以缓和贫富差距拉大引起的社会矛盾，进而为国家稳定，企业赢利创造和谐的社会环境。

《劳动合同法》是劳动者实现劳动权利的重要保障。它是用人单位合理使用劳动力、巩固劳动纪律、提高劳动生产率的重要手段。它是减少和防止发生劳动争议的重要措施。它是建立规范有效劳动关系的重要载体。

**2.《劳动合同法》的内容及基本原则**

《劳动合同法》的立法目的是为了完善劳动合同制度，明确劳动合同双方当事人的权利和义务，保护劳动者的合法权益，构建和发展和谐稳定的劳动关系。《劳动合同法》共分8章98条，包括：总则、劳动合同的订立、劳动合同的履行和变更、劳动合同的解除和终止、特别规定、监督检查、法律责任和附则。

《劳动合同法》的基本原则有：

（1）合法原则

合法原则是指劳动合同的订立不得违反法律、法规的规定。合法原则主要包括两部分内容：一是实质合法，二是程序合法。实质合法是指劳动合同的内容合法。当事人不得订立内容违法或对社会公共利益有害的劳动合同。程序合法是指合同订立的程序要符合法律的要求。一是形式合法。形式合法是指劳动合同必须采用法律规定的形式。《劳动合同法》规定，劳动合同必须采用书面形式。二是主体合法。主体合法是指劳动合同的主体符合法律规定的条件。三是录用合法。即用人单位在公开招收工人时，要贯彻公开招收、自愿报名、德智体全面考核、择优录用的原则。

（2）公平原则

公平原则是指应本着社会公认的公平观念确定劳动合同当事人之间的权利义务。公平原则主要是针对劳动合同的内容，要求给付与对待给付之间的等值性。衡量公平的标准大致有两个：一是客观标准，即以等价有偿的价值规律来衡量给付之间是否具有等值性；二是主观标准，即以当事人的主观意愿为判断标准。

（3）平等自愿原则

平等原则是指劳动者和用人单位在法律上处于平等的地位，平等地决定是否缔约，平等地决定合同的内容。

自愿原则是从平等原则引申出来的。当事人地位的平等性要求双方对于劳动合同的订立不得享有任何特权。当事人订立合同只能出于其内心意愿。

（4）协商一致原则

协商一致原则要求当事人双方就劳动合同的主要条款达成一致意见后，劳动合同才成立。只有双方当事人就合同的主要条款达成一致意见后，合同才成立和生效。

（5）诚实信用原则

诚实信用原则，是指劳动合同当事人在订立合同时要诚实，不得有欺诈行为；在履行劳动合同时，要守信用、自觉履行合同，保证法律关系的当事人都能得到自己的利益。同时，当事人不得通过自己的行为损害第三人和社会的利益。诚实信用原则被奉为民商法的最高指导原则。

3. 劳动合同的相关知识

（1）劳动合同的作用

劳动合同是劳动者与用工单位之间确立劳动关系，明确双方权利和义务的协议。它是双方建立劳动关系的凭证，是确立劳动关系的法律形式，也是处理劳动争议的重要依据。

（2）签订劳动合同应当具备的条款

1）用人单位的名称、住所和法定代表人或者主要负责人。

2）劳动者的姓名、住址和居民身份证或者其他有效证件号码。

3）劳动合同期限。劳动合同期限可分为固定期限、无固定期限和以完成一定工作任务为期限。签订劳动合同主要是建立劳动关系，但建立劳动关系必须明确期限的长短。合同期限不明确则无法确定合同何时终止，如何给付劳动报酬、经济补偿等，引发争议。

4）工作内容和工作地点。所谓工作内容，即劳动者具体从事什么种类或者内容的劳动，这里的工作内容是指工作岗位和工作任务或职责。这一条款是劳动合同的核心条款之一。它是用人单位使用劳动者的目的，也是劳动者通过自己的劳动取得劳动报酬的缘由。工作地点是劳动合同的履行地，是劳动者从事劳动合同中所规定的工作内容的地点，它关系到劳动者的工作环境、生活环境以及劳动者的就业选择，劳动者有权在与用人单位建立劳动关系时知悉自己的工作地点。

5）工作时间和休息休假。工作时间是指劳动时间在企业、事业、机关、团体等单位中，必须用来完成其所担负的工作任务的时间。一般由法律规定劳动者在一定时间内（工作日、工作周）应该完成的工作任务，以保证最有效地利用工作时间，不断地提高工作效率。在工作时间上的不同，对劳动者的就业选择、劳动报酬等均有影响，因此成为劳动合同不可缺少的内容。

休息休假是指企业、事业、机关、团体等单位的劳动者按规定不必进行工作，而自行支配的时间。休息休假的权利是每个国家的公民都应享受的权利。

6）劳动报酬。劳动合同中的劳动报酬，是指劳动者与用人单位确定劳动关系后，因提供了劳动而取得的报酬。劳动报酬主要包括：用人单位工资水平、工资分配制度、工资标准和工资分配形式；工资支付办法；加班、加点工资及津贴、补贴标准和奖金分配办法；试用期及病、事假等期间的工资待遇；其他劳动报酬分配等。

7）社会保险。社会保险是政府通过立法强制实施，由劳动者、劳动者所在的工作单位或社区以及国家三方面共同筹资，帮助劳动者及其亲属在遭遇年老、疾病、工伤、生育、失业等风险时，防止收入的中断、减少和丧失，以保障其基本生活需求的社会保障制度。一般包括医疗保险、养老保险、失业保险、工伤保险和生育保险。

8）劳动保护、劳动条件和职业危害防护。劳动保护是指用人单位为了防止劳动过程中的安全事故，采取各种措施来保障劳动者的生命安全和健康。

职业危害是指用人单位的劳动者在职业活动中，因接触职业性有害因素如粉尘、放射性物质和其他有毒、有害物质等而对生命健康所引起的危害。用人单位与劳动者订立劳动合同时，应当将工作过程中可能产生的职业病危害及其后果、职业病防护措施和待遇等如实告知劳动者，并在劳动合同中写明，不得隐瞒或者欺骗。用人单位应当为劳动者创造符合国家职业卫生标准和卫生要求的工作环境和条件，并采取措施保障劳动者获得职业卫生保护。

9）法律、法规规定应当纳入劳动合同的其他事项。劳动合同除前款规定的必备条款外，用人单位与劳动者可以约定试用期、培训、保守秘密、补充保险和福利待遇等其他事项。

## 二、《中华人民共和国环境保护法》相关知识

### 1. 颁布及概念

《中华人民共和国环境保护法》（以下简称《环境保护法》）已由中华人民共和国第七届全国人民代表大会常务委员会第十一次会议于 1989 年 12 月 26 日通过并公布，自公布之日起施行。

环境保护是指人们（政府、组织和个人）根据生态平衡等客观自然规律和经济规律的要求，自觉地采取各种方法、手段和措施，协调人类和环境的关系，解决各

种环境问题，保护、改善和创造环境的一切人类活动的总称。

《环境保护法》是国家、政府部门根据经济发展、保护人民身体健康与财产安全、保护环境和自然资源、防止污染和其他公害的需要而制定的一系列法律、法令和规定等法规，是调整环境保护中各种社会关系的法律规范的总称。

**2.《环境保护法》的作用**

《环境保护法》在保护环境，制裁环境违法行为，维护国家集体和个人的环境权益，促进可持续发展等方面，都有着重要的作用。

(1)《环境保护法》是实施环境保护监督管理，保障人体健康，促进经济和社会可持续发展的法律依据。进行经济建设，必须走可持续发展的道路，否则，将受到自然的惩罚，这是不以人们的意志为转移的客观规律。

(2)《环境保护法》是增强全民环境保护意识和环境保护法制观念的好教材。《环境保护法》规定了环境保护的行为规范和具体措施，以法律形式规定了环境保护的是非标准，以指导人们的行动。《环境保护法》教育人们要在思想上重视环境问题，提高环境保护意识，处理好经济发展与环境保护的关系。为了人类自身的生存和发展，《环境保护法》要求积极利用各种方式在全社会进行环境保护法制宣传，普及环境科学知识，宣传环境保护的方针、政策、原则、保护对象及基本要求，倡导良好的环境道德风尚，以提高人们的责任感，自觉履行保护环境的义务，并敢于向环境违法行为作坚决斗争。

(3)《环境保护法》是维护国家环境权益的重要武器。许多环境污染迁移扩散的范围相当广泛，往往污染的不只是一个地区或一个国家，而是造成跨国界污染。一国参加国际环境条约，并在国内环境保护法中规定对各种环境污染和破坏行为的管理和惩罚措施，包括对国外越境污染的管理，就可以在一定程度上防止越境及过境环境污染和破坏的发生，并在受到污染和破坏时依法索赔。

(4)《环境保护法》是促进环境保护，加强国际交流与合作，保护世界环境的重要手段。20 世纪 80 年代以来，我国政府积极参与国际环境保护事业，签署了多项国际环境保护条约，同时，还加强了与周边国家和地区的环境保护交流与合作，以推动对世界环境的保护和改善，维护国家主权和环境权益。

**3.《环境保护法》的内容**

《环境保护法》共分 6 章 47 条，包括：总则、环境监督管理、保护和改善环境、防治环境污染和其他公害、法律责任和附则。

《环境保护法》规定了环境法的目的和任务，以保护和改善生活环境和生态环境，防治污染与其他公害，保障人体健康，促进社会主义现代化建设的发展；规定环境保护的对象是大气、水、海洋、土地、矿藏、森林、草原、野生生物、自然遗迹、人文遗迹、自然保护区、风景名胜区、城市和乡村等直接或间接影响人类生存与发展的环境要素；规定一切单位和个人均有保护环境的义务，对污染或破坏环境的单位或个人有监督、检举和控告的权利；规定环境保护应当遵循预防为主、防治结合、综合治理原则，经济发展与环境保护相协调原则，污染者治理、开发者养护原则，公众参与原则等基本原则；应当实行环境影响评价制度、“三同时”制度、征收排污费制度、排污申报登记制度、限期治理制度、现场检查制度、强制性应急措施制度等法律制度；规定防治环境污染、保护自然环境的基本要求及相应的法律义务；规定中央和地方环境管理机关的环境监督管理权限及任务。

4.《环境保护法》的基本原则

《环境保护法》的基本原则是指为我国有关环境保护法律所确认的、体现环境保护工作基本方针、政策，并为国家环境管理所遵循的基本准则。具体包括：

（1）环境保护同经济建设、社会发展相协调的原则

《环境保护法》第四条规定：“国家制定的环境保护规划必须纳入国民经济和社会发展计划。国家采取有利于环境保护的经济技术政策和措施，使环境保护工作同经济建设和社会发展相协调。”《环境保护法》有利于保证社会的持续发展，既满足当代人的需要，又不对后代人构成危害。

（2）预防为主、防治结合的原则

这是针对环境问题的特点和国内外环境管理的主要经验和教训提出的。这一原则在各部环境法律中均有体现。例如，《固体废物污染环境防治法》第三条规定：“国家对固体废物污染环境的防治，实行减少固体废物的产生、充分合理利用固体废物和无害化处置固体废物的原则。”这里提到的“减量化”“资源化”和“无害化”就是预防为主要原则的具体体现。此外，我国环境立法中确立的“环境影响评价”“三同时”等环境管理制度，就是为了落实预防为主、防治结合的原则。

（3）鼓励综合利用的原则

综合利用是指把物质生产过程和消费过程中排放的各种废弃物最大限度地利用起来，做到物尽其用，以便使整个社会生产和消费的排泄物减少到最低限度，从而达到最好的经济效益和社会效益。例如，《固体废物污染环境防治法》规定：“国家鼓励、支持综合利用资源，对固体废物实行充分回收和合理利用，并采取有利于固体废物综合利用活动的经济、技术政策和措施。”

（4）开发者养护、污染者治理的原则。开发者养护，是指对环境和自然资源进行开发利用的组织或者个人，有责任对其进行恢复、整治和养护。污染者治理，是

指对环境造成污染的组织或者个人，有责任对其污染源和被污染的环境进行治理。例如，《环境保护法》规定："产生环境污染和其他公害的单位，必须把环境保护工作纳入计划，建立环境保护责任制度；采取有效措施，防治在生产建设或者其他活动中产生的废气、废水、废渣、粉尘、恶臭气体、放射性物质以及噪声、振动、电磁波辐射等对环境的污染和危害。排放污染物超过国家或者地方规定的污染物排放标准的企业、事业单位，依照国家规定缴纳超标排污费，并负责处理。"

## 三、《中华人民共和国消费者权益保护法》相关知识

### 1. 颁布及概念

《中华人民共和国消费者权益保护法》（以下简称《消费者权益保护法》）由中华人民共和国第八届全国人民代表大会常务委员会第四次会议于 1993 年 10 月 31 日通过并公布，自 1994 年 1 月 1 日起施行。

《消费者权益保护法》是调整在保护公民消费权益过程中所产生的社会关系的法律规范的总称。该法的颁布实施，是我国第一次以立法的形式全面确认消费者的权利。此举对保护消费者的权益，规范经营者的行为，维护社会经济秩序，促进社会主义市场经济健康发展具有十分重要的意义。

我国《消费者权益保护法》规定消费者是为了生活消费需要购买、使用商品或者接受服务的个人。消费的主体是个人，消费的性质是生活消费，消费的客体是商品或服务。消费的方式是购买、使用和接受。

消费者权益依法享有的权利及受到保护时给消费者带来的利益，消费者权益包括权利和利益，消费者权利是消费者权益的核心。

### 2.《消费者权益保护法》的立法宗旨、适用范围和原则

（1）《消费者权益保护法》的立法宗旨

《消费者权益保护法》作为经济法的部门法，其宗旨与经济法的宗旨在根本上是一致的，该法的立法目的也是协调个体营利性和社会公益性的矛盾，兼顾效率与公平，以推动经济的稳定增长。《消费者权益保护法》明确地规定了该法的立法宗旨是保护消费者的合法权益，维护社会经济秩序，以促进社会主义市场经济的健康发展。

（2）《消费者权益保护法》的适用范围

《消费者权益保护法》的适用范围是指该法效力所及的时间、空间和主体的范围。此外，该法还从主体及其行为的角度规定了适用范围，即消费者为生活消费需要购买、使用商品或接受服务，其权益受该法保护；经营者为消费者提供其生产、

销售的商品或者服务，应当遵守该法；另外，农民购买、使用直接用于农业用的生产资料，也应参照执行。

(3)《消费者权益保护法》的基本原则

1）对消费者权益进行特别保护的原则。在经济生活中，由于各种原因，消费者的合法权益极易受到不法侵害，却没有足够的力量充分保护自己；这种侵害不仅对于消费者自身，而且对经济民主的维持、对经济整体的有效运行、对社会秩序的稳定都有极大的危害。因而国家需要主动介入，对消费者及其权益施加特别保护。

2）遵循自愿、平等、公平、诚实信用的原则。自愿原则是消费者在购买、使用商品和接受服务等交易过程中，充分自主地表达自己的真实意愿，在受强迫、胁迫、欺诈的情况下所进行的交易活动无效。平等原则是指消费者和经营者享有独立的法律人格，在具体的交易中互不隶属、地位平等，各自能独立地表达自己的意志。地位平等是指消费者与经营者在从事交易活动中，适用同一法律、具有平等的法律地位，必须平等协商。公平原则要求经营者和消费者本着公平的观念实施民事行为，司法机关应根据公平的观念处理经营者与消费者因交易活动产生的纠纷。诚实信用原则是经营者和消费者在进行交易活动时，应讲诚实、守信用，以善意的方式行使其权利、履行其义务，不得规避法律和双方的约定。

3）国家干预和社会监督原则。《消费者权益保护法》是国家通过法律手段干预经济生活的重要体现，在国家保护的基础上将对消费者权益的保护扩大到全社会范围，动用一切社会力量，对经营者及其他可能或实际侵害消费者的行为进行预防、控制、规范和监督。《消费者权益保护法》第 6 条规定："保护消费者的合法权益是全世界社会共同的责任。国家鼓励、支持一切组织和个人对损害消费者合法权益的行为进行社会监督。大众传播媒介应当做好维护消费者合法权益的宣传，对损害消费合法权益的行为进行舆论监督。"

**3. 消费者的权利和经营者的义务**

(1) 消费者的权利

消费者的权利即《消费者权益保护法》所确认的，在消费领域消费者能够做出或不做出一定行为，以及其要求经营者相应作出或不作出一定行为的许可或保障。

消费者的权利包含以下具体内容：

1）消费者的安全权。消费者在购买、使用商品和接受服务时享有人身、财产安全不受损害的权利。消费者有权要求经营者提供的商品和服务，符合保障人身、财产安全的要求。

消费者在购买使用日用消费品时，有权要求产品具有安全性或安全保障措施，不存在不合理的缺陷或安全隐患。消费者在购买使用食品、药品、化妆品时，有权要求产品符合国家安全卫生标准。消费者在接受服务时，有权要求服务设施、用具、环境及其提供的商品符合安全卫生要求，不存在不合理的缺陷或安全隐患。

2）消费者的知情权。消费者享有知悉其购买、使用的商品或者接受的服务的真实情况的权利。消费者有权根据商品或者服务的不同情况，要求经营者提供商品的价格、产地、生产者、用途、性能、规格、等级、主要成分、生产日期、有效期限、检验合格证明、使用方法说明书、售后服务，或者服务的内容、规格、费用等有关情况。

消费者有权要求经营者按照法律法规规定的方式标明真实情况，消费者有权向经营者了解商品或服务的有关情况，消费者因被欺诈或受人误解的宣传而与经营者交易的，有权主张无效。

3）消费者的选择权。消费者享有自主选择商品或者服务的权利。消费者有权自主选择提供商品或者服务的经营者，自主选择商品品种或者服务方式，自主决定购买或者不购买任何一种商品、接受或者不接受任何一项服务。消费者在自主选择商品或者服务时，有权进行比较、鉴别和挑选。

4）消费者的公平交易权。消费者享有公平交易的权利。消费者在购买商品或者接受服务时，有权获得质量保障、价格合理、计量正确（符合《定量包装商品计量监督规定》《零售商品称重计量监督规定》《商品计量违法行为处罚规定》）等公平交易条件，有权拒绝经营者的强制交易行为。

5）消费者的求偿权。消费者因购买、使用商品或者接受服务受到人身、财产损害的，消费者或者使用者可以依法要求商品生产者或经营者、服务提供者承担赔偿责任，并可通过法律规定的方式实现该项权利。

6）消费者的结社权。《消费者权益保护法》第12条规定："消费者享有依法成立维护自身合法权益的社会团体的权利。相对于经营者来说，消费者处于弱势地位，当消费者的合法权益受到非法侵害时，会心有余而力不足，无法维护自己的权益。依法成立维护自己合法权益的社会团体，就会形成一种社会力量和声势，消费者在自己的团体帮助和支持下，可依法解决问题，而且对经营者的行为也起到了监督作用。"

7）消费者的知识获取权。消费者享有获得有关消费和消费者权益保护方面的知识的权利，消费者应当努力掌握所需商品或者服务的知识和使用技能，正确使用商品，提高自我保护意识。

8）消费者的维护尊严权。维护尊严权是指消费者在购买、使用商品和接受服务时，享有其人格尊严、民族风俗习惯得到尊重的权利。

9）消费者的监督批评权。监督批评权即消费者享有对商品和服务以及保护消费者权益工作进行监督的权利。消费者有权检举、控告侵害消费者权益的行为和国家机关及其工作人员在保护消费者权益工作中的违法失职行为，有权对保护消费者权益工作提出批评、建议。

（2）经营者的义务

《消费者权益保护法》第 3 条："经营者为消费者提供其生产、销售的商品或者提供服务，应当遵守本法；本法未作规定的，应当遵守其他有关法律、法规。"

经营者是指向消费者提供其生产、销售的商品或者提供服务的法人、其他组织和个人。经营者包括生产者、销售者和服务者；经营者是与消费者相对应的另一方当事人，可以是法人、其他组织，也可以是个人。经营者提供商品和服务以交易为目的。

经营者的义务的具体内容：

1）依照法定或者约定履行义务。经营者向消费者提供商品或者服务，应当依照《产品质量法》和其他有关法律、法规的规定履行义务。如果经营者和消费者有约定的，应当按照约定履行义务，但双方的约定不得违背法律、法规的规定。

2）听取消费者意见并接受其监督的义务。经营者应当听取消费者对其提供的商品或者服务的意见，接受消费者的监督。

3）保障人身和财产安全的义务。经营者应当保证其提供商品或者服务符合保障人身、财产安全的要求。

4）提供真实信息的义务。《消费者权益保护法》第 19 条："经营者应当向消费者提供有关商品或服务的真实信息，不得作引人误解的虚假宣传。经营者对消费者就其提供的商品或服务的质量和使用方法等问题提出的询问，应当作出真实、明确的答复。商店提供商品应当明码标价。"

5）标明真实名称和标志的义务。《消费者权益保护法》第 20 条："经营者应当标明其真实名称和标记。租赁他人柜台或者场地的经营者，应当标明其真实名称和标记。"

6）出具凭证、单据的义务。经营者提供商品或者服务，应当按照国家有关规定或者商业惯例向消费者出具购货凭证或者服务单据；消费者索要购货凭证或者服务单据的，经营者必须出具。

7）保证质量的义务。经营者应当保证在正常使用商品或者接受服务的情况下，其提供的商品或者服务应当具有的质量、性能、用途和有效期限；但消费者在购买该商品或者接受该服务前已经知道其存在瑕疵的除外。经营者以广告、产品说明、实物样品或者其他方法表明商品或者服务的质量状况的，应当保证其提供的商品或者服务的实际质量与表明的质量状况相符。

8）履行“三包”或者其他责任。经营者提供商品或者服务，按照国家规定或者与消费者的约定，承担包修、包换、包退或者其他责任的，应当按照国家规定或者约定履行，不得故意拖延或者无理拒绝。

9）不得有不公平、不合理的规定。经营者不得以格式合同、通知、声明、店堂告示等方式作出对消费者不公平、不合理的规定，或者减轻、免除其损害消费者合法权益应当承担的民事责任。如果经营者在这些格式合同、通知、声明、店堂告示中含有对消费者不公平、不合理的规定内容，或者减轻、免除其民事责任的内容，这些内容将被视为无效。

10）不得侵犯消费者的人身权。经营者不得对消费者进行侮辱、诽谤，不得搜查消费者的身体及其携带的物品，不得侵犯消费者的人身自由。

**4. 争议的解决和法律责任**

消费者权益争议，是指在消费领域发生的，消费者在购买、使用商品或者接受服务过程中，因经营者不依法履行或不适当履行义务致消费者合法权益受损而引起的争议。

（1）争议解决的途径

与经营者协商和解；请求消费者协会调解；向有关行政部门申诉；依与经营者达成的仲裁协议提请仲裁；向人民法院提起诉讼。

（2）经营者赔偿责任的确定

商品销售者与生产者赔偿责任的确定。《消费者权益保护法》第 35 条规定：“消费者在购买、使用商品时，其合法权益受到损害的，可以向销售者要求赔偿。销售者赔偿后，属于生产者的责任或者属于向销售者提供商品的其他销售者的责任的，销售者有权向生产者或者其他销售者追偿”。

服务者赔偿责任的确定。“消费者在接受服务时，其合法权益受到损害的，可以向服务者要求赔偿”。情形大致有：服务质量低劣，名不副实，使消费者权益受损。接受服务时人身权利和其他财产权益受损。

企业分立、合并后赔偿责任的确定。《消费者权益保护法》第 36 条规定：“消费者在购买、使用商品或者接受服务时，其合法权益受到损害，因原企业分立、合并的，可以向变更后承受其权利义务的企业要求赔偿。”企业分立后的责任确定：取决于分立时债务承担的规定。分立协议约定由一个企业对外承担责任的，由该企业承担。分立协议没有对外承担责任约定的，可向任一企业求偿。企业合并的责任确定：由合并后的企业承担。

营业执照使用者与持有者赔偿责任的确定。《消费者权益保护法》第 37 条规定："使用他人营业执照的违法经营者提供商品或者服务，损害消费者合法权益的，消费者可以向其要求赔偿，也可以向营业执照的持有人要求赔偿。"

展销会举办者与参展单位、柜台出租者与租赁经营者赔偿责任的确定。《消费者权益保护法》第 38 条规定："消费者在展销会、租赁柜台购买商品或者接受服务，其合法权益受到损害的，可以向销售者或者服务者要求赔偿。展销会结束或者柜台租赁期满后，也可以向展销会的举办者、柜台的出租者要求赔偿。展销会的举办者、柜台的出租者赔偿后，有权向销售者或者服务者追偿。"

广告经营者与经营者法律责任的确定。《消费者权益保护法》第 39 条规定："消费者因经营者利用虚假广告提供商品或者服务，其合法权益受到损害的，可以向经营者要求赔偿。广告的经营者发布虚假广告的，消费者可以请求行政主管部门予以惩处。广告的经营者不能提供经营者的真实名称、地址的，应当承担赔偿责任。"

## 第 2 节　质量管理知识

### 一、质量和质量管理的基础知识

#### 1. 质量的概念

质量是指一组固有特性满足要求的程度。质量的概念最初仅用于产品，以后逐渐扩展到服务、过程、体系和组织以及以上几项的组合。

人类社会自从有了生产活动，特别是以交换为目的的商品生产活动，便产生了质量的活动。围绕着质量形成全过程的所有管理活动称为质量管理活动。质量是构成社会财富的关键内容，是经济发展的战略问题。

#### 2. 质量管理的概念

（1）管理的概念

管理是指挥和控制组织的协调的活动。管理是在一定环境和条件下通过"协调"活动、综合利用组织资源以达到组织目标的过程，是由一系列相互关联、连续进行的活动构成。管理过程包括计划、组织、领导和控制人员与活动。

（2）质量管理的概念

质量管理是指在质量方面指挥和控制组织的协调的活动，是通过建立质量方针和目标，并为实现规定的质量目标进行质量策划，实施质量控制和质量保证，开展质量改进等活动。质量管理是组织在整个生产和经营过程中，围绕着产品质量形成的全过程管理实施的。

（3）质量方针和质量目标

质量方针是指由组织的最高管理者正式发布的该组织总的质量宗旨和质量方向。质量方针是企业经营总目标的组成部分，是企业管理者对质量的指导思想和承诺。质量方针由最高管理者制定并形成文件，质量目标中应包含组织目标和顾客的期望和需求。

质量目标是组织在质量方针指导下所追求的目的，是组织质量方针的具体体现，目标既要先进，又要可行，便于实施和检查。

（4）质量策划

质量策划是质量管理的一部分，致力于制定质量目标并规定必要的运行过程和相关资源以实现质量目标。质量目标依据质量方针制定，组织应在组织内各个层次制定质量目标。

（5）质量控制

质量控制是质量管理的一部分，致力于满足质量要求。质量控制适用于对组织任何质量的控制。是一个确保生产出来的产品满足要求的过程。

（6）质量保证

质量保证是质量管理的一部分，致力于提供质量要求会得到满足的信任。保证质量、满足要求是质量保证的基础和前提。

（7）质量改进

质量改进是质量管理的一部分，致力于增强满足质量要求的能力。质量改进应是持续的。

（8）全面质量管理

全面质量管理：以质量为中心，以全员参与为基础，目的在于通过让顾客满意和相关方（本组织所有者、员工、供方、合作伙伴或社会）受益而达到长期成功的一种管理途径。全面质量管理概念最早见于美国菲根堡姆博士 1961 年发表的《全面质量管理》一书。

## 二、供应商与顾客关系管理

### 1. 供应商管理

（1）供应链管理

1）供应商和供应链。供应商是指提供产品的组织或个人，本书中将其定义为供应商，可以是制造商、批发商、产品的零售商或商贩，也可以是服务或信息的提供者。

在商品经济发展过程中，一些组织放弃了传统的管理模式，结成利益共同联盟，从而形成了一条从供应商到组织再到分销商、零售商直到最终顾客，贯穿于全过程的“链”，由于“链”上相邻节点的不同组织以供需关系，依次连接起来，便形成了供应链。供应链有时被称为价值链，包括顾客、供应商、过程、产品以及对向最终顾客交付产品和服务有影响的各种资源。

2）供应链管理的效应。供应链管理通过计划、购买、制造、移动和销售等活动，来产生两方面效应，降低成本和增加价值。有效的供应链可为组织带来以下利益：在供应链范围内改进战略、作业及财务绩效；降低成本，有效管理周转资本；原材料、在制品和制成品的有效管理；降低交易成本，提高供应链成员间的交易效率；创造顾客化产品和服务，提供一揽子解决方案，为顾客创造价值；增强平衡供需关系。

3）供应链管理的成功因素。供应链管理的成功因素：关注顾客。始终把最终顾客的需要和期望视为最重要的，并尽力识别和理解最终顾客的需要和期望，作为决策的主要依据；先进信息技术的应用；绩效定量管理；跨职能团队，来自相关职能部门的团队紧密协作可以消除往常的组织界限并发现有益于整个供应链的改进；关注人力资源和动态组织，消除了人与人、部门与部门的框架，实现了整个供应链的协作；对变化的环境作出快速反应，设计柔性供应链。

（2）供应商选择

在组织与供应商的关系中，存在两种典型的关系模式：传统的竞争关系；合作伙伴关系，或者叫互利共赢关系（Win-Win）。这两种模式的特征有所不同。

1）竞争关系模式表现为价格驱动，有以下特征：组织同时与多家供应商供货，通过供应商之间的竞争获得价格好处，同时也有利于保证供货的连续性；组织通过在供应商之间分配采购数量对供货商加以控制；组织与供应商保持的是一种短期合同关系、稳定性较差；组织与供应商的信息交流少；供应商的选择范围大多限于投标评估。

2）合作伙伴关系是一种互赢的关系，强调在合作的供应商和制造商之间共同分享信息，通过合作和协商协调相互的行为，达到互利共赢的目的，有以下特征。

组织对供应商给予技术支持，帮助供应商降低成本、改进质量、缩短产品开发周期；供应商参与制造商的早期新产品开发；通过建立相互信任的关系提高效率，降低交易或管理成本；长期的稳定的紧密合作取代短期的合同；较多的信息交流与信息共享；主动地寻求优秀的供应商。

ISO9000：2000 提出的八项质量管理原则之一的“互利的供方关系”就是要求企业与供应商建立一种合作性关系。

3）供应商选择的质量控制。供应商选择的流程是：建立潜在的供方档案；调查供应商的基本情况；评审供应商的质量管理体系；样本鉴定与验审；供应商的确定。如图 8—1 所示。

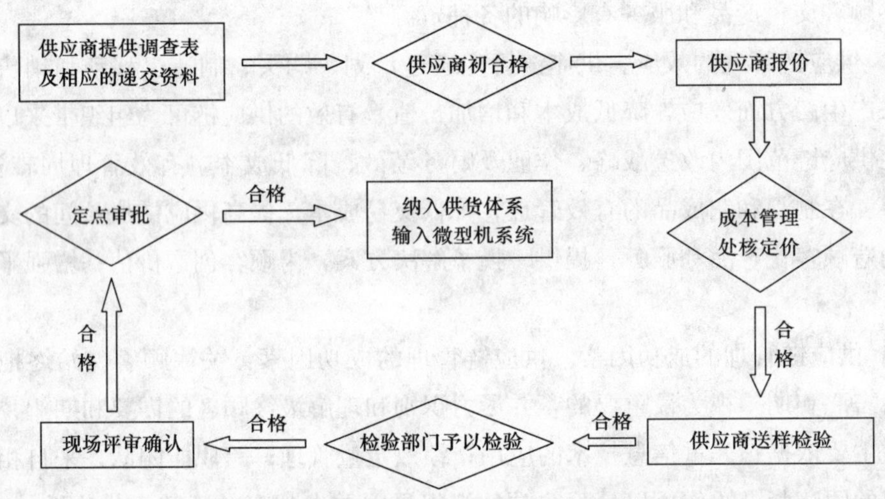


图 8—1　供应商选择

在供应商的选择过程中，企业应遵循高质量、低价格、重合同、守信用、管理好、距离近的原则，一般应注意综合考虑价格和质量损失，避免简单采用比价采购给企业带来的质量风险。

（3）供应商管理的契约

供应商契约内容应涵盖从产品开发、试制、检验、包装运送到不合格品处理、售后服务的全过程。契约可包含多个层次：供货合同、质量保证协议、售后服务协议等。

（4）供应商的质量控制

供应商的质量控制分为进货检验控制和产品质量监督。进厂材料和外购件的检验和监督是保证进厂材料和外购件质量的重要手段，防止不合格品流入生产流程造成不必要的损失。产品质量监督是指定期从供应商的产品中抽样检查、形式检验或化验分析的活动。

（5）供应商的业绩评定与动态管理

供应商的业绩评审分为：不合格评分法，即根据供应商提供不合格品对企业生产成品的影响程度定期进行不合格评定，采用分值评分办法定期对供应商的不合格总分进行统计，据此对供应商进行等级评定；综合评分法，即质量管理部门不但要收集每一供应商的月度投入使用合格率，而且应定期调查供应部门和销售部门的管理，对该供应商的质量稳定性、售后服务水平和供货及时性、供货量的保证能力进行综合评价。

供应商动态分级管理是根据供应商的业绩记录，定期对所有供应商进行动态分级评定，将所有供应商划分为 A、B、C、D 四类，A 类为优秀供应商、B 类为良好供应商、C 类为合格供应商、D 类为不合格供应商，应予淘汰。对各类供应商的管理可以结合企业的供应商定点个数来区别对待。

供应商的质量控制需要遵循互利共赢的原则，来选择优秀供应商，通过契约来确立和维持互利共赢的关系，通过质量验证来保证契约的落实，通过合理的责任分担来保护双方的利益，通过业绩评定和动态管理增强与优秀供应商的互利共赢关系。

**2. 顾客满意**

以顾客为关注焦点，是质量管理的基本原则，也是现代营销的核心。识别顾客和其他相关方（员工、供方、所有者、社会）的需求和期望，了解顾客的要求，以获得竞争优势并以有效和高效的方式去实现，是企业质量管理和经营的关键。

（1）顾客与顾客要求

顾客是指接受产品的组织或个人，可以是一个组织，也可以是组织内部的一部分。

顾客要求包括：明确的要求、未明确的要求、真正的需求、令人愉悦的需求、秘密的需求。

期望是指对接受某个具体产品所有的希望（预期达到的）。影响期望的因素有：标记、信息、资料、推荐、知识。顾客需求或期望反映了顾客要求，即决定了认知质量。

（2）顾客满意

顾客满意与否取决于顾客的价值观和期望与所接受产品或服务状况的比较。顾客的价值观决定了其要求或期望值（认知质量），而组织提供的产品和服务形成可感知的效果（感知质量）。

顾客满意：指顾客对其要求已被满足的程度的感受。顾客抱怨是一种满意程度低的最常见的表达方式，顾客没有抱怨并不表明顾客很满意。

一般是当感知质量大于认知质量时，顾客忠诚；感知质量等于认知质量时，顾客满意；感知质量小于认知质量时，顾客抱怨。

（3）顾客要求的确认

1）产品要求。过程产品（包括服务）的特性以及这些特性对于顾客是否满意是非常重要的。实现顾客满意的前提就是使产品或服务满足顾客的要求。

2）输出要求和要求陈述。输出要求是产品服务的特性，在过程结束时传递给顾客。把顾客对产品或服务的要求，应该转换为输出需求。通过对产品或服务要求的转化，确定输出要求，从而对过程进一步提出要求，以保证顾客要求的实现。确定输出质量要求，实际上是对顾客要求（产品和服务）的一个陈述。

3）要求分析排序和确定关键质量特性。理所当然的质量对应的是不满意或基本要求，一元质量对应的是满意的或可变的要求，魅力质量对应的是令人愉快或潜在的要求。通过分析，可以依次根据项目的总策划，对需求排序，明确关键的顾客要求，并以此确定输出关键的质量特性。

4）顾客之声。建立顾客反馈系统，使“顾客之声（VOC）”（Voice of the Customer）能够正确地传递。把建立顾客反馈系统作为一个持续的活动。有效的VOC方法包括：必须建立质量反馈系统，看做是优先处理的事情和工作中心；收集用于建立顾客反馈系统的数据和信息；用多种多样的方法（如定向/分层访谈或调查；顾客调查表（记分卡）；数据库；顾客评审/供应商评审；质量功能展开等）；采集具体数据，使用有效信息；现实可行的目标开始工作，应选择一个或多个领域为工作起点，在此基础上建立顾客反馈系统。

（4）顾客满意度测量

顾客满意度是对顾客满意程度的定量化描述。顾客满意度指数能帮助部门和其他组织为他们的顾客满意工作业绩打分，将顾客满意效果用满意度指数来衡量，满意度指数既可作为一种诊断手段，也可以将企业的顾客满意效果同竞争对手进行比较。

**3. 顾客关系管理**

顾客关系管理是选择和管理顾客，以达到对顾客价值不断优化的企业战略。顾客关系管理需要以顾客为中心的企业哲学和文化支持企业营销、制造及服务过程。

有效应用顾客关系管理可以提升顾客满意和忠诚。顾客关系管理必须从企业战略开始，通过相应的信息技术的帮助，改善组织和相应的过程。为顾客提供个性化、高质量的服务，从而也可形成忠诚的客户。

顾客关系管理应用支持顾客关系生命周期中相应的业务过程：

（1）营销

通过数据收集和分析，寻找潜在的顾客及获得新顾客。

（2）销售

通过有效的销售流程完成业务循环，在此基础上形成相关的知识管理、接触及预测管理等。

（3）电子贸易

在互联网时代，整个销售过程应该是迅速、便捷和低成本。

（4）服务

处理售后服务及支持问题，使用呼叫中心直至 Internet 网络的顾客自动服务产品。

## 三、质量管理体系

### 1. 质量管理体系的基本知识

（1）体系、管理体系和质量管理体系

2000 版 ISO 9000 族标准的目的是帮助各种类型和规模的组织实施并运行有效的质量管理体系。

体系（系统）是指相互关联或相互作用的一组要素。研究体系的主要工具是系统工程。

管理体系：建立方针和目标并实现这些目标的体系。

质量管理体系：在质量方面指挥和控制组织的管理体系。

（2）质量管理八项原则

1）以顾客为关注焦点。组织应当理解顾客当前和未来的需求，满足顾客要求并争取超越顾客的期望。将满足顾客的需求和期望放在第一位，将其转化为组织的质量要求，采取措施使其实现；测量顾客的满意程度，处理好与顾客的关系，加强与顾客的沟通，通过采取改进措施，以使顾客和相关方满意。进行市场调查，分析市场变化，以此来满足顾客当前和未来的需求并争取超越顾客的期望，以创造竞争优势。

2）领导作用。领导者确立组织统一的宗旨和方向，他们应当创造并保持使员工能充分参与实现组织目标的内部环境。最高管理者应建立质量方针和质量目标，以体现组织总的质量宗旨和方向，以及在质量方针指导下所追求的目的。应将质量方针、目标传达落实到组织的各职能部门和相关层次，让全体员工理解和执行。最高管理者应建立、实施和保持一个有效的质量管理体系，确保提供充分的资源，识别影响质量的所有过程，并管理这些过程，使顾客和相关方满意。主持管理评审，并确定持续改进和实现质量方针、目标的各项措施。

3）全员参与。应赋予各部门、各岗位人员应有的职责和权限，为全体员工制造一个良好的工作环境，激励他们的创造性和积极性，通过教育和培训，增长他们的才干和能力，发挥员工的革新和创新精神；共享知识和经验，积极寻求增长知识和经验的机遇，为员工的成长和发展创造良好的条件，这样才能给组织带来最大的收益。

4）过程方法。任何使用资源将输入转化为输出的活动即认为是过程。

组织为了有效地运作，必须识别并管理许多相互关联的过程，系统地识别并管理组织所应用的过程，特别是这些过程之间的相互作用，称之为“过程方法”。

过程方法包括：识别和确定所需的过程；确定可预测的结果；识别并测量过程的输入输出；识别过程与组织职能之间的接口和联系；明确规定管理过程的职责和权限；识别过程的内部和外部顾客；在设计过程时还应考虑过程的步骤、活动、流程、控制措施、投入资源、培训、方法、信息、材料和其他资源等。

5）管理的系统方法。将相互关联的过程作为系统加以识别、理解和管理，有助于提高组织实现目标的有效性和效率。

管理的系统方法包括：确定顾客的需求和期望；建立组织的质量方针和目标；确定过程及过程的相互关系和作用，明确职责和资源需求；确立过程有效性的测量方法并以测量现行过程的有效性；防止不合格，寻找改进机会，确立改进方向，实施改进，监控改进效果，评价结果，评审改进措施和确定后续措施等。

管理的系统方法即可用于建立新体系，也可用于改进现行的体系，这种方法不仅提高过程能力及产品质量，还可为持续改进打好基础，最终导致顾客满意和使组织获得成功。

6）持续改进。持续改进总体业绩应当是组织的一个永恒目标。不断调整自己的经营战略和策略，制定适应形势变化的策略和目标，提高组织的管理水平，才能适应这样的生存环境。所以持续改进是组织自身生存和发展的需要。

持续改进是一种管理的理念，是组织的价值观和行为准则，是一种持续满足顾客要求、增加效益、追求持续提高过程有效性和效率的活动。

持续改进包括：了解现状，建立目标，寻找、实施和评价解决方法，测量、验证和分析结果，把它纳入文件等活动。

7）基于事实的决策方法。有效决策是建立在数据和信息分析的基础上。

首先应对信息和数据的来源进行识别，确保获得充分的数据和信息的渠道，并能将得到的数据正确方便地传递给使用者，做到信息共享，利用信息和数据进行决策并采取措施。其次用数据说话，以事实为依据，有助于决策的有效性，减少失误并有能力评估和改变判断和决策。

8）与供方的互利的关系。组织与供方是相互依存的，互利关系可以增强双方分行价值的能力。

（3）ISO9000 族质量管理体系标准

20 世纪 50 年代末，美国发布了 MIL－Q－9858A《质量大纲要求》。成为世界上最早的有关质量保证方面的标准。

70 年代初，美国标准化协会（ANSI）和机械工程师协会分别发布了一系列有关原子能发电和压力容器生产的质量保证标准。其他国家发布了用于民品生产质量管理和质量保证标准。

国际标准化组织（ISO）于 1979 年成立了质量保证技术委员会（TC 176），1987 年更名为质量管理和质量保证技术委员会，负责制定质量管理和质量保证标准。

1986 年颁布了 ISO8402《质量—术语》标准。

1987 年颁布了 ISO9000《质量管理和质量保证标准—选择和使用指南》、ISO9001《质量体系——设计开发、生产、安装和服务的质量保证模式》、ISO9002《质量体系——生产和安装的质量保证模式》、ISO9003《质量体系——最终检验和试验的质量保证模式》、ISO9004《质量管理和质量体系要素—指南》共六个标准。

后又在 1994 年进行了修订，称为 94 版标准。

2000 年 12 月 15 日，ISO/TC 176 正式发布了 2000 版 ISO9000 标准。

ISO9000 簇文件的结构

第一部分：ISO9000 族核心标准

ISO9000：2000《质量管理体系—基础和术语》。

ISO9001：2000《质量管理体系—要求》。

ISO9004：2000《质量管理体系—业绩改进指南》。

ISO19011：2002《质量和（或）环境管理体系审核指南》。

第二部分：其他标准

ISO10012：测量管理体系。

ISO10019：质量管理体系咨询师选择和使用指南。

第三部分：技术报告或技术规范或技术协议

ISO/TS 10005：《质量计划指南》。

ISO/TS 10006：《项目质量管理指南》。

ISO/TS 10007：《技术状态管理指南》。

ISO/TS 10014：1998《质量经济性指南》。

ISO/TS 10013：2001《质量管理体系文件》。

ISO/TS 10017：《ISO9001：2000 中的统计技术指南》。

ISO/TS 10018：《顾客投诉》。

技术协议（1）：2002 医疗机构应用 ISO9000 指南。

技术协议（2）：教育机构应用 ISO9000 指南。

第四部分：小册子

2000 版 ISO9000 族质量管理体系标准简介。

GB/T 19000 idt ISO9000《质量管理体系—基础和术语》标准明确了八项质量管理原则，给出了有关质量的术语 80 个词条，共十部分。

ISO9001：2000《质量管理体系—要求》，提供了质量管理体系的要求。

ISO8994：2000《质量管理体系—业绩改进指南》帮助提高。

ISO19011：2002《质量和（或）环境管理体系审核指南》提出审核的基本原则。

**2. 质量管理体系的基本要求**

（1）质量管理体系总要求和文件要求

质量管理体系总要求包括 5 个方面的要求。

符合：质量管理体系应符合标准所提出的各项要求。

文件：质量管理体系应形成文件。

实施：质量管理体系应加以实施。

保持：质量管理体系应加以保持。

改进：质量管理体系应持续改进其有效性。

质量管理体系文件至少应包括：形成文件的质量方针和目标，质量手册，标准所要求的形成文件的程序，组织为确保其过程的有效策划、运行和控制所需的文件，标准所要求的记录。

（2）管理职责

最高管理者在质量管理体系中应履行下列职责：

1）应做出的承诺。建立质量管理体系、实施质量管理体系、持续改进质量管理体系的有效性。

通过下述活动对其所作出的上述承诺提供证据：向组织传达满足顾客和法律法规要求的重要性，制定质量方针，确保质量目标的制定，进行管理评审，确保资源的获得。

2）最高管理者应以顾客为关注焦点。

3）最高管理者应正式发布质量方针。质量方针应以质量管理八项原则为基础，确保其内容满足：与组织的宗旨相适应，包括对满足要求和持续改进质量管理体系有效性的承诺，提供制定和评审质量目标的框架。

最高管理者应确保所发布的质量方针能在组织内得到沟通和理解，并在质量方针持续的适宜性方面得到评审。

4）最高管理者应确保建立质量目标。质量目标的内容应满足：包括满足产品所要求的内容，可测量（目标无论是定量的还是定性的，都应是可测量的），与质量方针保持一致。

5）最高管理者应确保质量管理体系策划。

6）最高管理者应确保规定组织的职责和权限。

7）最高管理者应指定管理者代表。管理者代表的职责：确保质量管理体系所需的过程得到建立、实施和保持，向最高管理者报告质量管理体系的业绩和任何改进的需求，确保在整个组织内提高满足顾客要求的意识。管理者代表的职责可包括与质量管理体系有关事宜的外部联络。

8）最高管理者应确保内部沟通。

9）最高管理者应进行管理评审。

管理评审是为确定质量管理体系实现规定的质量方针、质量目标的适宜性、充分性和有效性所进行的活动。

适宜性指质量管理体系与质量方针、目标的适宜性。

充分性指质量管理体系是否足以满足质量目标的需要。

有效性指质量管理体系实现质量方针、目标的程度。

管理评审包括评价质量管理体系改进的机会和变更的需要，也包括对质量方针和质量目标的评价。

管理评审的输入包括：审核结果，顾客反馈，过程的业绩和产品的符合性，预防和纠正措施的状况，以往管理评审的跟踪措施，可能影响质量管理体系的变更，改进的建议。

管理评审的输出包括以下方面的决定和措施：质量管理体系及其过程有效性的改进；与顾客有关的产品的改进；资源需求，包括由于改进所引发的资源需求。

（3）资源管理

1）提供所需的资源。资源是将输入转化输出的前提和必要条件，是质量管理体系基于过程得以运行的前提和必要条件。资源至少应包括人力资源、基础设施和工作环境，另外，资源还可包括（但不是要求）信息、合作伙伴、自然资源和财务资源。

2）人力资源。质量管理体系要求所有从事影响产品质量工作的人员应有能力胜任所在岗位的工作，这种能力是基于适当的教育、培训、技能和经验。

组织应确定从事影响产品质量工作的人员应具有的必要能力，分析各岗位现有人员能力的实际状况以及对能力的需求，确定现有的和要求的能力之间的差距。可确定所需的培训。并对进行的培训进行评价。应对培训的四个阶段（培训四个阶段：确定培训需求、设计和策划培训、提供培训和评价培训结果）进行监视，以证实培训过程实现所策划的结果的能力。

意识教育是能力建设的重要内容，组织应确保所有员工能提高对所在岗位重要性和相关性的认识，以及知道如何在各自的岗位上为实现质量目标作出贡献。

3）基础设施。组织应确定、提供基础设施并对其加以维护。

基础设施指组织运行所必需的设施、设备和服务的体系，特指为达到产品符合性所需要的基础设施，包括：建筑物、工作场所和相关的设施，过程设备（硬件和软件），支持性服务（如运输或通信）。

4）工作环境。工作环境指工作时所处的一组条件，特指为达到产品符合性所需的工作环境。

（4）产品实现

产品实现是指产品策划、形成直至交付的全部过程，是直接影响产品质量的过程。产品实现所需的过程包括：与顾客有关的过程、设计和开发、采购、生产和服务的提供以及监视和测量装置的控制等五大过程，这些过程又包括相应的一系列子过程。

1）产品实现的策划。组织应策划和开发产品实现的所需的过程。策划是指针对具体产品、项目或合同实现所需过程的策划，在对产品实现进行策划时，应考虑和确定以下内容：产品的质量目标和要求；针对产品确定过程、文件和资源的要求；产品所要求的验证、确认、监视、检验和试验活动，以及产品接收准则；为实现过程及其产品满足要求提供证据所需的记录。

2）与顾客有关的过程。包括：确定与产品有关的要求、评审与产品有关的要求以及与顾客沟通三个子过程。

确定与产品有关的要求。产品有关的要求包括产品本身，也包括与产品有关但非产品本身的要求。在合同或协议中规定的与产品有关的要求。也包括没有在合同或协议中规定但必须满足的那些与产品有关的要求：顾客规定的要求，包括对交付及交付后活动的要求；顾客虽然没有明示，但规定的用途或已知的预期用途所必需的要求；与产品有关的法律法规要求；组织确定的任何附加要求。

评审与产品有关的要求。评审的目的是为了确保：产品要求得到规定，与以前表述不一致的合同或订单的要求予以解决，组织有能力满足规定的要求。若顾客提供的要求没有形成文件，组织应在接受顾客要求前对顾客要求进行确认。若顾客要求发生变更，则组织应确保：相关文件得到更改，相关人员知道已变更的需求。

顾客沟通。包括产品信息；问询、合同或订单的处理，包括对其修改；顾客反馈，包括顾客抱怨。

3）设计与开发。包括设计和开发的策划、输入、输出、评审、验证、确认、更改。

4）采购。采购过程。组织应对影响随后的产品实现或影响最终产品的那些采购产品和提供采购产品的供方进行控制，确保所采购的产品符合规定的要求，控制的类型、方法和程度取决于影响的程度。

采购信息。产品、程序、过程和设备的批准要求，人员资格的要求，质量管理体系的要求。

采购产品的验证。采用供方现场验证、查验供方合格证明、进货检验等方式。

（5）生产和服务提供

1）生产和服务提供的控制。组织应对生产和服务提供的控制进行策划，以使生产和服务提供在受控条件下进行，这些受控条件包括：获得表述产品特性的信息；必要时，获得作业指导书；使用适宜的设备；获得和使用监视和测量装置；实施监视和测量；放行、交付和交付后活动的实施。

2）生产和服务提供过程的确认。标准所要求的生产和服务提供过程是指过程的输出不能由后续的监视和测量加以验证的过程，或仅在产品使用或服务已交付后问题才能显现的过程。组织应对这些过程进行确认，确认的目的是要证实这些过程实现所策划的结果的能力。

3）标志及可追溯性。

4）顾客财产。

5）产品防护。

6）测量和监视装置的控制。

（6）测量、分析和改进

组织应对监视、测量、分析和改进过程进行策划，并实施这些过程，以满足以下方面的需要：证实产品的符合性；确保质量管理体系的符合性；持续改进质量管理体系的有效性。

1）监视和测量。顾客满意的监视。“顾客满意”是指顾客对其要求已被满足的程度的感受。

内部审核。目的是确定质量管理体系是否满足下列要求：符合产品实现策划的要求，符合标准所规定的质量管理体系要求，符合组织所确定的质量管理体系要求，质量管理体系得到有效的实施和保持。

过程的监视和测量。

产品的监视和测量。对产品监视和测量应考虑和确定以下几点：产品的特性，验证产品要求已得到满足，产品实现所策划的安排，产品实现过程的适当阶段。

放行须满足两个条件：有关授权人批准，使用时顾客批准。

2）不合格品控制。组织应对发现的不合格品进行评审，在评审的基础上通过下列一种或几种途径进行处置：采取措施、消除已发现的不合格品；经有关授权人批准，使用时经顾客批准，让步放行、放行或接收不合格品；采取措施，防止其原预期的使用或应用。

3）数据分析。

4）改进。持续改进，持续改进质量管理体系有效性是组织的最高管理者在质量方针中所作出的承诺，促进持续改进质量管理体系有效性应通过以下手段措施：质量方针、质量目标、审核结果、数据分析、纠正和预防措施及管理评审。

**3. 质量管理体系的建立与实施**

（1）建立质量管理体系的基本原则

八项质量管理原则是基础，领导作用是关键，全员参与是根本，注重实效是重点，持续改进求发展。

（2）主要活动包括：学习标准，确定质量方针和质量目标，质量管理体系策划，确定职责与权限，编制质量管理体系文件，质量管理体系文件的发布与实施，学习质量管理体系文件，质量管理体系的运行，质量管理体系内部审核，管理评审。

（3）质量管理体系方法

建立、实施、保持和改进质量管理体系可采用下列八个步骤：

1）确定顾客和其他相关方的需求和期望。

2）建立组织的质量方针与质量目标。

3）确定实现质量目标必需的过程和职责。

4）确定和提供实现质量目标必需的资源。

5）规定测量每个过程的有效性和效率的方法。

6）应用这些测量方法确定每个过程的有效性和效率。

7）确定防止不合格品并消除其产生原因的措施。

8）建立和应用持续改进质量管理体系的过程。

**4. 质量管理体系审核**

（1）质量管理体系审核的基本概念

审核是指为获得审核证据并对其进行客观的评价，以确定满足审核准则的程度所进行的系统的、独立的并形成文件的过程。

审核目的：确定审核应完成什么。包括：确定受审核方管理体系或其一部分与审核准则的符合程度，评价管理体系确保满足法律法规和合同要求的能力；评价管理体系实现特定目标的有效性，识别管理体系潜在的改进方面。

审核的分类：依据审核委托方可将审核划分为第一方审核、第二方审核、第三方审核。

质量管理体系审核：为获得质量管理体系审核证据并对其进行客观的评价以确定满足质量体系审核准则的程度而进行的系统的、独立的、形成文件的过程。

体系审核可分为质量管理体系审核、环境管理体系审核、职业健康和安全管理体系审核、信息安全管理体系审核、食品安全管理体系审核等。

（2）质量管理体系审核与质量管理体系认证见下表

质量管理体系审核与质量管理体系认证

| 内容 | 质量管理体系审核 | 质量管理体系认证 |
| --- | --- | --- |
| 主要活动 | 1. 审核的启动<br>2. 文件评审<br>3. 现场审核的准备<br>4. 现场审核的实施<br>5. 审核报告的编制、批准和分发<br>6. 审核的完成<br>7. 审核后的活动（通常不视为审核的一部分） | 1. 认证申请与受理<br>2. 审核的启动<br>3. 文件评审<br>4. 现场审核的准备<br>5. 现场审核的实施<br>6. 审核报告的编制、批准和分发<br>7. 纠正措施的验证<br>8. 颁发认证证书<br>9. 监督审核与复评 |
| 主要区别及联系 | 1. 质量管理体系认证包括了质量管理体系审核的全部活动<br>2. 质量管理体系审核的质量管理体系认证的基础和核心<br>3. 审核仅需要提交审核报告，而认证需要颁发认证证书<br>4. 审核报告发出后，审核即告结束；而颁发认证证书后，认证活动并未结束<br>5. 纠正措施的验证通常不视为审核的一部分，而对认证却是一项必不可少的活动<br>6. 质量管理体系不仅只为第三方审核，而对于认证就是一种第三方审核 | |